"十四五"职业教育国家规划教材

职业学校物联网应用技术专业规划教材
ZHIYE XUEXIAO WULIANWANG YINGYONG JISHU ZHUANYE GUIHUA JIAOCAI

U1019786

物联网
系统安装与调试

主 审 朱 庆

主 编 张波涛 黄仁祥

副主编 吴 珩 程 凯

参 编 洪 波 彭小梅 尹 敏

西南大学出版社

国家一级出版社 全国百佳图书出版单位

图书在版编目(CIP)数据

物联网系统安装与调试 / 张波涛, 黄仁祥主编. --
2版. -- 重庆 : 西南师范大学出版社, 2019.11
ISBN 978-7-5621-8101-9

Ⅰ. ①物… Ⅱ. ①张… ②黄… Ⅲ. ①互联网络—应
用—中等专业学校—教材②智能技术—应用—中等等学校
—教材 Ⅳ. ①TP393.4②TP18

中国版本图书馆CIP数据核字(2016)第172267号

物联网系统安装与调试

主　编:张波涛　黄仁祥

策　　划: 熊家艳　翟腾飞
责任编辑: 路兰香
封面设计: 畅想设计
排　　版: 吴秀琴
出版发行: 西南大学出版社(原西南师范大学出版社)
地址:重庆市北碚区天生路2号
邮编:400715
电话:023-68868624
印　　刷: 重庆正文印务有限公司
幅面尺寸: 185 mm×260 mm
印　　张: 18
字　　数: 467千字
版　　次: 2019年11月 第2版
印　　次: 2025年1月　第4次
书　　号: ISBN 978-7-5621-8101-9

定　　价: 49.00元

尊敬的读者,感谢您使用西大版教材!如对本书有任何建议或要求,请发送邮件至xszjfs@126.com。

编 委 会

前言

PREFACE

《中华人民共和国国民经济和社会发展第十四个五年规划和2035年远景目标纲要》指出:"聚焦新一代信息技术、生物技术、新能源、新材料、高端装备、新能源汽车、绿色环保以及航空航天、海洋装备等战略性新兴产业,加快关键核心技术创新应用,增强要素保障能力,培育壮大产业发展新动能。"随着国家"一带一路"倡议,"中国制造2025""乡村振兴"战略的推进,服务"数字中国""技能型社会"定位,发展战略性新兴产业,物联网技术被赋予新的使命。新修订的《职业教育法》指出:"国家大力发展职业教育,推进职业教育改革,提高职业教育质量,增强职业教育适应性,建立健全适应社会主义市场经济和社会发展需要、符合技术技能人才成长规律的职业教育制度体系,为全面建设社会主义现代化国家提供有力人才和技能支撑。"

近年来,大批优质职业院校开设了物联网及相近专业,教学软硬件条件显著改善,技术技能人才供给规模逐年增加,但仍不能满足产业爆发期对高素质人才的海量需求,同时物联网领域相关岗位职业核心素养和能力要求也发生了变化。

自2016年8月出第一版版以来,本书在重庆市内外职业学校广泛使用,得到广大师生的喜爱。2020年12月,本书被纳入"十三五"职业教育国家规划教材。为贯彻落实立德树人根本任务,发挥专业课程思政功能,精准对接《物联网安装调试员国家职业技能标准(2020年版)》,有机融入“传感网应用开发”等X证书职业技能等级标准以及全国职业院校技能大赛物联网相关赛项标准,精确服务职业教育高质量发展,全面促进技能型社会建设,作者认真梳理读者反馈意见,结合新一代信息技术发展,联合深度合作企业资深工程师和兄弟院校骨干教师,对教材进行了修订。

本书采用“项目引领、任务驱动”的项目式体例模式,基于新大陆智慧社区实训平台,以典型物联网应用系统为项目,以工作任务为引导,以智能灯光控制系统、智能风扇控制系统、智能安防控制系统、室内温湿度采集系统、水文监测系统、简易大棚控制系统、智能环境监控系统等为主要内容,模拟系统安装与调试等施工过程,让读者在实践中学习、思考、理解,最终熟练运用。项目以项目描述、素质(思政)目标、知识目标和能力目标框架列出该项目要掌握的核心素养,任务以任务目标、任务分析、任务实施、相关知识、任务评价、练一练(想一想、理一理)的多样化版块,让读者在实践中轻松理解操作规范、探索精神、合作意识以及信息素养的重要性,掌握和领悟物联网系统安装与调试的相关知识和技术技能。此外,拓展知识能提升读者对物联网技术的认识和理解,了解物联网技术的应用领域,感受未来世界万物互联。

本书共八个项目,张波涛、黄仁祥任主编,梁亮亮、朱庆任主审,参与人员及分工是:彭小梅、全婕完成项目一,张波涛完成项目二,黄仁祥完成项目三,吴珩、伍芯完成项目四,邓银伟完成项目五,洪波完成项目六,程凯、全婕完成项目七,洪波、刘宪宇完成项目八,吴珩完成附录。全书由张波涛统稿。

本书是职业学校物联网技术应用专业教学用书，也可作为电子信息类相关专业的参考用书，还可作为全国职业院校技能大赛“物联网技术应用与维护”项目培训用书及物联网技术应用初学人员指导用书。因书中内容系统性较强，需电工电子、计算机、传感器、通信、数据库等专业理论与技能铺垫，建议教学课时为80—100课时，在第5—6学期开设。

项目	任务	计划课时
项目一 认识物联网系统	任务一 走近物联网	14
	任务二 认识物联网关键技术	
	任务三 系统安装与调试的流程	
项目二 智能灯光控制系统安装与调试	任务一 智能灯光控制系统安装前的准备	8
	任务二 智能灯光控制系统的安装	
	任务三 智能灯光控制系统的调试	
项目三 智能风扇控制系统安装与调试	任务一 智能风扇控制系统安装前的准备	8
	任务二 智能风扇控制系统的安装	
	任务三 智能风扇控制系统的调试	
项目四 智能安防控制系统安装与调试	任务一 智能安防控制系统安装前的准备	12
	任务二 智能安防控制系统的安装	
	任务三 智能安防控制系统的调试	
项目五 室内温湿度采集系统安装与调试	任务一 室内温湿度采集系统安装前的准备	10
	任务二 室内温湿度采集系统的安装	
	任务三 室内温湿度采集系统的调试	
项目六 水文监测系统安装与调试	任务一 水文监测系统安装前的准备	10
	任务二 水文监测系统的安装	
	任务三 水文监测系统的调试	

续表

项目七 简易大棚控制系统安装与调试	任务一 简易大棚控制系统安装前的准备	14
	任务二 简易大棚控制系统的安装	
	任务三 简易大棚控制系统的调试	
项目八 智能环境监控系统安装与调试	任务一 智能环境监控系统的安装	14
	任务二 智能环境监控系统的调试	
机动		6
合计		96
附录一 SQL Server 2008数据库安装		
附录二 IIS服务器安装		
附录三 dotNetFramework 4.5安装		

本书得到了北京新大陆时代教育科技有限公司在设备和技术上的大力支持。在编写过程中,北京新大陆时代教育科技有限公司陈继欣总经理、重庆德莱特光电科技有限公司余水董事、重庆电子工程职业学院电子与物联网学院陈良院长、重庆机械技师学院朱庆校长等专家提出了许多宝贵的意见和建议,在此一并深表感谢。但限于作者水平,加之时间仓促,书中难免有缺陷和不足,恳请广大读者批评指正,以利于我们今后改进。如有任何疑问或建议可发送至邮箱:waveking@126.com,我们将及时反馈。

编　者

2022年11月于重庆市轻工业学校笃实楼

目录

CONTENTS

项目一 认识物联网系统

清晨，班得瑞《微风山谷》(*Breezy Valley*)缓缓响起，窗帘徐徐打开，清晨的第一缕阳光将你自然唤醒，开始新的一天。进入卫生间洗漱，灯光及音乐自动开启，进入厨房，牛奶、面包已经加热完毕，边听新闻边享受早餐。用餐完毕，准备上班，轻击智能面板的“离家场景”，此时屋内的所有灯光关闭，全部电器电源切断，窗帘自动关闭，安防系统自动布防，你可以安心去上班。中午你可以用手机查看家中情况，下班途中，用手机把空调提前开启，到家后，门厅感应开启，启动回家模式，客厅窗帘缓缓拉开，感受窗外夜景。晚餐时间，走进厨房，开启“烹饪”场景，厨房背景音乐响起，排风扇启动。准备好晚餐，开启“晚餐”场景，根据心情选择就餐模式，就餐灯光开启，开始享受美好的晚餐时间。睡觉时间到了，轻按床头“休息”场景键，开启睡眠模式，全部电器自动关闭，安防系统启动。

如此智能惬意的生活，家居都可以自动开启或关闭，这是不是只是出现在科幻片中呢？不是的，这个智能化的生活就是物联网时代带来的，物联网时代不仅是家居，还有智能交通、智慧农业、智能医疗、智能电网等的应用，涵盖人们生产生活的方方面面。本项目通过对物联网概念的描述、物联网体系结构以及物联网系统的安装与调试，走近神奇的物联网世界。

目标类型	目标要求
素质目标（含思政）	(1)养成自主探究能力，树立与时俱进理念 (2)提升信息收集、整理、分析的能力 (3)增强历史使命感和社会责任感
知识目标	(1)了解物联网的概念 (2)知道蓝牙、Wi-Fi的优缺点 (3)理解RFID的组成及工作原理 (4)掌握物联网系统安装与调试的流程
能力目标	(1)能正确画出物联网三层结构图 (2)能利用蓝牙、Wi-Fi连接智能设备 (3)能正确画出RFID的工作原理图 (4)能正确画出物联网系统安装与调试的流程图

任务一　走近物联网

学习情境

从“物联网”概念的提出，到5G技术的兴起，物联网技术正与各行各业深度融合，影响着人们生产生活各个方面。伴随而来的“物联网是什么”等问题一直困惑着我们。身处新一代信息技术高速发展时代，我们只有树立与时俱进理念，开动脑筋，探索发现，才能不负韶华，跟上时代步伐。

为解除心中困惑，我们先从了解物联网概念的演变、物联网的发展历程，认识物联网的体系结构这些基本信息开始，一起走近物联网吧。

学习导航

本任务学习流程如图1-1-1所示。

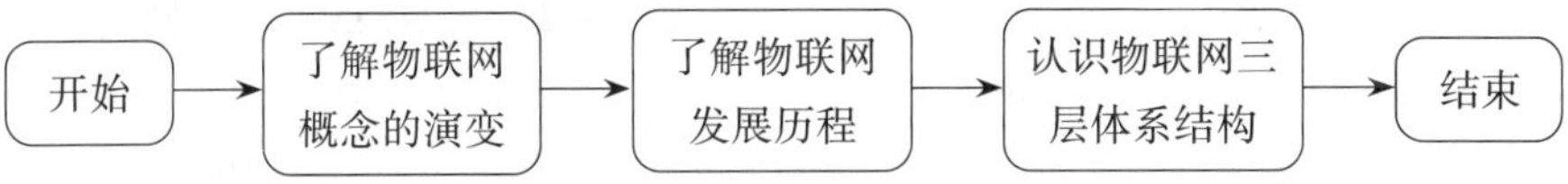

图1-1-1　学习流程图

学习探究

一、学习准备

认识物联网需要准备相应的资源，具体情况见表1-1-1所示。

表1-1-1　学习准备

序号	类型	资源
1	设备	计算机
2	软件	互联网

二、操作步骤

(一)物联网概念的演变

请利用互联网查找物联网概念的演变过程,并将其重要时间及事件填写在表1-1-2中。

表1-1-2　物联网概念演变过程

序号	时间	事　件
1		
2		
3		
4		
5		
6		

(二)物联网的发展历程

请利用互联网查找物联网的发展历程,并将你认为的重要地点、时间及事件填写在表1-1-3中。

表1-1-3　物联网发展历程

序号	时间	地点	大事件
1			
2			
3			
4			
5			
6			

(三)物联网的三层体系结构

请根据物联网三层体系结构图,如图1-1-2所示,将各层结构的作用填写在表1-1-4中。

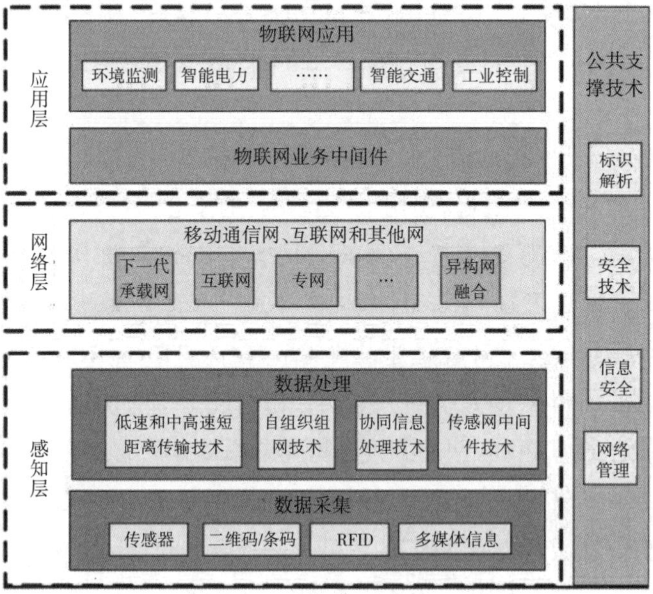

图 1-1-2 物联网三层体系结构图

表 1-1-4 物联网三层体系结构

名 称	作 用
感知层	
网络层	
应用层	

知识链接

一、什么是物联网

1. 物联网概念的演变

1991 年，美国麻省理工学院（MIT）的 Kevin Ash—ton 教授首次提出物联网的概念。

1995 年，比尔盖茨在《未来之路》一书中也曾提及物联网，但未引起广泛重视。

1999 年，美国麻省理工学院建立了“自动识别中心（Auto—ID）”，提出“万物皆可通过网络互联”，阐明了物联网的基本含义。早期的物联网是依托射频识别（RFID）技术的物流网络。

2004年，日本总务省(MIC)提出U—Japan计划，该战略力求实现人与人、物与物、人与物之间的连接，希望将日本建设成一个随时、随地、任何物体、任何人均可连接的泛在网络社会。

2005年，在突尼斯举行的信息社会世界峰会(WSIS)上，国际电信联盟(ITU)发布《ITU互联网报告2005：物联网》，引用了“物联网”的概念。物联网的定义和范围已经发生了变化，覆盖范围有了较大拓展，不再只是指基于RFID技术的物联网。

2006年，韩国确立了U—Korea计划，该计划旨在建立无所不在的社会(Ubiquitous Society)，在民众的生活环境里建设智能型网络(如IPv6、BCN、USN)和各种新型应用(如DMB、Telematics、RFID)，让民众可以随时随地享有科技智慧服务。2009年，韩国通信委员会出台了《物联网基础设施构建基本规划》，将物联网确定为新增长动力，提出到2012年实现“通过构建世界最先进的物联网基础实施，打造未来广播通信融合领域超一流信息通信技术强国”的目标。

2009年，欧盟执委会发表了欧洲物联网行动计划，描绘了物联网技术的应用前景，提出欧盟政府要加强对物联网的管理，促进物联网的发展。

2009年1月28日，IBM首次提出“智慧地球”概念，建议新政府投资新一代的智慧型基础设施。

2009年8月，温家宝总理(时任)在无锡视察时提出“感知中国”战略，无锡市率先建立了“感知中国”研究中心，中国科学院、运营商及多所大学在无锡建立了物联网研究院。

2010年物联网被正式列为我国五大新兴战略性产业之一，写入了第十一届全国人大三次会议政府工作报告，时任总理温家宝在政府工作报告中提出：“加快物联网的研发应用，加大对战略性新兴产业的投入和政策支持。”物联网在中国受到了全社会极大的关注。

2012年谷歌眼镜的发布是物联网和可穿戴技术的革命性进步。

2014年亚马逊发布Echo智能音箱，为进军智能家居中心市场铺平道路。也是在这一年工业物联网标准联盟成立，也间接表明物联网具有改变任何制造和供应链流程运作方式的潜力。

2017—2021年，物联网的发展变得更便宜、更容易、更被广泛接受，从而引发了整个行业的创新浪潮。自动驾驶汽车在不断完善，区块链和人工智能已经开始融入物联网平台，智能手机、宽带普及率的提升让物联网成为未来有吸引力的价值主张。

2. 物联网概念的定义

那么究竟什么是物联网呢？物联网概念是在互联网概念的基础上，将其用户端延伸和扩展到任何物与物之间，进行信息交换和通信的一种新型网络。物联网这个概念，到现在为止还没有约定俗成的概念。目前关于物联网的比较权威的定义是：物联网（Internet of Things, IoT）是通过射频识别（RFID）、红外感应器、全球定位系统、激光扫描器等信息传感设备，按约定的协议，把物品与互联网连接起来，进行信息交换和通讯，以实现智能化识别、定位、跟踪、监控和管理的一种网络。

二、物联网的发展历程

物联网的实践最早可以追溯到1990年，当时的施乐公司发明了一种网络可乐贩售机，而"物联网"这一概念由麻省理工学院在1999年提出。

日本（2004年）和韩国（2006年）先后推出了基于物联网的国家信息化战略。

2005年11月，国际电信联盟（ITU）发布了《ITU互联网报告2005：物联网》，宣告物联网通信时代即将来临。

2009年，欧盟执委会发表了欧洲物联网行动计划。

2009年，美国将新能源和物联网列为振兴经济的两大重点。

2010年，物联网被正式列为我国五大新兴战略性产业之一，写入了十一届全国人大三次会议政府工作报告。

三、物联网体系结构

一般而言，根据物联网的本质属性和应用特征，可以将物联网从技术架构上分为三层：感知层、网络层和应用层三个层次。

1. 感知层

感知层由各种传感器以及传感器网关构成，包括二氧化碳浓度传感器、温度传感器、湿度传感器、二维码标签、RFID标签和读写器、摄像头、GPS等感知终端。感知层的作用相当于人的眼耳鼻喉和皮肤等神经末梢，它是物联网识别物体、采集信息的来源，其主要功能是识别物体，采集信息。

2. 网络层

网络层相当于人的神经中枢和大脑，负责传递和处理感知层获取的信息。它由各种私有网络、互联网、有线和无线通信网、网络管理系统和云计算平台等组成，网络层所需要的关键技术包括有线和无线通信技术、网络技术等。

3. 应用层

应用层是物联网与用户(包括人、组织和其他系统)之间的接口,它与行业需求结合,实现物联网的智能应用。应用层解决信息处理和人机交互问题,按形态分为两层:应用程序层,进行数据处理;终端设备层,提供人机接口。

学习评价

走进物联网主要是能正确认识物联网,能描述物联网的体系结构,学习评价如表1-1-5所示。

表1-1-5 学习评价表

评价内容	评价标准	分值	学生自评	小组互评	老师评估
素质评价(20%)	(1)坚定与时俱进理念	5			
	(2)养成自主探究习惯	7			
	(3)提升信息收集、整理、分析能力	8			
知识评价(40%)	(1)能描述物联网概念的演变	10			
	(2)能描述物联网的概念	10			
	(3)能描述物联网的体系结构	10			
	(4)能描述物联网各层的作用	10			
能力评价(40%)	(1)能正确利用互联网进行资料查询	20			
	(2)能正确绘制物联网体系结构图	20			
合计		100			
学习体会:					

练一练

1. 利用互联网资源,进一步了解物联网在中国以及国外的应用与发展。
2. 了解了互联网的发展史,对我国物联网的发展有什么感想?

任务二 认识物联网关键技术

学习情境

明确了物联网概念，了解了物联网的三层体系结构，接下来要介绍物联网的关键技术。物联网最重要的技术就是传感技术、网络技术、自动识别技术、通信技术等。蓝牙技术、Wi-Fi技术、RFID技术、ZigBee技术是用于近距离无线识别与通信的重要技术，与物联网有着密不可分的关系。本任务将引领我们逐一认识物联网中的蓝牙技术、Wi-Fi技术、RFID技术，ZigBee技术将在后续项目中学习。

学习导航

本任务学习流程如图1-2-1所示。

图1-2-1 学习流程图

学习探究

一、学习准备

认识物联网关键技术需要准备相应的资源，具体情况如表1-2-1所示。

表1-2-1 学习准备

序号	类型	资源
1	设备	带蓝牙的计算机、智能手机、无线路由器
2	软件	互联网

二、操作步骤

(一)认识蓝牙技术

蓝牙技术的应用非常广泛,在Wi-Fi、ZigBee、GSM等无线技术发展如火如荼的今天,蓝牙技术依然是当前主流的无线通信技术。以下以Windows 7系统为例,将手机用蓝牙连接电脑。

1. 工具

(1)带蓝牙功能的手机。

(2)带蓝牙功能的电脑。

2. 操作步骤

(1)开启手机上的蓝牙功能,如图1-2-2所示。

(2)右键单击电脑右下角的蓝牙图标,点击"添加设备",如图1-2-3所示。

图1-2-2　开启手机的蓝牙功能

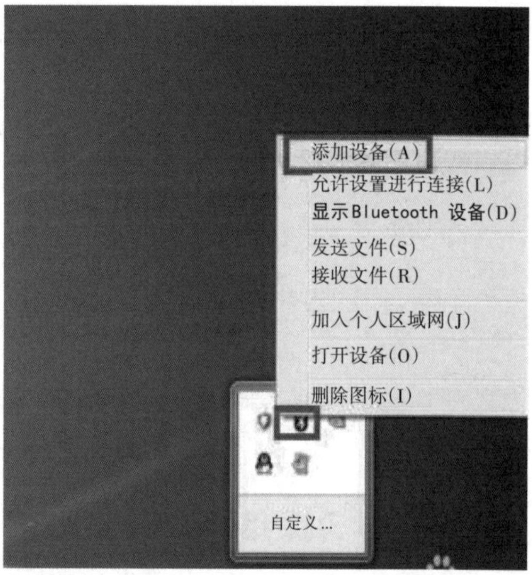

图1-2-3　开启电脑的蓝牙功能

(3)开始搜索范围内的蓝牙设备,如图1-2-4所示。

(4)搜索完成后系统出现范围内所有蓝牙设备列表,选择要连接的蓝牙设备,点击【下一步】,如图1-2-5所示。

(5)出现配对匹配页面,在手机端会出现相应的提示框,如果无误点击【配对】,如图1-2-6所示。

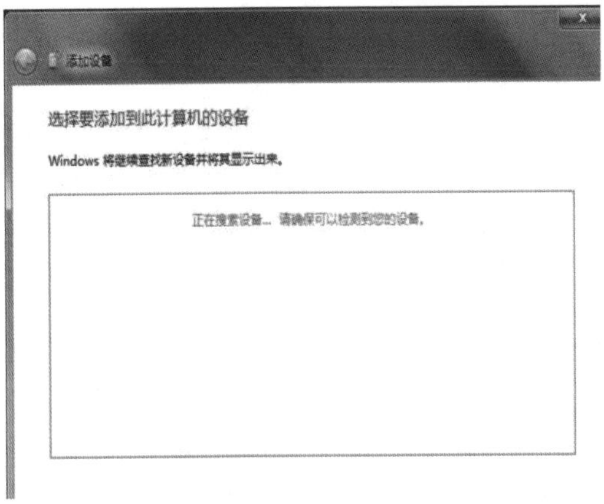

图 1-2-4 搜索蓝牙设备

图 1-2-5 连接蓝牙设备

(6)设备添加成功,如图 1-2-7 所示,点击【完成】按钮。

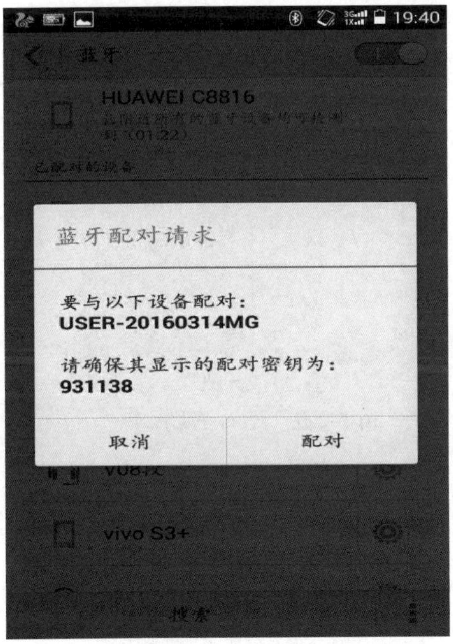

图 1-2-6 手机端配对

图 1-2-7 配对成功的计算机

(7)连接完成后,可以在配对设备之间互传文件。

(二)认识 Wi-Fi 技术

Wi-Fi 技术是一种短程无线传输技术,能够在百米范围内支持互联网接入的无线电信号。以下内容是将智能手机通过 Wi-Fi 连接到互联网的方法介绍。

1. 工具

(1)智能手机(安卓版)。

(2)无线 Wi-Fi。

2. 操作步骤

(1)打开手机进入主菜单页面,找到【设置】按钮点击进入,如图 1-2-8 所示。

(2)在"设置"菜单中找到"WLAN"选项,点击进入后的页面,如图 1-2-9 所示。

图 1-2-8 "设置"菜单

图 1-2-9 进入 WLAN

(3)点击"WLAN"页面右上角"开启 WLAN"右边的圆形按钮,打开 WLAN 网络,如图 1-2-10 所示。

(4)打开 WLAN 网络后,页面会出现很多的无线网名称,找到要连接的无线网并点击进入,如图 1-2-11 所示。

图 1-2-10 开启 WLAN

图 1-2-11 连接无线网络

（三）认识RFID技术

射频识别（RFID）技术，是一种非接触式自动识别技术，它能够通过射频信号自动识别目标对象并获取相关的数据。识别工作能够适用于各种恶劣的环境，而且读取速度快，读取信息安全可靠。RFID技术有着广泛的应用前景，以下是RFID技术在商超中的应用案例。

1. 工具

（1）电脑、电子标签、读写器。常见高频电子标签外形如图1-2-12所示；桌面高频读写器外形如图1-2-13所示。

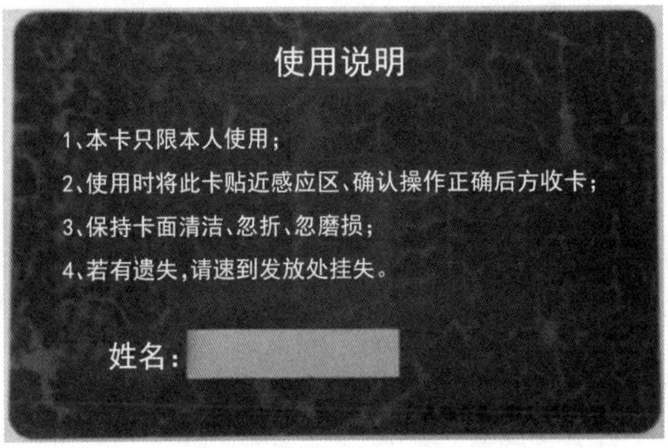

图 1-2-12 电子标签

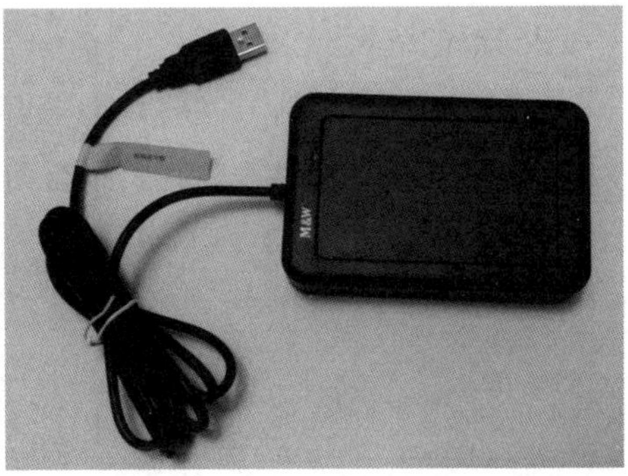

图 1-2-13 桌面高频读写器

（2）模拟商超RFID充值测试软件，即模拟商超RFID充值测试系统 V1.0.0，如图1-2-14所示；模拟商超RFID扣款测试软件，即模拟商超RFID扣款测试系统 V1.0.0，如图1-2-15所示。

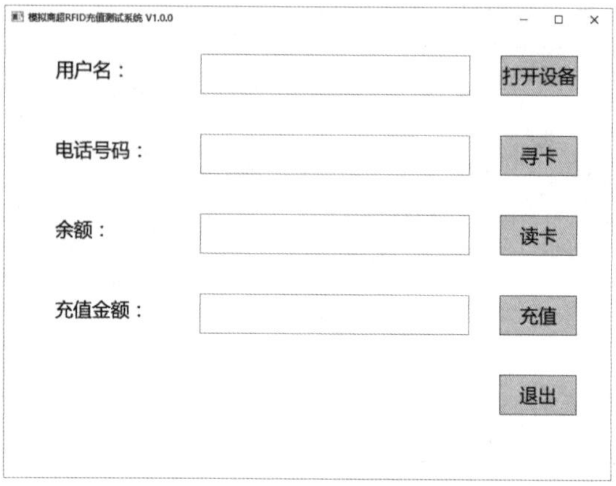

图1-2-14　模拟商超RFID充值测试系统图

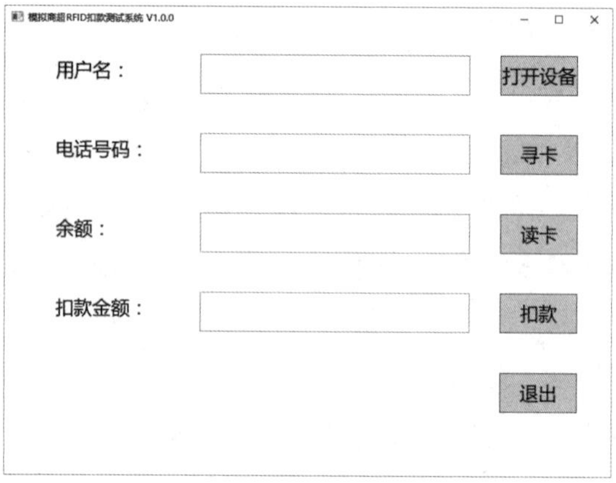

图1-2-15　模拟商超RFID扣款测试系统

2. 操作步骤

（1）将桌面高频读写器的USB线与电脑连接，打开模拟商超RFID充值测试系统V1.0.0，点击【打开设备】，软件提示“打开：Success”，表示读写器已成功打开，如图1-2-16所示。

图 1-2-16 打开设备成功

（2）点击【寻卡】，提示“寻卡：Success”，表示读写器已成功找到电子标签，如图 1-2-17 所示。

图 1-2-17 寻卡成功

（3）点击【读卡】，提示“读卡：Success”，表示已成功从电子标签中读取到数据，并且读取到的数据会显示到在界面中对应的输入框中，如图 1-2-18 所示。

图 1-2-18　读取电子标签数据

(4)在充值金额输入框中，填入一个数额，例如："30"，点击【充值】，输入的数额将和余额相加，并写入到电子标签中，提示"写卡：Success"，表示充值成功，同时充值金额输入框将自动清空，如图 1-2-19 所示。

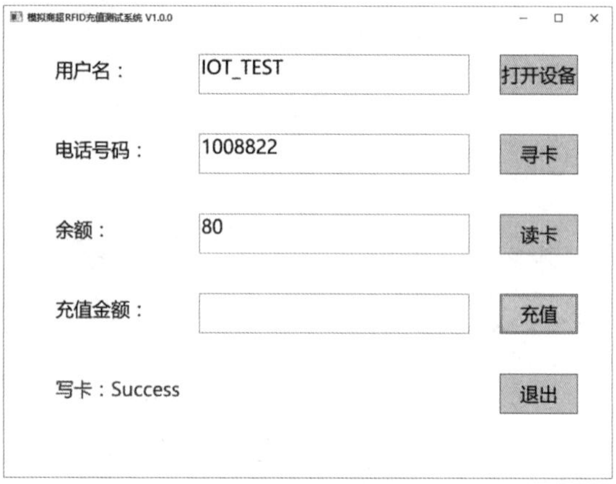

图 1-2-19　向电子标签充值成功

(5)模拟商超购物扣款的操作和充值操作基本一致。操作步骤如下：

打开模拟商超 RFID 扣款测试软件，依次点击【打开设备】、【寻卡】、【读卡】后，会显示出电子标签中的用户信息，在扣款金额输入框中输入一个数额，例如"20"，如图 1-2-20 所示；然后，点击【扣款】，会提示"扣款：Success"，表明扣款已成功，此时余额显示为扣款后的余额，同时，扣款金额将自动清空，如图 1-2-21 所示。

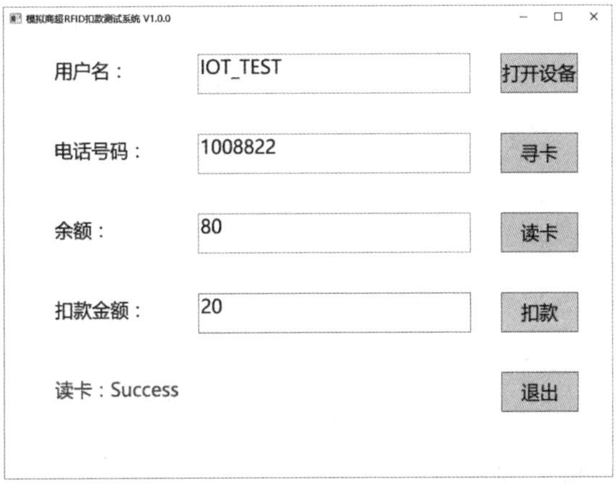

图 1-2-20 扣款前用户信息

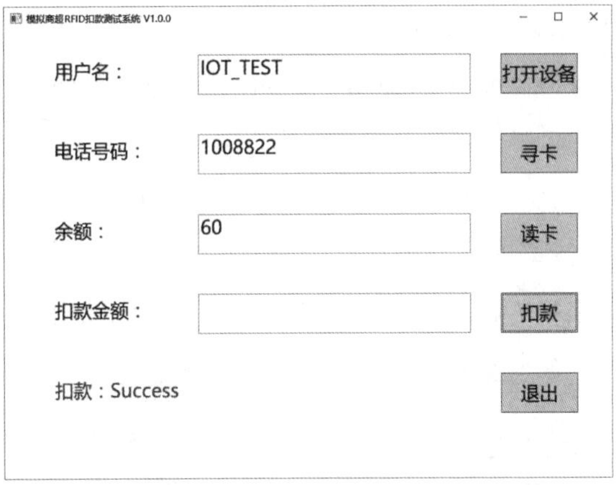

图 1-2-21 扣款成功

知识链接

一、蓝牙技术

1. 蓝牙名称的由来

“蓝牙”这个名称来源于10世纪的一位丹麦国王——哈拉尔蓝牙王(Blatand)，其英文的意思可以解释为“Bluetooth”(蓝牙)。国王喜欢吃蓝莓，导致牙龈每天都是蓝色的，所以也称他为“Bluetooth”。蓝牙技术在发展的初始阶段，需要极具表现力的名字来为其命名，而Blatand口齿伶俐，善于交际，就如同这项刚面世的新技术，于是就将此技术称为“Bluetooth”(蓝牙)。

2. 蓝牙概念

蓝牙技术是一种支持设备短距离通信(10米)的无线电协议,能在移动电话、掌上电脑(PDA)、无线耳机、数字照相机、家用电器、笔记本电脑等众多设备之间进行无线信息交换。它是由东芝、爱立信、IBM、Intel和诺基亚于1998年5月共同提出的近距离无线数字通信的技术标准。其目标是实现最高数据传输速度1Mbps(有效传输速度为721kbps)、最大传输距离为10米,用户不必经过申请便可利用2.4GHz的ISM(工业、科学、医学)频带,在其上设立79个带宽为1MHz的信道,用每秒钟切换1600次的频率、滚齿方式的频谱扩散技术来实现电波的收发。

3. 蓝牙标准的发展历程

V1.0(1999年):为最早期版本,传输率约在748~810kbps,因是早期设计,容易受到同频率产品的干扰,影响通讯质量。

V1.1(2001年):可以进行主副设备的区分,可以支持Stereo音效的传输要求,但只能够以单工方式工作。

V1.2(2003年):增加了(改善 Software)抗干扰跳频功能,增强了语音处理功能,改善了语音连接的品质(可以提高蓝牙耳机的音质)。

V2.0(2004年):传输率为1.8~2.1Mbps,数据传输速率最大可达3Mbps,开始支持双工模式——即一面作语音通讯,同时亦可以传输档案或者高质量图片。

V2.1(2007年):改善了装置配对流程,具备在两个支持蓝牙的手机之间互相进行配对与通讯传输的NFC(Near Field CoMMunication)机制,具备更佳的省电效果。

V3.0(2009年):核心是“Generic Alternate MAC / PHY”(AMP),这是一种全新的交替射频技术,允许蓝牙协议栈针对任一任务动态地选择正确的射频,并取消了UMB应用。传输速率更高,功耗更低。

V4.0(2010年):包括三个子规范,即传统蓝牙技术、高速蓝牙技术和新的蓝牙低功耗技术。蓝牙4.0的改进之处主要体现在电池续航时间、节能和设备种类三个方面,有效传输距离也有所提升。

V4.1(2013年):提升蓝牙技术的组网性能与低功耗特性,拓展物联网市场;最新的蓝牙4.1标准就能够让蓝牙组网,增加了对路由、网关等协议的支持,满足物联网的应用需求,加入了专用通道允许设备通过IPv6联机使用,通过IPv6建立网络连接。蓝牙设备只需要通过蓝牙4.1连接到可以上网的设备(如手机),就可以通过IPv6与云端的数据进行同步,即实现“云同步”,不再需要Wi-Fi连接。蓝牙4.1向下兼容4.0,所以蓝牙4.0用户可以通过升级固件的方式来升级至4.1版本。

V4.2(2014年):传输速度更加快速,比上代提高了2.5倍,因为蓝牙智能(Bluetooth Smart)数据包的容量提高,其可容纳的数据量相当于此前的10倍左右。

V5.0(2016年):在低功耗模式下具备更快更远的传输能力,传输速率是蓝牙4.2的两倍(速度上限为2Mbps),有效传输距离是蓝牙4.2的4倍(理论上可达300米),数据包容量是蓝牙4.2的8倍。

第五代蓝牙:开启"物联网"时代大门。

4. 蓝牙技术特点

(1)全球范围适用:蓝牙工作在全球开放的2.4GHz ISM频段。

(2)可同时传输语音和数据:蓝牙采用电路交换和分组交换技术,支持异步数据信道、三路语音信道以及异步数据与同步语音同时传输的信道。蓝牙有两种链路类型:异步无连接(Asynchronous Connection—Less, ACL)链路和同步面向连接(Synchronous Connection—Oriented, SCO)链路。使用跳频频谱扩展技术,把频带分成若干个跳频信道(Hop Channel),在一次连接中,无线电收发器按一定的码序列不断地从一个信道"跳"到另一个信道。

(3)可以建立临时性的对等连接(Ad—hoc Connection):根据蓝牙设备在网络中的角色,可分为主设备(Master)与从设备(Slave)。主设备是组网连接主动发起连接请求的蓝牙设备,几个蓝牙设备连接成一个皮网(Piconet)时,其中只有一个主设备,其余的均为从设备。一台蓝牙设备可同时与其他七台蓝牙设备建立连接。

(4)具有很好的抗干扰能力:在有效范围内可越过障碍物进行连接,没有特别的通讯视角和方向要求。

(5)蓝牙模块体积很小、便于集成:由于个人移动设备的体积较小,嵌入其内部的蓝牙模块体积就应该更小,如爱立信公司的蓝牙模块ROK101008的外形尺寸仅为32.8mm×16.8mm×2.95mm。

(6)低功耗:蓝牙设备在通信连接(Connection)状态下,有四种工作模式——激活(Active)模式、呼吸(Sniff)模式、保持(Hold)模式和休眠(Park)模式。Active模式是正常的工作状态,另外三种模式是为了节能所规定的低功耗模式。

(7)开放的接口标准:SIG为了推广蓝牙技术的使用,将蓝牙的技术标准全部公开,全世界范围内的任何单位和个人都可以进行蓝牙产品的开发,只要最终通过SIG的蓝牙产品兼容性测试,就可以推向市场。

(8)成本低:随着市场需求的扩大,各个供应商纷纷推出自己的蓝牙芯片和模块,蓝牙产品价格飞速下降。

二、Wi-Fi技术

1. Wi-Fi概述

Wi-Fi全称为Wireless Fidelity,是由一个名为无线以太网相容联盟(Wireless Ethernet Compatibility Alliance, WECA)的组织发布的业界术语,中文译为"无线相容认证"。它是一种短程无线传输技术,能够在数百米范围内支持互联网接入的无线电信号。随着IEEE 802.11a及IEEE 802.11g等标准的出现,现在IEEE 802.11这个标准已被统称作Wi-Fi。从应用层面来说,要使用Wi-Fi,用户需要有Wi-Fi兼容的用户端装置。Wi-Fi系统组成结构图如图1-2-22所示。

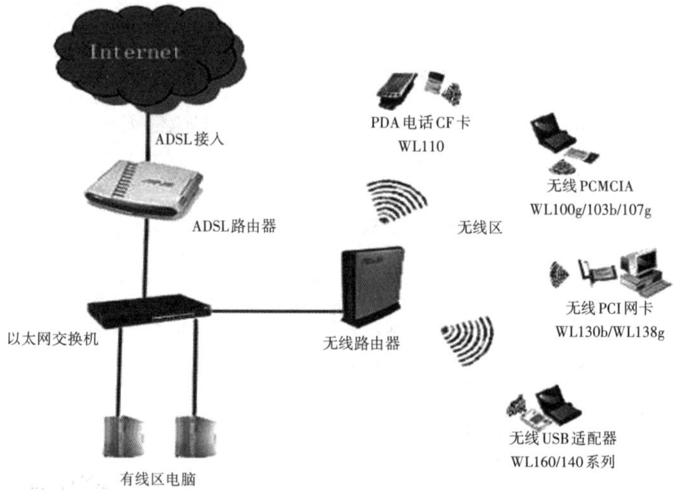

图1-2-22 Wi-Fi系统组成结构图

2. Wi-Fi标准

Wi-Fi并不是单一的标准,它是一系列以802.11标准为基础的网络协议,是国际电工电子工程学会(IEEE)为无线局域网制定的标准。具体标准如表1-2-2所示。

表1-2-2 Wi-Fi标准

Wi-Fi版本	Wi-Fi0	Wi-Fi1	Wi-Fi2	Wi-Fi3	Wi-Fi4	Wi-Fi5	Wi-Fi6
标准	802.11	802.11a	802.11b	802.11g	802.11n	802.11ac	802.11ax
发布时间	1997	1999	1999	2003	2009	2014	2019

续表

Wi-Fi版本	Wi-Fi0	Wi-Fi1	Wi-Fi2	Wi-Fi3	Wi-Fi4	Wi-Fi5	Wi-Fi6
频率范围	2.4GHZ	5GHZ	2.4GHZ	2.4GHZ	2.4GHZ/5GHZ	5GHZ	2.4GHZ/5GHZ
调制技术	FHSS/DSSS	OFDM	CCK/DSS	CCK/OFDM	OFDM/MIMO	OFDM/ MU-MIMO	MU-MIMO/OFDMA
物理速率	2Mbps	54Mbps	11Mbps	54 Mbps	600 Mbps	6.8Gbps	11Gbps
覆盖范围		50M	100M	<100M	300M		
业务	数据	语音、数据、图像	语音、数据、图像	语音、数据、图像	语音、数据、图像	语音、数据、图像、视频	语音、数据、图像、视频
兼容性		与11g/b不能互通	Wi-Fi兼容	与11b产品可互通	向下兼容802.11b/g	向下兼容802.11b/n	向下兼容802.11b/n/ac

3. Wi-Fi的技术特点

(1)无线电波的覆盖范围广。基于蓝牙技术的电波覆盖范围非常小,半径大约只有15米,而Wi-Fi的半径则可达100米左右,办公室自不用说,就是在整栋大楼中也可使用。最近,由Vivato公司推出的一款新型交换机。据悉,该款产品能够把Wi-Fi无线网络的通信距离扩大到约6.5千米。

(2)传输速度快。虽然由Wi-Fi技术传输的无线通信质量不是很好,数据安全性能比蓝牙差一些,传输质量也有待改进,但传输速度非常快,可以达到54Mbps,符合个人和社会信息化的需求。

(3)无需布线。Wi-Fi最主要的优势在于不需要布线,可以不受布线条件的限制,非常适合移动办公用户的需要,具有广阔的市场前景。常见的无线网卡如图1-2-23和图1-2-24所示。

图1-2-23 USB无线网卡

图1-2-24 台式机无线网卡

(4)启用方便。厂商只要在机场、车站、咖啡店、图书馆等人员较密集的地方设置Wi-Fi热点,并通过高速线路将因特网接入上述场所即可。由于Wi-Fi热点所发射出的电波可以达到距接入点半径约100米的地方,用户只要将支持无线LAN的笔记本电脑或PDA拿到该区域内,即可高速接入因特网。也就是说,厂商不用耗费资金来进行网络布线接入,从而节省了大量的成本。

(5)安全性。无线网络的信号没有边界,任何人都可能截获,为了保证Wi-Fi的安全性,一些无线技术提供了加密功能,从而获得了优秀的安全性,但也因此增加了成本,降低了兼容性。

(6)健康安全。802.11标准规定的发射功率不可超过100mW,实际发射功率约60~70mW,这是一个什么样的概念呢?手机的发射功率约为200mW~1W,手持式对讲机高达5W,而且无线网络使用方式并非像手机直接接触人体。因此,是绝对安全的。

三、RFID技术

1. 认识RFID技术

射频识别(Radio Frequency Identification,RFID)技术是利用射频信号通过空间耦合(交变磁场或电磁场)实现无接触信息传递,并通过所传递的信息达到自动识别的目的。它不需要在识别系统与特定目标之间建立机械或光学接触。

2. RFID发展历程

1948年,哈里斯托克曼发表的《利用反射功率的通讯》奠定了射频识别RFID技术的理论基础。RFID技术的发展可按10年期划分如下:

1941~1950年,雷达的改进和应用催生了RFID技术,1948年奠定了RFID技术的理论基础。

1951~1960年,早期RFID技术的探索阶段,主要处于实验室实验研究。

1961~1970年,RFID技术的理论得到了发展,开始了一些应用尝试。

1971~1980年,RFID技术与产品研发处于一个大发展时期,各种RFID技术测试得到加速,出现了一些最早的RFID应用。

1981~1990年,RFID技术及产品进入商业应用阶段,各种规模应用开始出现。

1991~2000年,RFID技术标准化问题日趋得到重视,RFID产品得到广泛采用,RFID产品逐渐成为人们生活中的一部分。

2001年至今,标准化问题日趋为人们所重视,RFID产品种类更加丰富,有源电子标签、无源电子标签及半无源电子标签均得到发展,电子标签成本不断降低,规模应用行业扩大。

RFID技术的理论得到丰富和完善。单芯片电子标签、多电子标签识读、无线可读可写、无源电子标签的远距离识别、适应高速移动物体的RFID技术正在成为现实。

3. RFID的组成及原理

一套完整的RFID系统是由阅读器(Reader)、电子标签(Tag)、应答器(Transponder)及应用软件系统四个部分组成。

阅读器又称读写器。它主要负责与电子标签的双向通信,同时接受来自主机系统的控制指令。阅读器的频率决定了RFID系统工作的频段,其功率决定了射频识别的有效距离。阅读器根据使用的结构和技术的不同可具有读或读/写功能,它是RFID系统的信息控制和处理中心。

图1-2-25 手持式阅读器

图1-2-26 挂式阅读器

阅读器通常由射频接口、逻辑控制单元和天线三部分组成。天线是一种能将接收到的电磁波转换为电流信号,或者将电流信号转换成电磁波发射出去的装置。在RFID系统中,阅读器必须通过天线来发射能量,形成电磁场,通过电磁场对电子标签进行识别。天线所形成的电磁场范围就是阅读器的可读区域。

电子标签也称智能标签,是由IC芯片和无线通信天线组成的超微型的小标签,其内置的射频天线用于和阅读器进行通信。电子标签是RFID系统中真正的数据载体。系统在工作时,阅读器发出查询信号,标签收到查询信号后将其中一部分整流为直流电源供电子标签内的电路工作,一部分能量信号被电子标签内保存的数据信号调制后反射回阅读器。

电子标签按供电方式分为有源电子标签、无源电子标签和半无源电子标签(部分依靠电池工作);按频率分为低频、高频和超高频;从电子标签到阅读器之间的通信及能量感应方式来看,系统一般可以分为电感应偶合 和电磁反向散射偶合两种, 一般低频的RFID大都采用第一种方式，而较高频大多采用第二种方式。

图1-2-27　电子标签

应答器：由天线、耦合元件及芯片组成，一般来说都是用标签作为应答器，每个标签具有唯一的电子编码，附着在物体上标识目标对象。

应用软件系统：是针对不同需求来开发的软件，它可以通过阅读器对电子标签进行读写和控制，将收集到的数据进行处理和统计。

RFID的基本工作原理：由阅读器通过发射天线发送特定频率的射频信号，当电子标签进入有效工作区域时产生感应电流，电子标签被激活，使得电子标签将自身编码信息通过内置射频天线发送出去。阅读器的接收天线接收到从标签发送来的调制信号，经天线调节器传送到阅读器信号处理模块，经解调和解码后将有效信息送至后台主机系统进行相关处理。主机系统根据逻辑运算识别该标签的身份，针对不同的设定进行相应的处理和控制，最终发出指令信号来控制阅读器完成相应的读写操作。RFID的工作原理如图1-2-28所示。

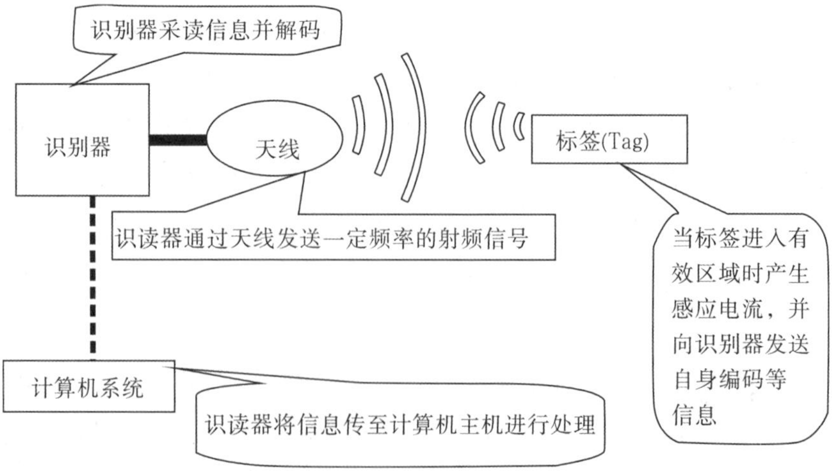

图1-2-28　RFID的工作原理图

4. RFID的技术优势

(1)电子标签可以重复利用:读写型电子标签可以重复地读写数据,可以回收和重新利用,达到了节省开支和提高效益的目的。

(2)穿透性很好:射频信号能够将纸张、塑料、木材等非金属材料穿透,并能够进行穿透性通信。

(3)远距离不接触式的识别:只要置于阅读器产生的电磁场内部就可以读取数据。

(4) 数据存储量大:电子标签能够使物品携带更多的相关信息,而且较大的存储量也能够使得每一个标签都拥有不同的ID。

(5)不受恶劣环境的影响:电子标签对水、油污、灰尘等都有着较强的抗污染性,在黑暗和恶劣的天气影响下,RFID系统仍然可以工作。

(6)读取速度快:RFID一次能够处理多个标签,读取单个标签的时间与读取条形码的时间也会大大降低,读取效率高。

(7)数据可以更新:对于读写型标签,其用户的数据部分可进行多次改写,能够方便数据更新等操作,能够追踪商品在整个流水线上或者供应链上的状态。

5. RFID技术应用

射频识别技术被广泛应用于工业自动化、商业自动化、交通运输控制管理、防伪等众多领域。

(1)高速公路收费及智能交通系统。高速公路自动收费系统是射频识别技术最成功的应用。RFID技术应用在高速公路自动收费上能够充分体现该技术的优势。在车辆高速通过收费站的同时自动完成缴费,解决了交通的瓶颈问题,提高了车行速度,避免了拥堵,提高了收费计算效率,同时可以避免收费员贪污过路费的情况。

(2)生产的自动化及过程控制。在大型工厂的自动化流水作业线上使用RFID技术,能实现物料跟踪和生产过程自动控制、监视,提高了生产效率,改进了生产方式,降低了成本。在生产线的自动化及过程控制方面,德国宝马公司为保证汽车在流水线各位置准确地完成装配任务,将RFID系统应用在汽车装配线上。而摩托罗拉公司则采用了RFID技术的自动识别工序控制系统,满足了半导体生产对环境的特殊要求,提高了生产效率。

(3)车辆的自动识别及防盗。建立采用射频识别技术的自动车号识别系统,能够随时了解车辆的运行情况,不仅实现了车辆的自动跟踪管理,还可以大大减少发生事故的可能性，并且可以通过射频识别技术对车辆的主人进行有效验证，防止偷盗车辆的事件发生，在车辆丢失以后可以有效地寻找丢失的车辆。采用射频识别技术可以对道路交通流量进行实时监控、统计、调度，还可以用于车辆闯红灯记录报警，被盗（可疑）车辆报警与跟踪，特殊车辆跟踪，肇事逃逸车辆排查等。

（4）电子票证。使用电子标签来代替各种卡，实现非现金结算，解决了现金交易不方便、不安全，以及各种磁卡、IC卡容易损坏等问题。同时电子标签用起来方便、快捷，可以同时识别几张电子标签，并行收费。1996年1月，韩国在首尔的600辆公共汽车上安装射频识别系统用于电子月票，实现了非现金结算，方便了市民出行。而德国汉莎航空公司则开始试用射频卡（电子标签）作为飞机票，改变了传统的机票购销方式，简化了机场入关手续。

（5）货物跟踪管理及监控。射频识别技术为货物的跟踪管理及监控提供了方便、快捷、准确的自动化技术手段。以射频识别技术为核心的集装箱自动识别，成为全球范围内最大的货物跟踪管理应用。将记录有集装箱位置、物品类别、数量等数据的电子标签安装在集装箱上，借助射频识别技术，就可以确定集装箱在货场内的确切位置。系统还可以识别未被允许的集装箱的移动情况，有利于安全管理。在货物的跟踪、管理及监控方面，澳大利亚和英国的希斯罗机场将射频识别技术应用于旅客行李管理中，大大提高了分拣效率，降低了出错率。

（6）仓储、配送等物流环节。将射频识别系统用于智能仓库货物管理，可以有效地解决货物流动的管理问题，监控货物信息，实时了解库存情况，自动识别货物，确定货物的位置。

（7）邮件、邮包的自动分拣系统。射频识别技术已经被成功地应用到邮政领域的邮包自动分拣系统中，该系统具有非接触、非视线数据传输的特点，所以包裹传送中可以不考虑包裹的方向性问题。另外，当多个目标同时进入识别区域时，可以同时识别，大大提高了货物分拣能力和处理速度。另外，由于电子标签可以记录包裹的所有特征数据，有利于提高邮包分拣的准确性。

（8）动物跟踪和管理。射频识别技术可以用于动物跟踪与管理。将用小玻璃封装的电子标签植于动物皮下，可以标识牲畜，监测动物健康状况等重要信息，为牧场的现代化管理提供可靠的技术手段。在大型养殖场，采用射频识别技术可以建立饲养档案、预防接种档案等，达到高效、自动化管理牲畜的目的，同时为食品安全提供保障。在动物的跟踪及管理方面，许多发达国家采用射频识别技术，通过对牲畜进行个体识别，可以在牲畜大规模疾病暴发期间对感染者进行有隔离控制和对未感染者进行有效跟踪。

（9）门禁保安。未来的门禁保安系统都可以应用电子标签，可以一卡多用，比如做工作证、出入证、停车证、饭店住宿证甚至旅游护照等。使用电子标签可以有效地识别人员身份，进行安全管理以及高效收费，简化了出入手续，提高了工作效率，并且有效地进行了安全保护。人员出入时该系统会自动识别身份，非法闯入时会有报警。安全级别要求高的地方，还可以结合其他的识别方式，将指纹、掌纹或颜面特征存入电子标签。

（10）防伪。伪造问题在世界各地都是令人头疼的问题，目前应用的防伪技术如全息防伪等同样会被不法分子伪造。将射频识别技术应用在防伪领域有它自身的技术优势，它具有成本低而又很难伪造的优点。电子标签的成本相对便宜，且芯片的制造成本非常昂贵，使伪造者望而却步。电子标签本身具有内存，可以储存、修改与产品有关的数据，利于进行真伪的鉴别。利用这种技术不用改变现行的数据管理体制，唯一的产品标识号可以完全与已用数据库体系兼容。

学习评价

对物联网短距离无线传输技术的认识，关键是认识其主要技术特点，了解其优缺点，学习评价如表1-2-3所示。

表1-2-3 学习评价表

评价内容	评价标准	分值	学生自评	小组互评	老师评估
素质评价（20%）	（1）具备自主探究和团队合作精神	5			
	（2）提升信息收集、整理、分析能力	8			
	（3）增强与时俱进和创新发展理念	7			
知识评价（40%）	（1）能描述蓝牙技术的特点	10			
	（2）能描述Wi-Fi技术的特点	10			
	（3）能比较蓝牙、Wi-Fi技术的优缺点	10			
	（4）能描述RFID技术的工作原理	10			
能力评价（40%）	（1）正确利用蓝牙功能连接智能手机和电脑	10			

续表

评价内容	评价标准	分值	学生自评	小组互评	老师评估
	(2)正确使用智能手机连接Wi-Fi	10			
	(3)正确画出RFID的工作原理图	20			
合计		100			
学习体会:					

想一想

1. 列举蓝牙和Wi-Fi技术在生活中的应用。

2. 试比较蓝牙和Wi-Fi技术的优缺点,它们分别适用于什么场景?

3. RFID技术在物联网技术应用中起到什么作用?

4. 利用网络资源,进一步了解我国及国外物联网关键技术的发展。

任务三 物联网系统安装前的准备

学习情境

物联网系统是一个较为复杂的系统，在进行安装之前，除了需要掌握必备的物联网理论知识外，还需要具备网线制作、常用工具使用、用电安全、静电防护、安装工艺等知识和技能，只有掌握了这些知识和技能，才能保证后续项目中的系统安装与调试能有序地进行，保障人身财产安全。本项目将带领大家学习并掌握这些知识和技能。

我们将通过本任务的学习，逐步掌握这些知识和技能。

学习导航

本任务学习流程如图 1-3-1 所示。

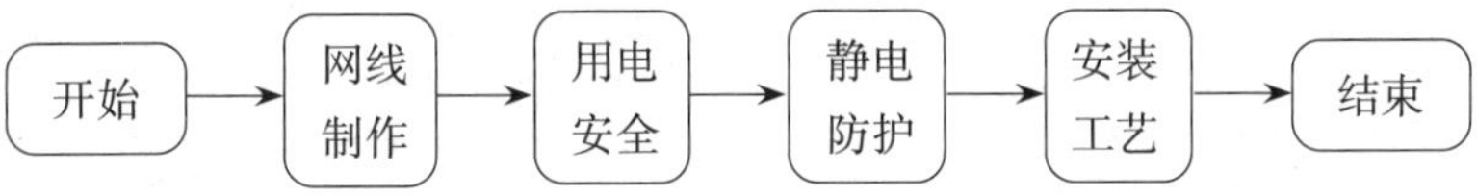

图 1-3-1 学习流程图

学习探究

一、网线的制作

(一)学习准备

网线制作需要准备相应的资源，具体情况如表 1-3-1 所示。

表 1-3-1　学习准备

序号	类型	资源
1	工具	压线钳、测线仪。
2	设备	RJ45 水晶头、双绞线。

(二)网线制作

1. 熟悉线序

(1)有 T568A 和 T568B 两种。T568B 的线序为橙白、橙、绿白、蓝、蓝白、绿、棕白、棕;T568A 的线序为绿白、绿、橙白、蓝、蓝白、橙、棕白、棕。

(2)网线连线有直连线和交叉线两种形式。直连线的两端都做成 T568B 或 T568A,用于不同设备相连(如网卡到交换机),常采用 T568B 线序连线;交叉线的一端做成 T568B,一端做成 T568A,用于同种设备相连(如网卡与网卡)。

(3)T568B 线序的颜色序列及功能描述见表 1-3-2。

表 1-3-2　T568B 线序的颜色序列及功能描述

引脚	颜色	功能描述	引脚	颜色	功能描述
1	橙白	TX+(发信号+)	5	蓝白	N/C(空脚)
2	橙	TX——(发信号——)	6	绿	RX——(收信号——)
3	绿白	RX+(收信号+)	7	棕白	N/C(空脚)
4	蓝	N/C(空脚)	8	棕	N/C(空脚)

2. 制作过程(以 T568B 为例)

(1)剥线。使用压线钳剥去双绞线外的绝缘护套 2 ~ 3cm,如图 1-3-2 所示;将端头已经抽去外皮的双绞线按照对应颜色拆开成为 4 对单绞线,如图 1-3-3 所示,并将 4 对单绞线分别拆开。

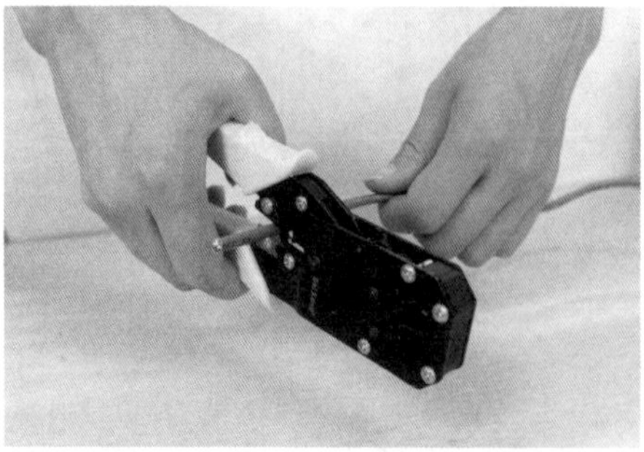

图 1-3-2　剥出绝缘护套

图 1-3-3　拆成单绞线

（2）排线。如果制作直连线，那么网线两端同时按T568A或T568B标准的线序排序。如果制作交叉线，那么一端按T568A标准线序排序，另一端按T568B标准线序排序，如图1-3-4所示。

（3）剪线。左手握紧排好的线，右手用压线钳剪线，线应尽量剪齐，且保留的部分不宜过长，一般为1.2～1.4cm，如图1-3-5所示。

图1-3-4　排好

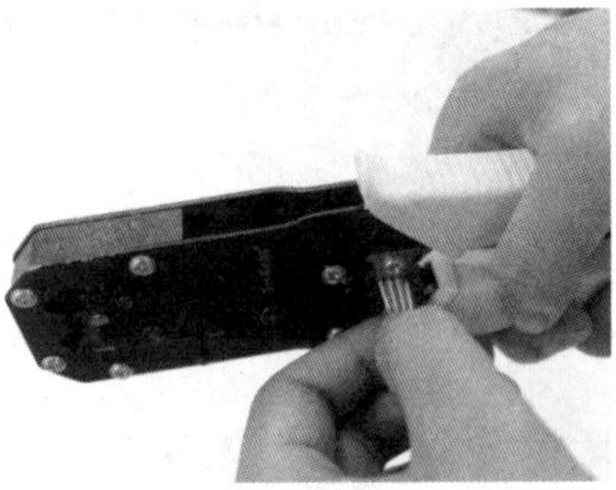
图1-3-5　剪齐线端

（4）插线。右手手指掐住网线，左手拿水晶头，水晶头的塑料弹簧片朝下，把网线插入水晶头。尽量把外层绝缘护套插入水晶头内，否则水晶头容易松动。检查线插入情况，确保全部都紧紧地顶在水晶头末端，插线过程如图1-3-6所示。结果如图1-3-7所示。

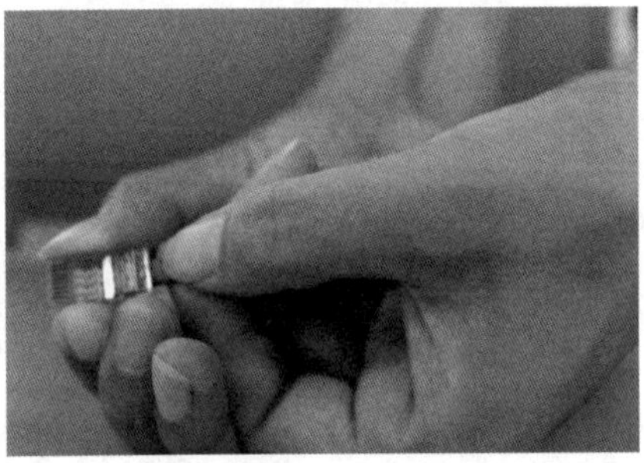
图1-3-6　插线过程

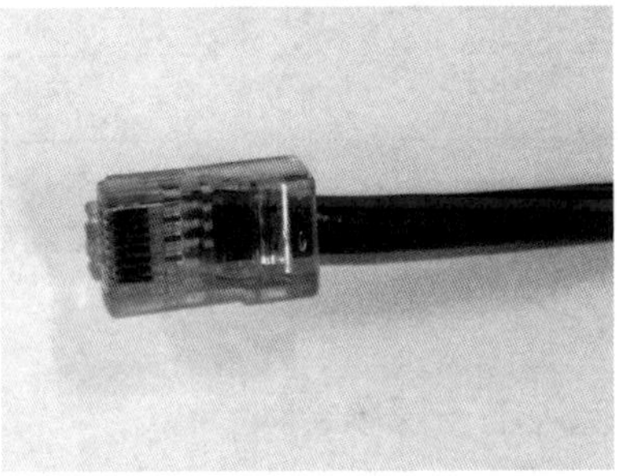
图1-3-7　插线结果

（5）压线。将水晶头放入压线钳的压线槽内，压紧过程如图1-3-8所示。

（6）测线。如果测试仪上8个指示灯都依次闪绿色，证明网线制作成功。注意测试仪两端指示灯亮的顺序是否与接线标准对应，如图1-3-9所示。如果制作失败，重复上述过程。

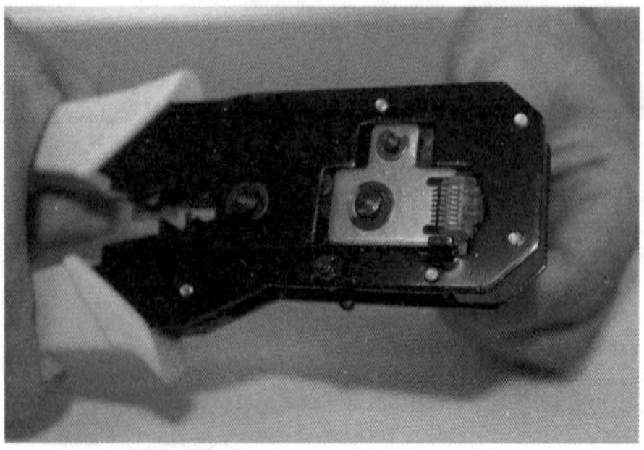

图 1-3-8　压线过程

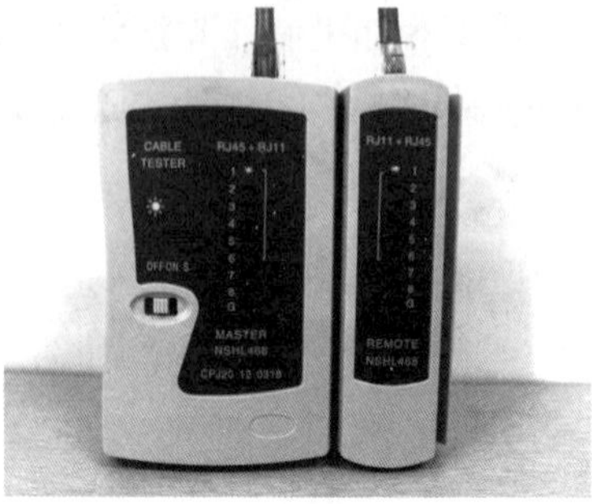

图 1-3-9　测试过程

(三)双绞线分类

利用互联网、教材等资源,填写双绞线分类表,理解各类双绞线的特点、区别和用途,如表 1-3-3 所示。

表 1-3-3　双绞线的分类

序号	种类	特点	应用场合
1	第一类		
2	第二类		
3	第三类		
4	第四类		
5	超五类		
6	六类		
7	七类		

二、安全用电与现场急救

在现代社会,时时刻刻都会用到电,安全用电关系到人们生产生活各个方面。安全用电宣传常摆在明显的位置。那么我们是否关注过呢?图 1-3-10、图 1-3-11 是两幅常见的安全用电宣传画。

图 1-3-10 安全用电宣传栏

图 1-3-11 企业安全用电宣传

请结合学校实际情况，设计一幅学校安全用电的宣传画，要求包含教学区、生活区、实训区三个主要版块。布局图大致如图 1-3-12 所示，也可参考其他格式。现场急救版块可自行设计。

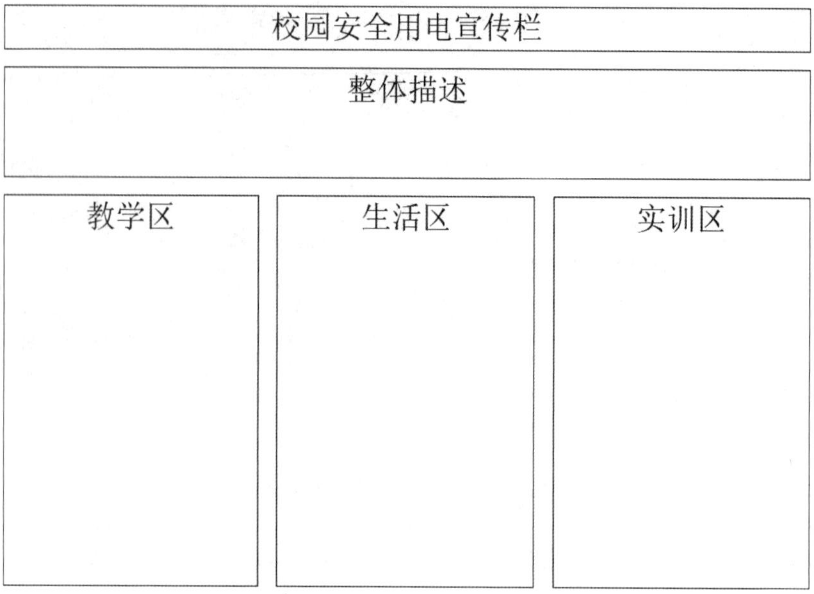

图 1-3-12　校园安全用电宣传栏

三、静电防护

小故事：舞厅的“意外”

19世纪50年代，某年10月的一个夜晚，在英国伦敦一个夜总会的舞厅里，一位漂亮的姑娘正和她的男朋友跳迪斯科。突然，熊熊的烈火从姑娘的背部和胸部突然窜起，并迅速吞噬了她的头部，几秒钟就将她烧成一个火人。这次意外夺去了姑娘年轻的生命。验尸官提不出他杀的疑点，也找不到自杀的根据，用“被不明火源的烈火烧死的意外事故”了结此事。

这个姑娘确实是“意外”地被烈火烧死的，而火源是一种名叫“静电”的东西。

10月是秋末的季节，姑娘们参加舞会大多爱穿着毛织品，而这些毛织品恰恰是易于摩擦起电的物体。姑娘在迪斯科舞蹈中不断地积累静电荷，当静电积累到一定程度时便极易发生“火花放电”的情况，“火花放电”达到一定的程度时便会引燃毛织品，这个姑娘便因此被这么一场意外吞噬了生命。

为什么“火花放电”不是每次都会引燃毛织品呢?这与人体的个别特性有关。有人做过测试，在气候干燥的冬天在地毯上行走时，几乎任何人的静电荷积累都会达到2万伏，只是这些电荷能通过人体的毛发等尖端释放出去，不会对身体有损害。可是，有少数人的皮肤比一般人要干燥很多，他们身上的静电积累有时能达到3万伏。

请结合自身实际，观察我们身边出现的静电现象，完成表1-3-4。

表1-3-4 静电现象

序号	现象描述	危害	防护措施	给我们的启示

四、安装工艺

合格的安装工艺能保障设备长期正常运转，也能大大降低设备出现故障的概率，减低维修的难度和成本，确保人们的人身财产安全。请带上我们的智能手机或照相机到校园里“探索·发现”，完成表1-3-5，并将完成的表打印出来，请老师转交给学校后勤部门，做一个小小监督员。

表1-3-5 安装工艺检查表

序号	基本操作	不合格的图示或照片	合格的图示或照片	工艺要求
1	设备布局			
2	设备安装			
3	导线连接			
4	工艺整形			

知识链接

设备及工具介绍

表1-3-6 网线制作所需设备及工具清单

序号	名称	图示	功能描述
1	螺丝刀		螺丝刀又称改锥、起子、改刀等，是一种利用轮轴原理，插入螺丝钉头的槽缝或凹口内，用来拧转螺丝钉以迫使其就位的工具。螺丝刀主要有一字和十字两种

续表

序号	名称	图示	功能描述
2	剥线钳	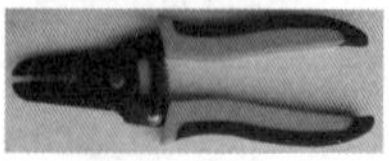	电工常用工具之一，用于剥除导线头部的表面绝缘层。操作时，根据导线尺寸，选择不同的凹槽剥线
3	斜口钳	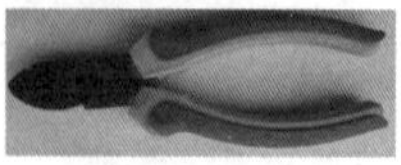	主要用于剪切导线、元器件多余引线等，也常代替一般剪刀用于剪切绝缘套管、尼龙扎线卡等
4	尖嘴钳	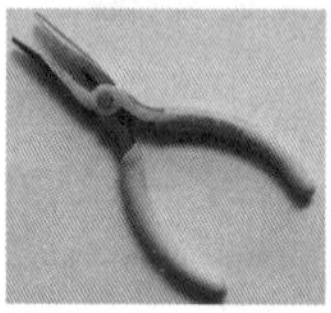	运用杠杆原理，用来剪切线径较细的单股与多股线，以及给单股导线接头弯圈、剥塑料绝缘层等，能在较狭小的工作空间操作，钳柄上套有额定电压500V的绝缘套管，刃口能剪切细小零件
5	水晶头		水晶头即RJ45连接器，是一种能沿固定方向插入并自动防止脱落的塑料接头。适用于设备间或水平子系统的现场端接，外壳材料采用高密度聚乙烯。双绞线两端可通过安装水晶头与网卡和集线器(或交换机)相连
6	网线		由双绞线与水晶头组成，作用是构建有线网络，传输数据。双绞线按电气特性区分，有三类、四类、五类线，线序有T568A和T568B两种
7	压线钳		压线钳又称驳线钳，是一种用来压制水晶头的专用工具，常用来压制电话线接头和网线接头等
8	测线仪	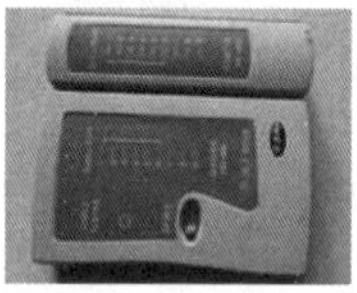	测线仪是用于检测网线通断情况的仪器。每次检测时，若线路正常，各线对应的灯依次闪亮，循环不止。若某灯不亮，即该灯对应线路不通；若多灯同时亮，即为对应多条线路短路；若不依次闪亮，即水晶头里的线序不对

学习评价

物联网系统安装前的准备，主要是一个熟悉网线制作、常用工具使用、用电安全、静电防护、安装工艺等知识和技能的过程，学习评价表如表1-3-7所示。

表 1-3-7 学习评价表

评价内容	评价标准	分值	学生自评	小组互评	老师评估
素质评价（20%）	（1）养成规范操作意识	10			
	（2）提升信息收集、整理、分析能力	5			
	（3）增强团队合作意识	5			
知识评价（40%）	（1）能描述网线制作流程	10			
	（2）能识读常用工具	10			
	（3）能宣传安全用电常识	5			
	（4）能描述静电防护	5			
	（5）能描述安装工艺	10			
能力评价（40%）	（1）正确制作网线，并测试通过	10			
	（2）正确使用工具完成相关任务	10			
	（3）正确利用互联网完成安全用电宣传	10			
	（4）正确找出身边的不规范的安装	10			
合计		100			
学习体会：					

想一想

小组讨论：如何利用计算机，制作网线制作、工具使用的微视频，以及安全用电、静电防护宣传册？写出方案。

【学习总结】

通过物联网的介绍，我们对物联网的概念、发展历程有了相应的了解，能比较蓝牙、Wi-Fi 技术的优缺点及应用领域，对 RFID 的组成和工作原理有更深入的认识，熟悉网线制作、常用工具使用、用电安全、静电防护、安装工艺等知识和技能的过程，培养了规范操作意识,对后期学习各类系统的安装调试打下基础。同时,通过上网查阅资料,进一步提升信息收集、整理、分析能力,全面了解国内外物联网技术应用发展现状,增强历史使命感和社会责任感。

【学习拓展】

1. 综合布线

综合布线是一种模块化的、灵活性极高的建筑物内或建筑群之间的信息传输通道。它可使语音设备、数据设备、交换设备及各种控制设备与信息管理系统连接起来,同时使这些设备与外部通信网络相连。它还包括建筑物外部网络或电信线路的连接点与应用系统设备之间的所有线缆及相关的连接部件。综合布线由不同系列和规格的部件组成,包括传输介质、相关连接硬件(如配线架、连接器、插座、插头、适配器)以及电气保护设备等。这些部件可用来构建各种子系统,它们都有各自的具体用途,不仅易于实施,而且能随需求的变化而平稳升级。

2. 综合布线的标准

综合布线系统的国外标准主要有:

ISO / IEC 11801—2010:信息技术—用户基础设施结构化布线

ISO / IEC 14763—2012:信息技术—用户基础设施结构化布线的安装和操作

ISO / IEC 14763—3—2014:信息技术—用户基础设施结构化布线的安装和操作—光纤测试

ANSI / EIA / TIA —569:商业大楼通信通路与空间标准

ANSI / EIA / TIA —568—C:商业大楼通信布线标准

ANSI / EIA / TIA —606—B:商业大楼通信基础设施管理标准

综合布线系统的国内标准有:

GB 50311—2007:综合布线系统工程设计规范

GB 50312—2007:综合布线系统工程验收规范

3. 综合布线系统主要特点

综合布线同传统的布线相比较,有着许多优越性,是传统布线所无法相比的。其特点主要表现在具有兼容性、开放性、灵活性、可靠性、先进性和经济性,而且在设计、施工和维护方面也给人们带来了许多方便。

(1)兼容性。指它自身是完全独立的,与应用系统相对无关,可以适用于多种应用系统。过去,为一幢大楼或一个建筑群内的语音或数据线路布线时,往往采用不同厂家生产的电缆线、配线插座以及接头等,彼此互不相容。一旦需要改变终端机或电话机的位置时,就必须敷设新的线缆,以及安装新的插座和接头。综合布线将语音、数据与监控设备的信号线进行统一规划和设计,采用相同的传输媒体、信息插座、交连设备、适配器等,把这些不同信号综合到一套标准的布线中。在使用时,用户不用定义某个工作区的信息插座的具体应用,只把某种终端设备(如个人计算机、电话、视频设备等)插入这个信息插座,然后在管理间和设备间的交接设备上做相应的接线操作,这个终端设备就被接入到各自的系统中了。

(2)开放性。传统的布线方式,一旦用户选定了某种设备,也就选定了与之相适应的布线方式和传输媒体。如果更换为另一设备,原来的布线就必须全部更换。综合布线采用开放式体系结构,符合多种国际上的标准,几乎对所有著名厂商的产品都是开放的,如计算机设备、交换机设备等,并支持所有通信协议。

(3)灵活性。传统的布线方式是封闭的,其体系结构是固定的,若要迁移设备或增加设备是相当困难而麻烦的,甚至是不可能。综合布线采用标准的传输线缆和相关连接硬件,模块化设计。因此所有通道都是通用的。每条通道可支持终端、以太网工作站及令牌环网工作站。所有设备的开通及更改均不需要改变布线,只需增减相应的应用设备以及在配线架上进行必要的跳线管理即可。另外,组网可灵活多样,甚至在同一房间可有多个用户终端、以太网工作站、令牌环网工作站并存,为用户组织信息流提供了必要条件。

(4)可靠性。传统的布线方式由于各个应用系统互不兼容,因而在一个建筑物中往往要有多种布线方案。建筑系统的可靠性要由所选用的布线可靠性来保证,当各应用系统布线不当时,还会造成交叉干扰。综合布线采用高品质的材料和组合压接的方式构成一套高标准的信息传输通道。所有线槽和相关连接件均通过ISO认证,每条通道都要采用专用仪器测试链路阻抗及衰减率,以保证其电气性能。应用系统布线全部采用点到点端接,任何一条链路故障均不影响其他链路的运行,这为链路的运行维护及故障检修提供了方便,保障了应用系统的可靠运行。各应用系统往往采用相同的传输媒体,可互为备用。

(5)先进性。综合布线采用光纤与双绞线的混合布线方式,极为合理地构成了一套完整的布线。所有布线均采用世界上最新通信标准,链路均按八芯双绞线配置。超5类双绞线带宽可达100MHz,6类双绞线带宽可达250MHz,超六类双绞线带宽可达500MHz。对于特殊用户的需求可把光纤引到桌面(Fiber To The Desk)。语音干线部分用铜缆,数据干线部分用光缆,为同时传输多路实时多媒体信息提供足够的带宽容量。

(6)经济性。综合布线可适应相当长时间的使用需求,传统布线改造很费时间,耽误工作造成的损失更是无法用金钱计算。

4. 综合布线系统组成

综合布线系统的基本结构是星形的。根据GB 50311标准,综合布线系统可划分成七个子系统:工作区子系统、配线(水平)子系统、干线(垂直)子系统、设备间子系统、进线间子系统、管理子系统、建筑群子系统。

(1)工作区。一个需要设置终端设备(TE)的独立的区域可划分为一个工作区。工作区应由配线子系统的信息插座模块(TO)延伸到终端设备处的连接缆线及适配器组成。

(2)配线(水平)子系统。配线(水平)子系统应由工作区的信息插座模块、信息插座模块至电信间配线设备(FD)的配线电缆和光缆、电信间的配线设备及设备缆线与跳线组成。

(3)干线(垂直)子系统。干线(垂直)子系统应由设备间至电信间的干线电缆和光缆、安装在设备间的建筑物配线设备(BD)及设备缆线与跳线组成。

(4)建筑群子系统。建筑群子系统应由连接多个建筑物之间的主干电缆和光缆、建筑群配线设备(CD)及设备缆线与跳线组成。

(5)设备间子系统。设备间子系统是在每幢建筑物的适当地点布置的进行网络管理和信息交换的系统。

(6)进线间子系统。进线间子系统是建筑物外部通信和信息管线的入口部位,并可作为入口设施和建筑群配线设备的系统。

(7)管理子系统。管理子系统包含工作区、电信间、设备间、进线间的配线设备、缆线、信息插座模块等设施。

在系统设计时,全系统所选的缆线、连接硬件、跳线、连接线等必须与选定的类别一致。如采用屏蔽措施时,则全系统必须都按屏蔽设计,需要保持屏蔽的连续性。

项目二 智能灯光控制系统的安装与调试

小吴一大早起床，匆匆忙忙地走出家门，坐在公交车上突然想到卧室的起居灯还没有关，如果不回家，只能让灯一直开着，既浪费资源又有安全隐患。一到办公室，正在做“双碳行动”宣传栏的小黄来找小吴征求意见，小吴马上跟小黄谈到家里没关灯的烦心事。小黄说:“为什么不在家里安装一套智能灯光控制系统呢?”说完，小黄掏出手机，打开一个APP，在控制面板上按下开关，办公室里的灯就熄灭了。如果家里安装了这样一套控制系统，小吴的问题不就迎刃而解了吗?

本项目将通过智能灯光控制系统连线图的识读和绘制、系统的安装和调试等步骤，实现智能灯光控制系统，以便理解物联网技术在灯光控制方面的应用。

目标类型	目标要求
素质目标（含思政）	(1)树立践行“双碳”理念,服务绿色发展 (2)增强节约用电、安全用电的意识 (3)养成团队互助、分工协作的习惯 (4)提升信息收集、整理、分析能力
知识目标	(1)理解智能灯光控制系统的工作原理 (2)掌握智能灯光控制系统设备的性能参数 (3)掌握智能灯光控制系统安装、调试的基本方法和步骤
能力目标	(1)能正确选择智能灯光控制系统的设备及导线 (2)能正确识读并绘制智能灯光控制系统连线图 (3)能正确安装调试智能灯光控制系统 (4)能排除智能灯光控制系统典型故障

任务一 智能灯光控制系统安装前的准备

学习情境

智能灯光控制系统是由各种设备连接起来的有机整体。安装智能灯光控制系统,首先需要正确识读系统连线图和系统布局图,了解系统所需要的设备和材料,认识和熟悉网孔板、继电器、开关量采集模块、485/232转换器等设备的功能,明确它们在系统中的用途和安装位置。

为此,我们通过绘制智能灯光控制系统连线图,增强对系统的认识和理解,做好系统安装前的准备。

学习导航

本任务学习流程如图2-1-1所示。

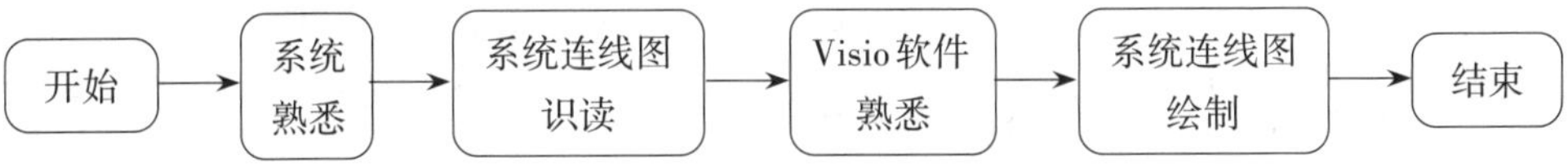

图2-1-1 学习流程图

学习探究

一、学习准备

绘制智能灯光控制系统连线图需要准备相应的资源,具体情况如表2-1-1所示。

表 2-1-1　学习准备

序号	类型	资源
1	图纸	系统连线图
2	软件	Visio 软件

二、操作步骤

(一)识读系统连线图

智能灯光控制系统连线效果图,如图 2-1-2 所示。

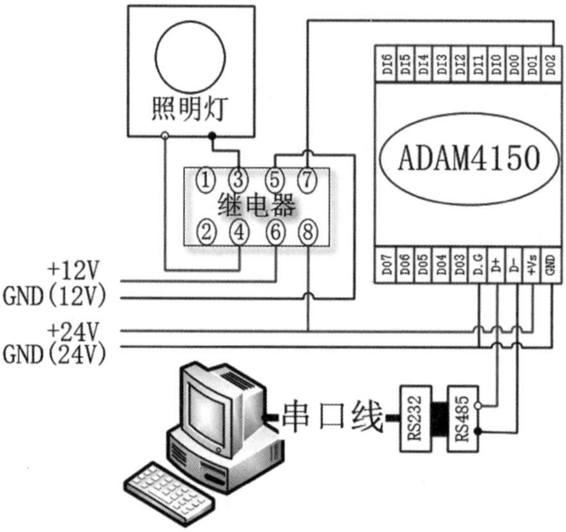

图 2-1-2　智能灯光控制系统连线效果图

(二)利用 Visio 软件绘制系统连线图

1. 软件安装

在计算机上安装 Visio2010 软件,安装过程请参考相关资料。

2. 绘制设备形状

(1)绘制 485 数字量采集器。点击工具菜单的□ ▾ 图标,在下拉菜单中选择 □ 矩形(R) 工具,在绘图页中画出三个矩形框,如图 2-1-3 所示;选择 ○ 椭圆(E) ,绘制椭圆形框,双击椭圆框,输入文本“ADAM4150”,修改为 宋体 ▾ 16pt ▾ ,如图 2-1-4 所示;点击工具菜单中的□ ▾ 图标,在下拉菜单中选择 ╲ 线条(L) 工具,绘制线条,如图 2-1-5 所示;点击工具菜单中的 A 文本 ,在矩形框上添加文本“D07”等,点击 A 工具，旋转文本，效果如图2-1-6所示；选择 指针工具 ，按住左键，拖动滚轮框选“485数字量采集器”及小方块中的数据，点击右键，选择 组合(G) / 组合(G)，操作过程如图2-1-7所示，完成485数字量采集器的绘制。结果如图2-1-8所示。

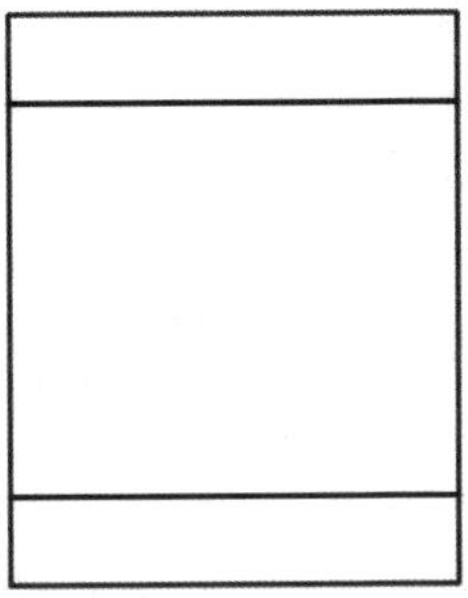

图2-1-3 添加矩形框

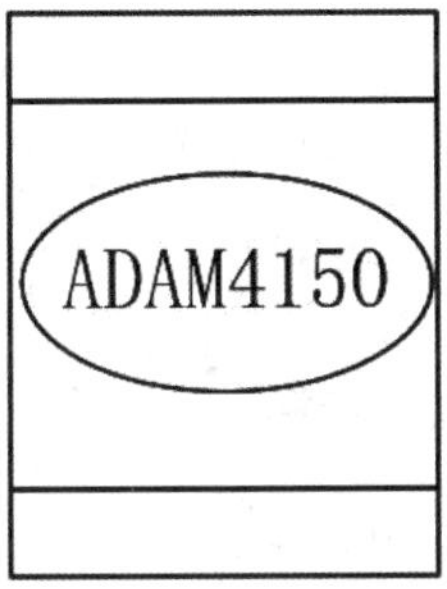

图2-1-4 添加椭圆框

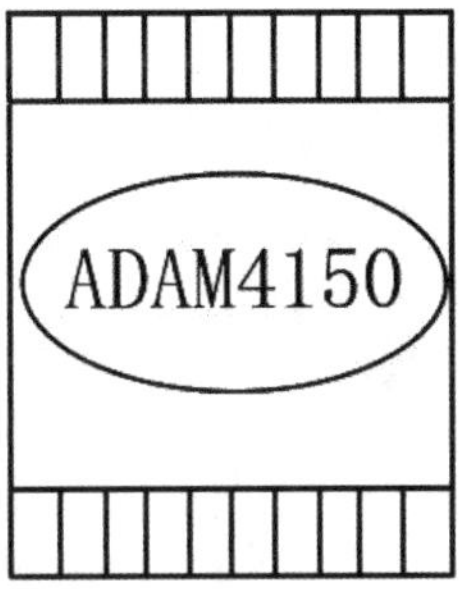

图2-1-5 添加线条

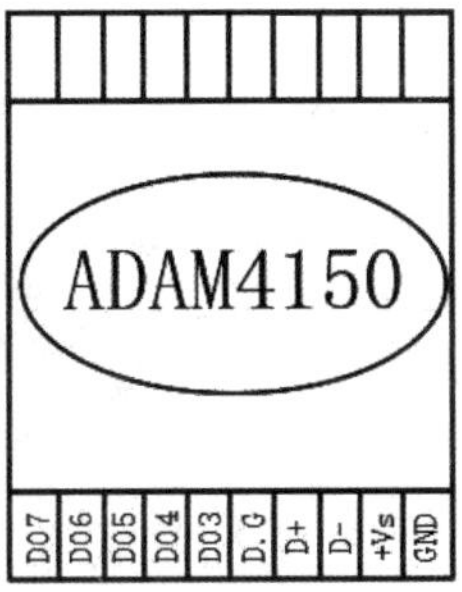

图2-1-6 添加文本并旋转

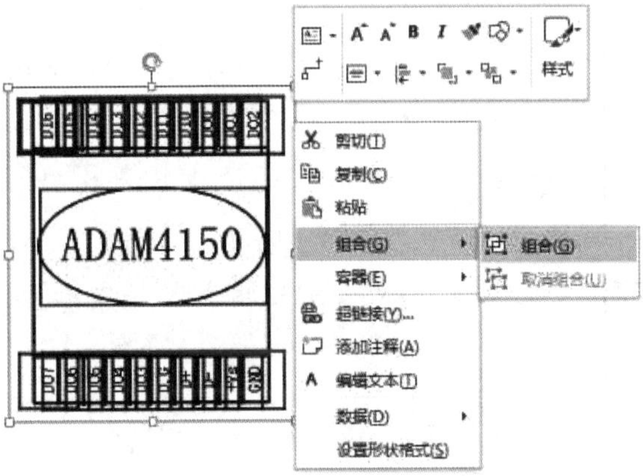

图2-1-7 【组合】操作过程

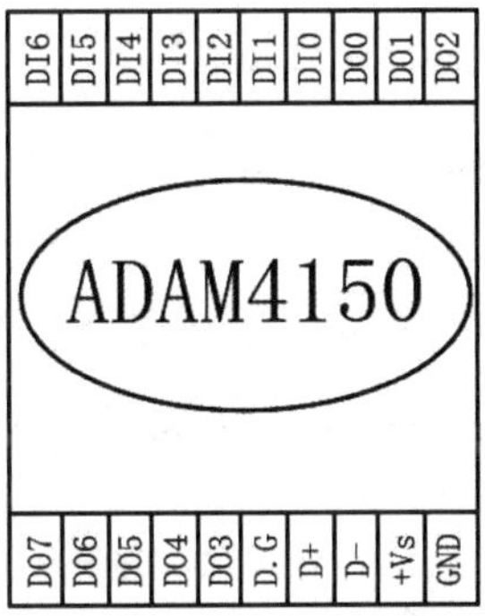

图2-1-8 485数字量采集器效果图

（2）绘制继电器、照明灯、RS485／RS232转换器。操作过程与绘制485数字量采集器相同，最终效果如图2-1-9～图2-1-11所示。

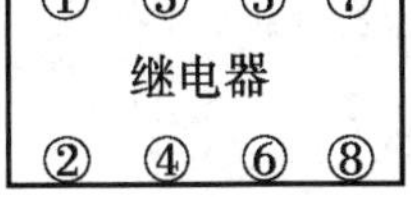

图2-1-9 继电器效果图

图2-1-10 照明灯效果图

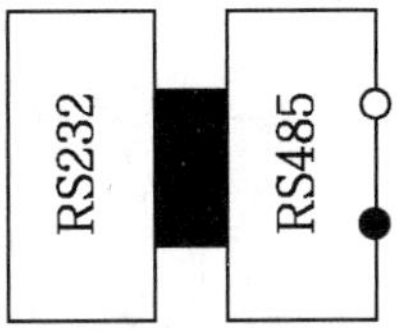

图2-1-11 RS485/R232转换器

（3）绘制PC机。在“形状/更多形状／网络／计算机和显示器—3D”中选择

“PC”，拖拽到绘图页，效果如图2-1-12所示。

图2-1-12　PC机图

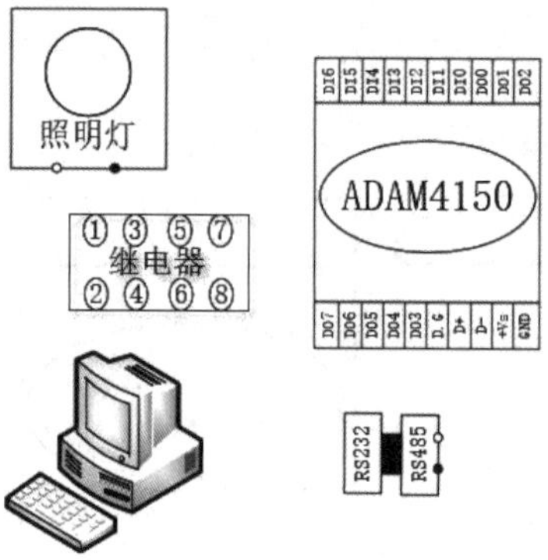

图2-1-13　形状布局效果图

(4)形状布局。根据各形状的大小及连线情况调整位置，完成布局，最终效果如图2-1-13所示。

3. 制作模具

点击“形状／更多形状／新建模具”，如图2-1-14所示，生成“模具1”，右键点击模具1，保存到“...\资源包\项目2资源包\项目2 Visio”中，并将模具名称改为“项目2模具”；选中各形状，按住左键，将形状拖拽到新建模具中，如图2-1-15所示；右键点击形状Master2，点击“重命名主控形状”，将此形状重命名为“计算机”，如图2-1-16所示；同理，将其他形状分别重命名为485数字量采集器、RS485／RS232转换器、继电器、照明灯，最后保存，结果如图2-1-17所示。

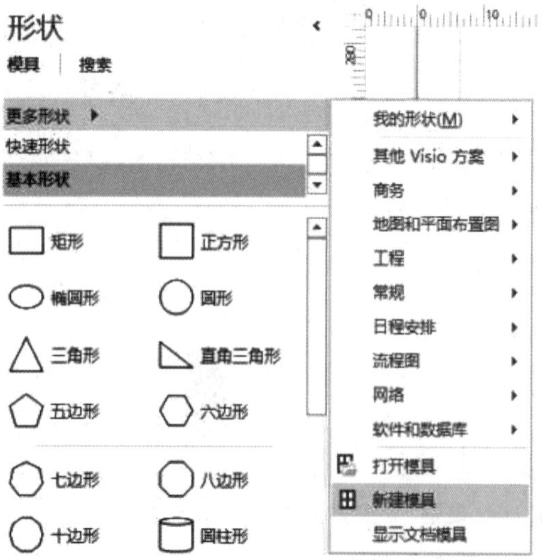

图2-1-14　新建模具

图2-1-15　保存模具

图 2-1-16 “重命名主控形状”操作图

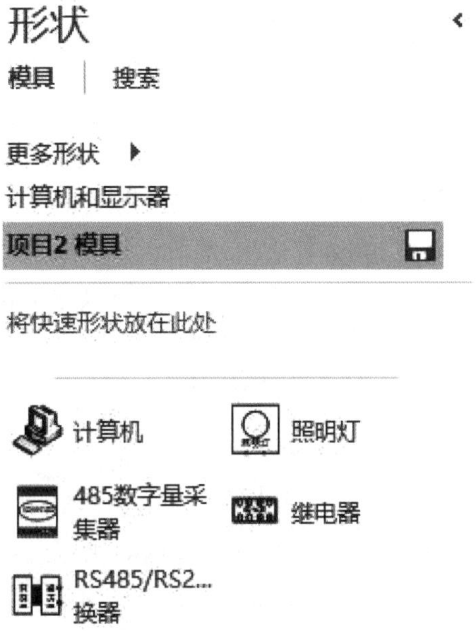

图 2-1-17 项目 2 模具

4. 形状连线

点击“工具”菜单中的 连接线，对照图 2-1-2，将各形状用线连接起来。选中连接符，点击“形状样式”/ 线条，弹出下拉菜单，即可修改连接符的颜色和粗细，结果如图 2-1-18 和图 2-1-19 所示，最终效果如图 2-1-2 所示。

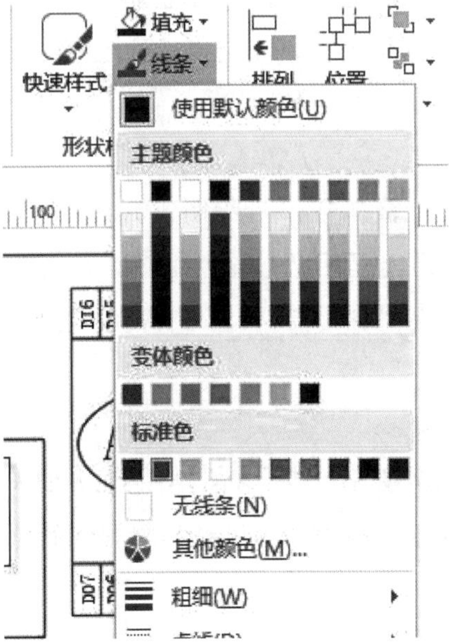

图 2-1-18 修改连接线颜色过程

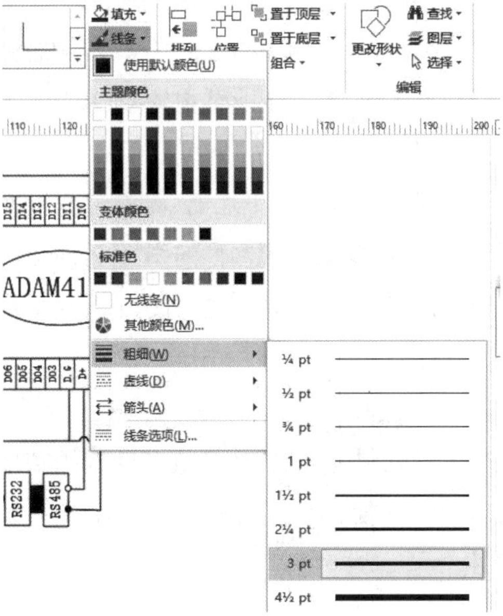

图 2-1-19 修改连接线粗细过程

知识链接

一、什么是Visio软件

Visio软件是一款专业的商用矢量绘图软件，提供了大量的矢量图形素材，可以辅助用户绘制各种图表、流程图或结构图等。功能强大、操作简单、应用广泛。1999年，Visio被微软公司收购，从而成为微软Office办公软件套装中的重要组件。

二、Visio软件的应用领域

1. 软件开发

在软件开发中，算法是软件运行的灵魂，代码则用于实现算法。Visio可以通过形象的标记来描述软件中数据的执行过程及各种对象的逻辑结构关系，为编写代码提供形象的参考，使程序员更容易理解算法，提高代码编写效率。

2. 项目策划

在实际工作中，策划一些复杂的项目往往需要分析项目的步骤、规划与实施顺序。Visio可以通过制作时间线、甘特图、PERT图等代替传统策划的纸上作业，效率更高，速度更快，更易于修改。

3. 企业管理

在企业管理中，经营者需要通过多种方式分析企业的状况，规划企业运行的各种流程，分析员工、部门之间的关系，理顺企业内部结构等。Visio能有效地绘制各种结构图和流程图，展示企业结构体系，易于发现企业运转中的各种问题。

4. 建筑规划

在建筑或园林施工之前，需要对施工项目进行整体规划，即绘制建筑或园林的平面图、结构图及某个预制件的图形。Visio可以方便地运用已有的各种矢量图形素材，制作建筑规划图，对其拼接与改绘。Visio提供了各种矢量工具，也可直接绘制规划图中的各种图形。

5. 机械制图

在机械制图领域，计算机辅助制图和辅助设计必不可少。Visio借助强大的矢量图形绘制功能，能绘制出不亚于AutoCAD等专业软件水准的机械装配图和管路设计图。

6. 电路设计

在设计电子产品电路结构时，Visio能绘制电路结构模型，再进行PCB电路板的设计。

7. 系统集成

系统集成业务是根据用户实际需求，将具有标准化接口的多个厂商生产的数字设备按照指定的安装规范连接起来，集成为一个整体系统。在进行系统集成工作之前，Visio可以绘制出系统平面结构图或立体结构图，展示系统运作流程、系统整体结构及所需设备。

8. 生产工艺设计

生产工艺设计需要绘制大量的生产工艺流程图、生产设备装配图及原料分配与半成品加工图等。Visio能方便地设计上述图形，节省绘图时间，修改方便。

三、Visio 2010界面介绍

Visio 2010与Office系列软件中的Word 2010等界面类似，界面简洁，易于操作。基本界面如图2-1-20所示。

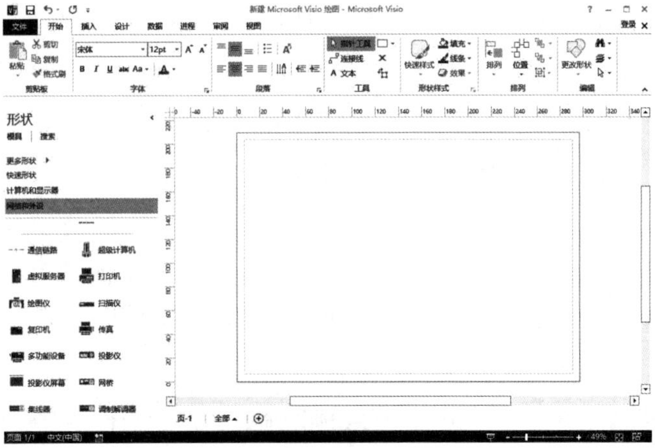

图2-1-20　Visio 2010软件基本界面

Visio软件的界面主要由六个部分组成。

1. 标题栏

标题栏包括Visio标志、快速访问工具、窗口管理按钮三个部分。

2. 工具选项卡

这是一组重要的按钮栏，提供多种按钮，允许用户切换功能区、运用各种工具制图。

3. 功能区

功能区提供各种基本工具，通常按组方式排列，组与组之间以分隔线的方式隔开。如“开始”的功能区包括剪贴板、字体、段落、工具、形状、排列和编辑等组。

4. 形状窗格

使用Visio模板功能创建Visio绘图，会自动打开“形状”窗格，该窗格提供各种模具组供用户选择，并可添加到Visio绘图中。

5. 绘图窗格

绘图窗格是Visio中最重要的窗格，提供了标尺、绘图页及网格等工具，允许用户在绘图页上绘制各种图形，使用标尺规范图形尺寸。绘图窗格的底部，提供了页标签功能，允许用户为一个Visio绘图创建多个绘图页，并设置绘图页名称。

6. 状态栏

其作用是显示绘图页或其上各种对象的状态，以供用户参考和编辑。

四、Visio软件的基本元素

1. 模板

模板是由一组模具和绘图页的设置信息组成，是一种专用类型的Visio绘图文件，是针对某种特定的绘图任务或样板而组织起来的一系列主控图形的集合，其扩展名为.VST。每一个模板都由设置、模具、样式或特殊命令组成。Visio 2010主要提供了网络图、流程图、数据库模型图、软件图等模板。

2. 模具

模具是指与模板相关联的图件或形状的集合，其扩展名为.VSS。图件是指可以用来反复创建绘图的图形，拖动图件可以迅速生成相应的图形。

3. 形状

形状是在模具中存储并分类的图件，预先画好的形状叫作主控形状，主要通过拖放预定义的形状到绘图页上的方法进行绘图操作。其中，形状具有内置的行为和属性。行为可以定位形状并正确地连接到其他形状，属性主要显示用来描述或识别形状的数据。

4. 手柄

在Visio 2010中，用户可以通过手柄来定位、伸缩及连接形状，其中形状手柄主要包括：可以改变形状的尺寸或增加连接符的Selection手柄，在选择形状时会显示红色或蓝色的盒状区；可以标识形状上的黏附连接符线条位置的Rotation手柄，其标识为蓝色的X;可以改变形状外观的Control手柄,在某些形状上显示为黄色钻石形状;可以通过拖动绿色圆圈的方法来改变弧形形状的Eccentricity手柄。

5. 连接符

连接符是形状与形状之间连接的线条。它随着形状的移动而自动调整,起点和终点标识形状之间的连接方向。在Visio 2010中,连接符分为直接连接符与动态连接符。直接连接符是连接形状之间的直线,可以通过拉长、缩短或改变角度等方式来保持形状之间的连接,而动态连接符是连接或跨越连接形状之间的直线的组合体,可以通过自动弯曲、拉伸、直线弯角等方式来保持形状之间的连接,用户可以通过拖动动态连接符的直角顶点,连接符片段的Control或Eccentricity手柄等方式来改变连接符的弯曲状态。

学习评价

智能灯光控制系统安装前的准备工作,主要是熟悉系统、设备、连线图等的过程,学习评价如表2-1-2所示。

表2-1-2 学习评价表

评价内容	评价标准	分值	学生自评	小组互评	老师评估
素质评价(20%)	(1)树立6S理念,遵守6S要求	10			
	(2)具备团队协作精神	5			
	(3)养成创新发展意识	5			
知识评价(40%)	(1)能描述智能灯光控制系统连线图布局规则与连线规范	15			
	(2)能指出系统连线图与具体设备之间的对应关系	15			
	(3)能描述智能灯光控制系统信号走线	10			
能力评价(40%)	(1)正确识读智能灯光控制系统连线图	10			
	(2)熟练运用Visio软件常用功能	10			
	(3)正确绘制智能灯光控制系统连线图	20			
合计		100			
学习体会:					

练一练

1. 组建学习小组，讨论图2-1-2的布局和布线是否最佳。如果是，说出理由；如果否，也说出理由，并重新绘制。

2. 利用互联网资源，进一步熟悉Visio软件的安装和使用。

任务二 智能灯光控制系统的安装

学习情境

完成系统安装前的准备工作后，下一步就开始系统的安装了。这是最重要的阶段，我们需要将灯座、继电器、485数字量采集器、RS485/RS232转换器等设备按照系统连线图的要求安装到网孔操作面板上，并设计设备布局和按照相关工艺要求利用导线将它们科学规范地连接起来，做好线路检查、绑扎和整形，最终完成智能灯光控制系统的安装。

还等什么呢？我们马上行动吧。

学习导航

本任务学习流程如图2-2-1所示。

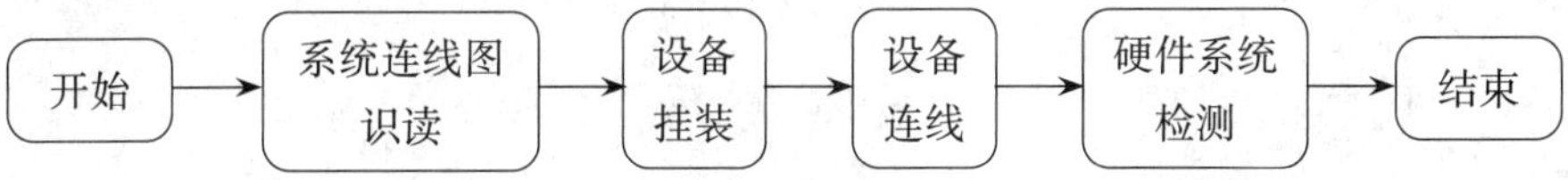

图2-2-1 学习流程图

学习探究

一、学习准备

完成智能灯光控制系统的安装需要准备相应的资源，具体情况如表2-2-1所示。

表2-2-1　学习准备

序号	类型	资源
1	图纸	系统连线图。
2	工具	螺丝刀、剥线钳等。
3	器材	网孔板、灯及灯座、继电器及铝条、485数字量采集器、RS485／RS232转换器、DB9串口公母线、导线、螺丝、绝缘胶带、尼龙扎带等。

二、操作步骤

(一)设备挂装

1. 设备布局

整体要求:

(1)设备布局紧凑。

(2)设备安装位置与信号走向基本一致。

(3)设备安装牢固。

2. 设备安装

(1)将灯座安装在网孔板上,如图2-2-2所示。

(2)将铝条安装在网孔板上,并将继电器固定在铝条上,如图2-2-3所示。

图2-2-2　安装灯座

图2-2-3　安装继电器

(3)将485数字量采集器安装在网孔板上,如图2-2-4所示。

(4)将RS485／RS232转换器安装在网孔板上,如图2-2-5所示。

(5)将照明灯安装在灯座上,如图2-2-6所示。

图2-2-4 安装485数字量采集器

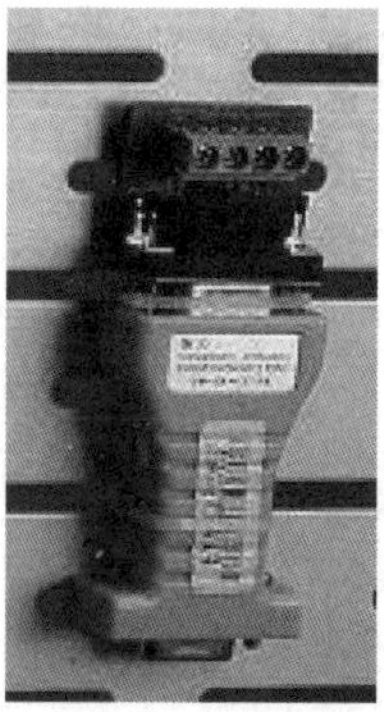

图2-2-5 安装RS485/RS232转换器

图2-2-6 安装照明灯

(6)系统布局图如图2-2-7所示。

图2-2-7 系统布局图

(二)设备连线

1. 信号线连接

如图2-2-8所示,小灯灯座L极用导线连接继电器常闭端口4,N极连接继电器常闭端口3;继电器端口7连接485数字量采集器端口DO2;485数字量采集器端口DATA+连接RS485/RS232转换器端口R+,端口DATA−连接RS485/RS232转换器端口R−。

2. 电源线连接

继电器端口5用导线连接端口GND(12V),继电器端口6连接+12V,继电器端口8连接+24V;485数字量采集器端口D.GND与(B)GND用导线分别连接端口GND(24V),485数字量采集器端口+VS连接+24V。

3. 其他类连接

RS485/RS232转换器用DB9串口公母线与计算机连接,最终效果如图2-2-8所示。

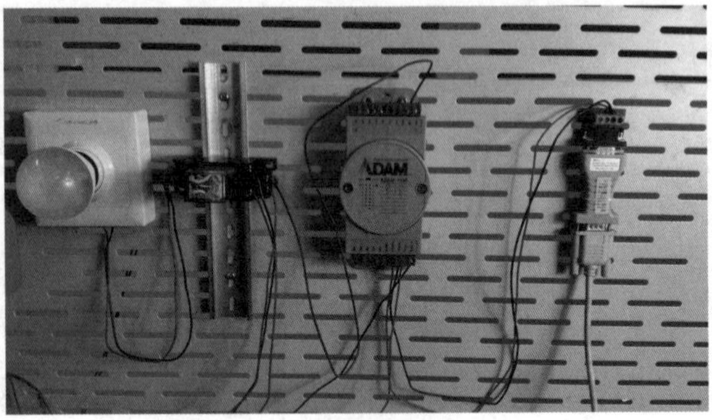

图 2-2-8　系统连线效果图

(三)硬件系统检测

1. 线路再检查

(1)依据安装布局图检查设备是否安装准确。

(2)依据线路连线图与实物对照判断系统接线是否正确。

(3)检查设备安装是否牢固。

(4)检查导线走线是否规范。

(5)检查过程中,注意安全用电,不得打开电源,以免触电和损坏设备。

2. 连接线绑扎与整形

(1)对连接线进行绑扎,使其固定在网孔板上。

(2)对整个系统设备及连接线整形,使其规范、美观。最终效果如图 2-2-9 所示。

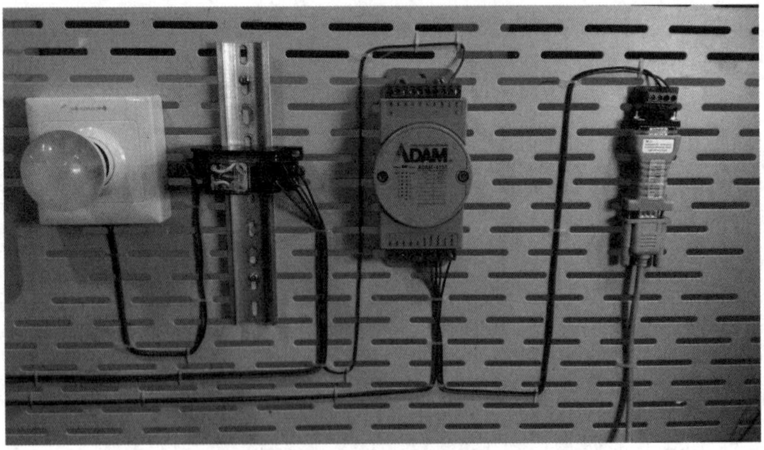

图 2-2-9　系统整形效果图

知识链接

设备介绍

表 2-2-2 智能灯光控制系统安装设备清单

序号	名称	图示	功能描述
1	网孔板		主要有长方孔、方孔、圆孔等形状，用不锈钢板、低碳钢板、铝板等材料制作，常用于机械设备防护、屋面吊顶隔音、桌椅装饰、音响防尘隔音等。本项目主要用于设备固定
2	照明灯	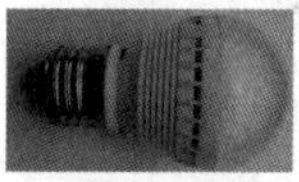	广泛应用在人们生产生活中，主要用于照明、警示等
3	灯座		用于固定照明灯，并把电传导给照明灯
4	铝条		继电器与网孔板的连接件。常用螺丝钉将铝条固定在网孔板上，便于继电器卡在铝条上
5	继电器		一种电控制器件，当输入量(激励量)的变化达到规定要求时，在电气输出电路中使被控量发生预定的阶跃变化，实际上是一种用小电流控制大电流运作的“自动开关”，常用于自动调节、安全保护、转换电路等
6	485数字量采集器		ADAM4000 系列模块应用 EIA RS—485 通信协议，它是工业上最广泛使用的双向、平衡传输线标准。它使用 ADAM4000 系列模块可以远距离高速传输和接收数据，是一款数据采集和控制系统，能够与双绞线多支路网络上的网络主机进行通信
7	RS485/RS232 转换器		RS485/RS232 转换器兼容 RS232、RS485 标准，能够将单端的 RS232 信号转换为平衡差分的 RS485 信号，应用于主控机之间、主控机与单片机或外设之间的点对点、点对多远程多机通信

续表

序号	名称	图示	功能描述
8	DB串口公母线		用于外设与RS232口进行串行通信的数据线，常为9针
9	导线		用于设备之间的信号传递、电能传输等，有一层均匀而密封的绝缘层，以防止导电体与外界接触造成漏电、短路、触电等事故
10	螺丝		利用物体的斜面圆形旋转和摩擦力的物理学和数学原理，循序渐进地紧固器物、机件的工具
11	绝缘胶布		又称胶布带，由基带和压敏胶层组成，具有良好的绝缘耐压、阻燃、耐候等特性，适用于电线接驳、电气绝缘、隔热防护等
12	尼龙扎带		又称扎带、扎线、束线带、扎线带，用于设备的绑扎、固定等。本项目采用3mm×120mm规格

学习评价

智能灯光控制系统的安装，主要是熟悉系统、设备，完成硬件系统安装的过程，学习评价如表2-2-3所示。

表2-2-3　学习评价表

评价内容	评价标准	分值	学生自评	小组互评	老师评估
素质评价 (20%)	(1)树立6S理念，遵守6S要求	5			
	(2)增强节约用电、安全用电意识	5			
	(3)具备团队协作精神	5			
	(4)树立践行“双碳”理念	5			
知识评价 (40%)	(1)能描述导线的走线规范	10			
	(2)能描述继电器的功能	10			

续表

续表

评价内容	评价标准	分值	学生自评	小组互评	老师评估
	(3)能描述485/232转换器的功能	10			
	(4)能描述485数字量采集器的作用	10			
能力评价（40%）	(1)正确使用工具规范安装系统	10			
	(2)正确进行设备布局和挂装	5			
	(3)正确使用各色导线进行设备连线	10			
	(4)正确使用尼龙扎带绑扎和规范整形	5			
	(5)正确对照线路连接图与实物检查系统接线	10			
合计		100			
学习体会：					

想一想

系统安装步骤是否最优？如果是，说出理由；如果否，写出你认为最优的安装步骤。

任务三　智能灯光控制系统的调试

学习情境

在系统安装完成后，它是不是能够正常地实现我们设定的功能呢？如果功能无法正常实现，我们应该怎样去判断和解决这些问题呢？本次学习将教给我们调试智能灯光控制系统的方法，使它能够正常地实现各项功能。我们将在学习活动中学会利用工具来判断系统能否正常工作，分析常见的故障现象和解决办法，通过一系列的调试步骤圆满地完成智能灯光控制系统。

学习导航

本任务学习流程如图2-3-1所示。

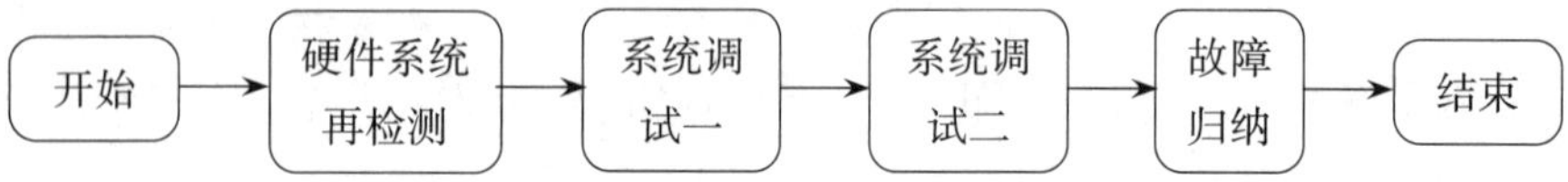

图2-3-1　学习流程图

学习探究

一、学习准备

完成智能灯光控制系统的安装需要准备相应的资源，具体情况如表2-3-1所示。

表2-3-1　学习准备

序号	类型	资源
1	硬件	智能灯光控制系统、台式计算机
2	软件	指令测试工具、展示软件，详见项目2资源包

二、操作步骤

(一)硬件系统再检测

(1)检查硬件系统连接是否正确。

(2)检查硬件系统安装是否规范。

(3)检查硬件系统接口连接是否牢固。

(4)检测无误后,方可打开电源。

(二)系统调试(使用指令测试工具)

(1)打开“...\资源包\项目2资源包\项目2指令测试工具”,如图2-3-2所示。

(2)双击图标 STC_ISP_V483 ,UI软件界面如图2-3-3所示。

图2-3-2 指令测试工具文件夹

图2-3-3 UI软件初始界面

(3)点击右上角 串口助手 ,界面如图2-3-4所示。

(4)正确设置串口为COM1,波特率为9600bps,结果如图2-3-5所示。

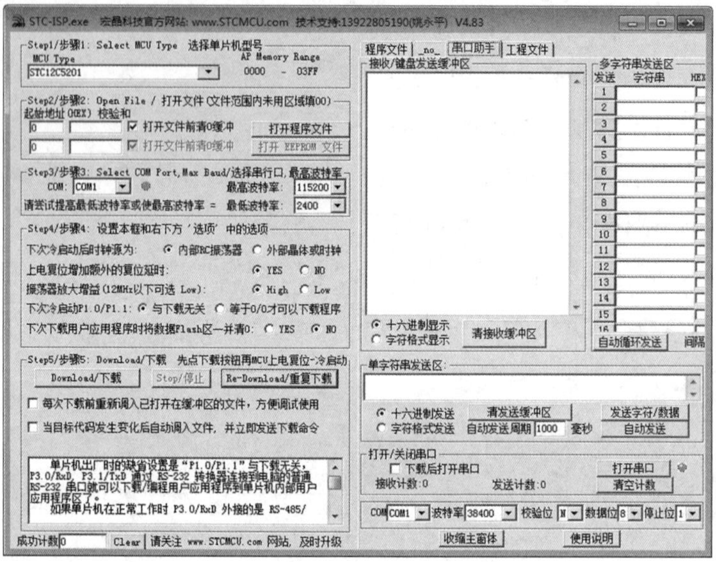

图2-3-4 串口助手界面

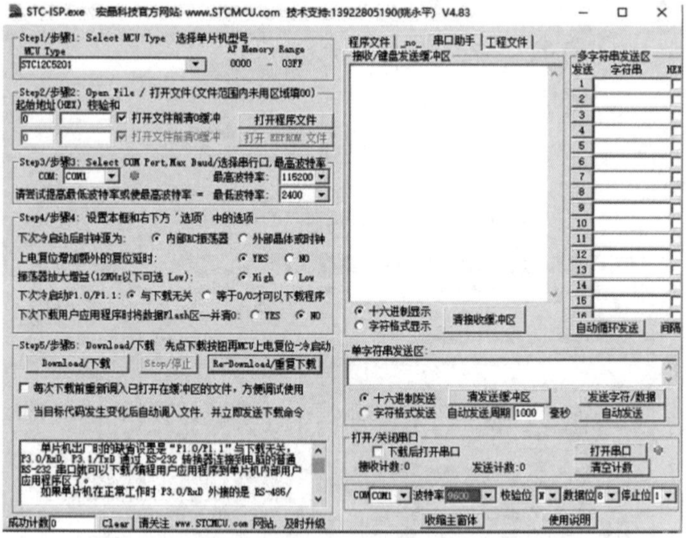

图2-3-5 设置串口和波特率界面

(5)点击【打开串口】按钮,界面如图2-3-6所示。

(6)在单字符串发送区输入打开路灯串口指令代码“01 05 00 12 FF 00 2C 3F”,并单击“发送字符/数据”,观察硬件系统,发现小灯已被打开。界面如图2-3-7所示,效果如图2-3-8所示。

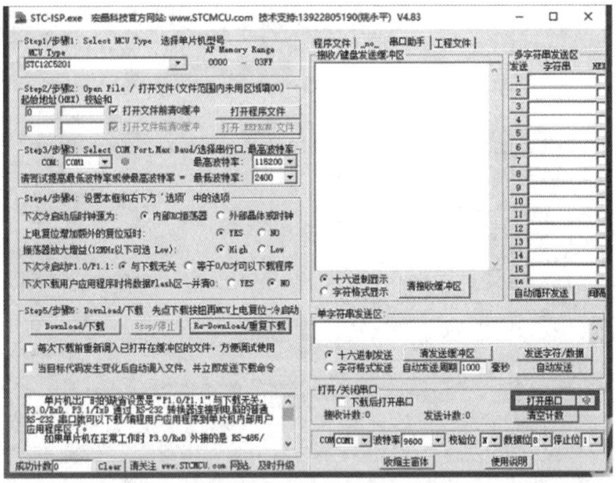

图 2-3-6 打开串口界面

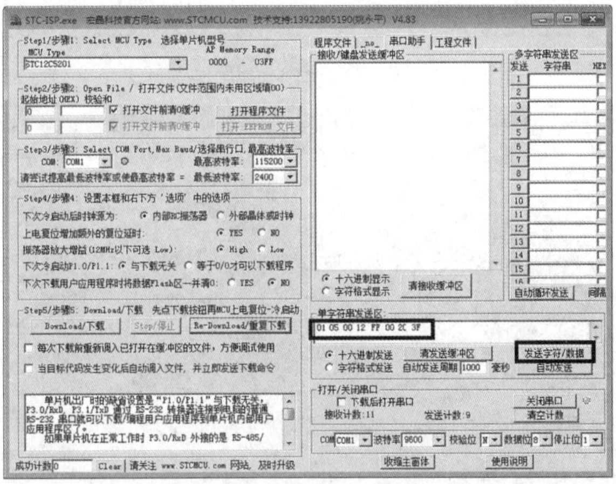

图 2-3-7 打开路灯操作界面

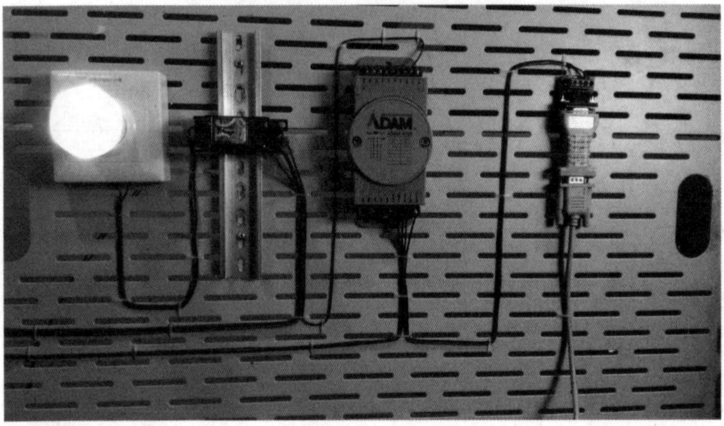

图 2-3-8 打开路灯效果图

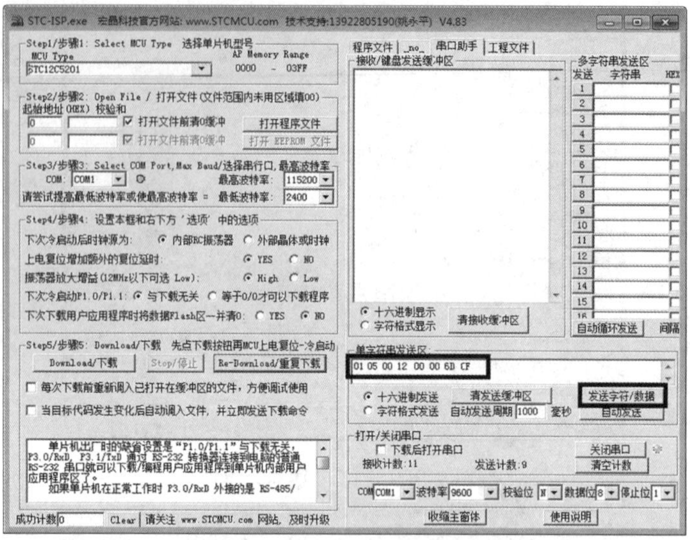

图 2-3-9　关闭路灯操作界面

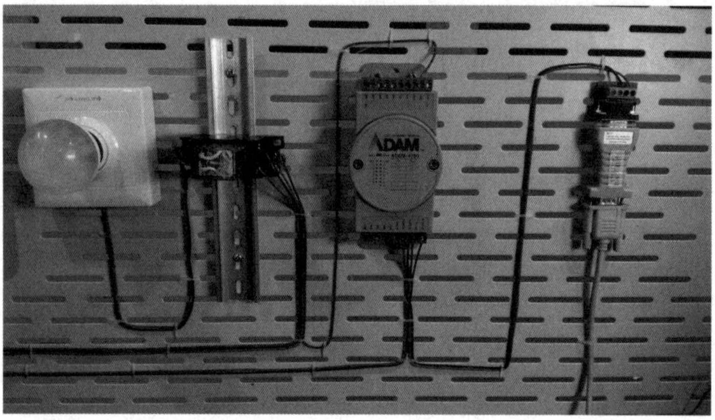

图 2-3-10　关闭路灯效果图

(7)在单字符串发送区输入关闭路灯串口指令代码“01 05 00 12 00 00 6D CF”,并单击“发送字符 / 数据”,观察硬件系统,发现小灯已被关闭。界面如图 2-3-9 所示,效果如图 2-3-10 所示,串口指令如图 2-3-11 所示。

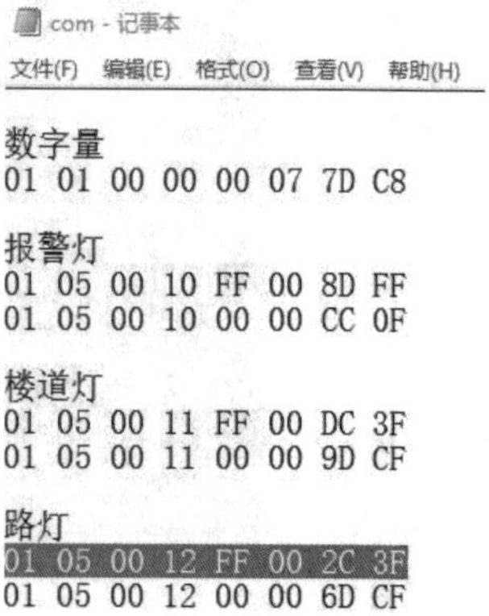

图 2-3-11　串口指令图

(三)系统调试(使用展示程序)

(1)打开“...\资源包\项目 2 资源包\项目 2 展示程序”,双击 ICS.Lamp ,UI 软件界面如图 2-3-12 所示。

图 2-3-12 UI软件初始界面和关闭灯界面

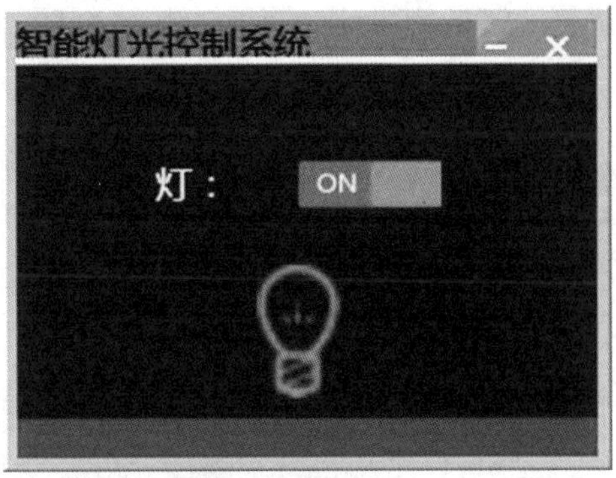

图 2-3-13 打开灯界面

(2)点击【OFF / ON】按钮,观察现象如图 2-3-12 和图 2-3-13 所示。如果当前小灯已点亮,首次点击ON时,会弹出一个窗口,如图 2-3-14 所示,点击【确定】按钮即可。硬件现象如图 2-3-8 和图 2-3-10 所示。

(3)如果不能正确控制灯的开关,请硬件系统再检测。如果确认硬件连接正确,请检查软件设置。如果出现串口无法打开,请检查串口是否被占用,串口默认使用COM1。

图 2-3-14 灯已打开界面

知识链接

1. 数制

数制也称计数制,是用一组固定的符号和统一的规则来表示数值的方法。在进位计数制中,数的符号在不同的位置上表示的数值不同,有十进制、二进制、八进制和十六进制多种。人们日常生活中,常采用十进制,如 100;计算机等电子设备中,内部数据处理则采用二进制,如 10101;为便于识读和书写,常采用十六进制表示,如本项目的关闭路灯串口指令代码“01 05 00 12 00 00 6D CF”。

2. 数码

在数制中,表示基本数值大小的不同数字符号称为数码。如十进制有 10 个数码,0、1、2、3、4、5、6、7、8、9;二进制有 2 个数码,0、1;八进制有 8 个数码,0、1、2、3、4、5、6、7;十六进制有 16 个数码,0、1、2、3、4、5、6、7、8、9、A(10)、B(11)、C(12)、D(13)、E(14)、F(15)。

2. 基数

数制中使用的数码个数称为基数。如二进制的基数为 2;十进制的基数为 10;八进制的基数为8；十六进制的基数为16。

3. 位权

数制中某一位上的1所表示的数值大小（位置的价值）称为位权。如十进制数123，1的位权是100（10^2），2的位权是10（10^1），3的位权是1（10^0）；二进制数101，第一个1的位权是4（2^2），0的位权是2（2^1），第二个1的位权是1（2^0）。

4. 数制符号

二进制用B（Binary）表示，如1010B，也可表示为（1010）2；八进制用O（Octal）表示，如127Q（因字母O与数字0相近，固用Q代替），也可表示为（127）8；十进制用D（Decimal）表示，如123D，常省略，即123；十六进制用H（Hexadecimal）表示，如1A3DH，也可用（1A3D）16表示。

5. 数制转换

（1）其他进制转换为十进制。方法：将其他进制数按权位展开，然后各项相加，得出对应的十进制数。如N＝1011.101B＝（？）D。

$$N=1\times 2^3+0\times 2^2+1\times 2^1+1\times 2^0+1\times 2^{-1}+0\times 2^{-2}+1\times 2^{-3}$$
$$=8+2+1+0.5+0.125$$
$$=11.625D$$

（2）十进制转换成其他进制。方法：分整数和小数两部分进行。

整数部分：（基数除法）

十进制数整数部分除以新进制数的基数，余数作为新进制数的最低位；把上一次的商再除以新进制数的基数，余数作为新进制的次低位；继续上一步，直到最后的商为零，此时的余数就是新进制数的最高位。

小数部分：（基数乘法）

十进制数小数部分乘以新进制数的基数，结果的整数部分作为新进制数小数部分的最高位；把上一步得的小数部分再乘以新进制数的基数，结果的整数部分作为新进制数小数部分的次高位；继续上一步，直到小数部分变成零为止，或者达到预定的要求也可。

（3）二进制转换为八进制、十六进制。它们之间需满足2^3和2^4的关系。二进制从低位到高位每3位或4位一组，高位不足时在有效位前面添0，然后把每组二进制数转换成八进制数或十六进制数即可。八进制、十六进制转换为二进制时，转换过程逆向进行。如N＝（1A8）H＝（？）B。

1A8H＝0001 1010 1000＝110101000B

学习评价

智能灯光控制系统的调试过程,主要是熟悉系统、实现功能的过程,学习评价如表2-3-2所示。

表2-3-2 学习评价表

评价内容	评价标准	分值	学生自评	小组互评	老师评估
素质评价（20%）	（1）养成规范操作意识	5			
	（2）增强安全用电意识	5			
	（3）具备团队协作精神	5			
	（4）树立绿色发展理念	5			
知识评价（40%）	（1）能描述系统安装成功与否的判断标准	10			
	（2）能描述使用指令测试工具调试过程	10			
	（3）能描述展示程序的使用步骤	10			
	（4）能正确描述调试故障的基本步骤	10			
能力评价（40%）	（1）正确对照线路连接图与实物检查系统接线	5			
	（2）正确使用指令测试工具调试系统	5			
	（3）正确使用展示程序调试系统	10			
	（4）独立或小组合作解决调试过程中的问题	10			
	（5）正确调试好智能灯光控制系统	10			
合计		100			
学习体会：					

理一理

常见故障现象及排查方法

现象:点击按钮,无法控制照明灯?

原因分析:线路不通或软件配置不正确。

排查方法:

(1)将各导线轻轻理一下,检查是否有松动。同时检查导线头是否有裸露,如果有,将导线重新连接。

(2)检查转换器接头是否插好,如果没有,重新插上。

(3)检查软件配置是否正确,可重新配置一次。

(4)检查导线是否连接正确或设备质量是否有问题,如有问题,及时更换。

【学习总结】

通过智能灯光控制系统的安装与调试,我们对物联网技术应用有了初步的体会,理解了相关设备的性能参数、质量判定,了解了系统安装过程中的相关知识,学会了安装施工的基本流程和操作规范,树立了“双碳”理念,做到了6S管理对后期学习较为复杂的系统做好了铺垫。

【学习拓展】

1. 智慧路灯管理系统

智慧路灯也称智能化路灯、智慧路灯、智慧照明。智慧路灯管理系统是采用物联网、云计算、大数据、区块链、北斗、5G等新一代信息技术,实现的一种城市公共照明管理系统,能实现路灯的集中管控、运行与维护信息化、照明智能化。传统路灯管理存在能源浪费严重、管理手段单一、信息化水平低、缺乏故障主动报警机制、故障灯位置确定难等弊端。近几年来,国内很多大城市逐渐开始对传统路灯进行改造升级,全面采用智能路灯技术。

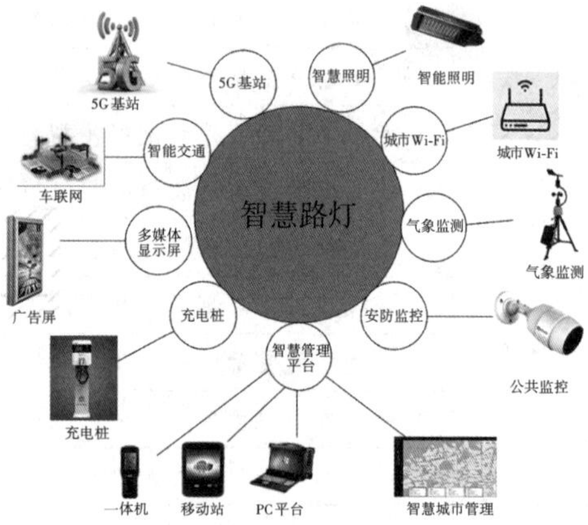

图 2-3-15　智慧路灯功能图

2. 智慧路灯的优势

(1)高效节能。智能路灯大幅度降低了路灯的电耗,有效提高了节能率。

(2)智能管理。智能路灯全面优化路灯智能控制功能,为路灯管理人员提供更高效的管理和维护手段。

(3)稳定可靠。智能路灯基于物联网、云计算、大数据、区块链、北斗、5G等新一代信息技术,采用嵌入式系统设计,采用电力载波通信技术、双备份集中控制器内核固件、有网络时钟自动校时功能的集中控制器等,建有科学的通讯机制和软硬件平台,系统可靠性高。

(4)配置灵活。软硬件平台可根据用户实际需求定制,提供多种不同配置的产品线。

项目三 智能风扇控制系统的安装与调试

某单位刘师傅在工作岗位上勤勤恳恳地工作了几十年，即将退休。他的主要工作是负责单位大型风机的控制与维护。他的新徒弟小吴是个90后，勤奋好学，很有潜力。但刘师傅担心小吴能否适应长期在温度高、噪声大的恶劣环境工作。如果在办公室就能控制风机的运行和关机，那就再好不过了。

本项目将完成一个智能风扇控制系统的安装，通过模拟单位大型风机系统的控制，或许可以为解决刘师傅的困惑带来一些思路。

目标类型	目标要求
素质目标 （含思政）	（1）增强用电安全与节能环保意识 （2）增强团队合作与自主探究意识 （3）提升信息收集、整理、分析能力 （4）培养精益求精的工匠精神
知识目标	（1）理解智能风扇控制系统的工作原理 （2）掌握ZigBee烧录和配置的过程 （3）知道智能风扇控制系统连线图 （4）掌握智能风扇控制系统安装、调试基本方法和步骤 （5）理解串口指令的作用 （6）了解通信技术相关术语
能力目标	（1）能正确烧录和配置ZigBee模块 （2）能正确安装智能风扇控制系统 （3）能正确调试智能风扇控制系统 （4）能及时排除智能风扇控制系统典型故障

任务一　智能风扇控制系统安装前的准备

学习情境

智能风扇控制系统主要由ZigBee协调器模块、ZigBee继电器模块等硬件以无线通信方式实现的。安装完成智能风扇控制系统，首先需要学会正确连接ZigBee烧写器、烧录ZigBee协调器模块与ZigBee继电器模块、正确配置ZigBee模块，了解其软硬件的功能，明确它们在系统中的用途和安装位置。

为此，我们通过ZigBee模块的烧录、ZigBee继电器模块配置，增强对系统的认识和理解，做好系统安装前的准备。

学习导航

本任务学习流程如图3-1-1所示。

图3-1-1　学习流程图

学习探究

一、学习准备

完成ZigBee继电器模块和ZigBee协调器模块相关程序的烧录需要准备相应的资源，具体情况如表3-1-1所示。

表3-1-1　学习准备

序号	类型	资源
1	硬件	ZigBee继电器模块、ZigBee协调器模块、ZigBee烧写器。
2	软件	ZigBee烧录软件、烧写代码、ZigBee组网参数设置。

二、操作步骤

(一)ZigBee模块的烧录

1. ZigBee烧录软件的安装

在“...\资源包\项目3资源包\项目3 ZigBee模块烧写配置”中点击 Setup_SmartRFProgr_1.10.2 ，采用默认设置，完成ZigBee烧录软件的安装。计算机桌面上出现ZigBee烧录软件的图标，如图3-1-2所示。

图3-1-2　烧录软件图标

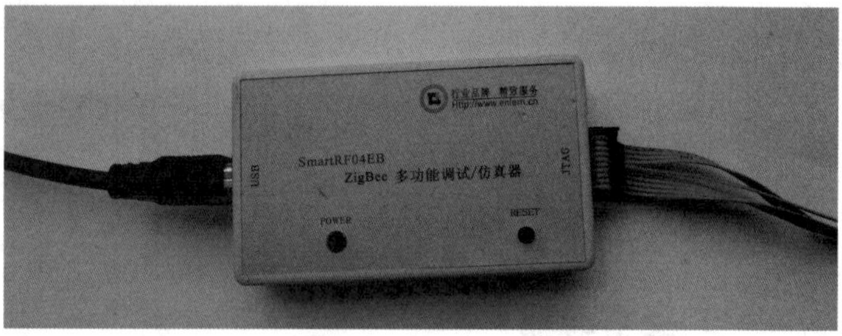

图3-1-3　ZigBee烧写器与计算机连接图

2. ZigBee烧录硬件连接

将ZigBee烧写器与计算机连接，效果如图3-1-3所示；另一端用彩排线与ZigBee继电器模块接口连接，注意彩排线与接口的方向标志，效果如图3-1-4所示。

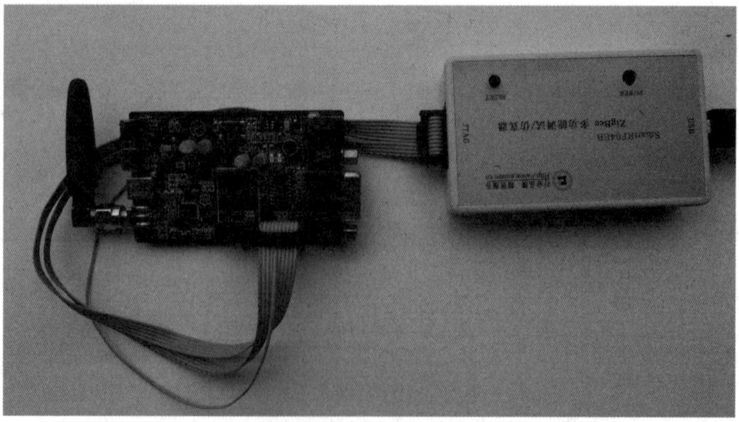

图3-1-4　ZigBee烧写器与ZigBee继电器模块连接图

3. ZigBee继电器模块的烧录

（1）双击烧录软件图标，运行烧录程序SmartRF Flash Programmer，出现如图3-1-5所示界面，准备进行烧录。

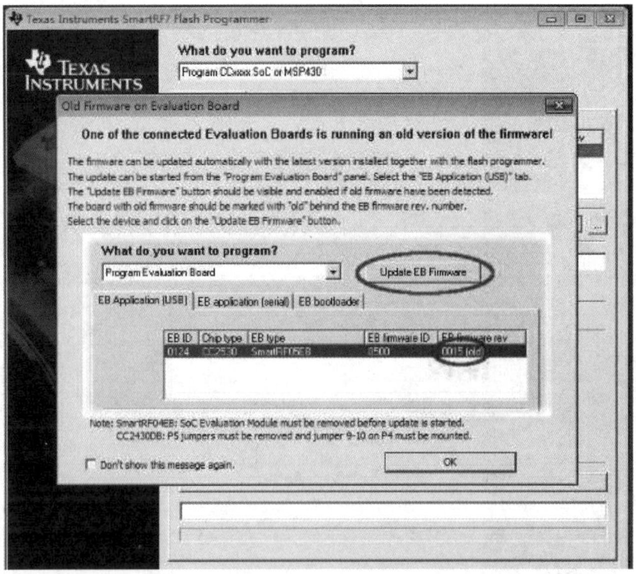

图3-1-5 烧录软件初始界面图

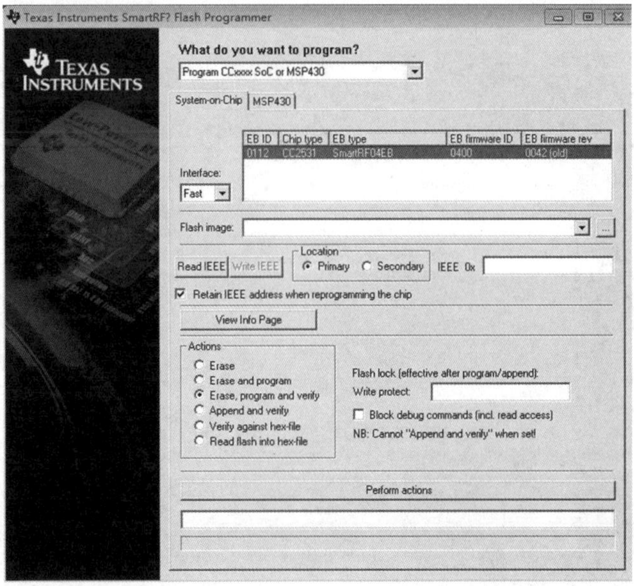

图3-1-6 烧录软件按下复位键后界面

（2）按下烧写器上的“复位”按钮，识别出芯片型号，如图3-1-6所示。此时表明烧写器与ZigBee继电器模块已成功连接。

（3）点击 Flash image 右侧的 ... 按钮，如图3-1-7所示。找到“...\资源包\项目3资源包\项目3 ZigBee模块烧写配置\烧写代码V2”文件夹下需要烧录的hex代码（collector2.3.hex是烧录协调器的代码、relay2.3.hex是烧录继电器的代码），如图3-1-8所示。

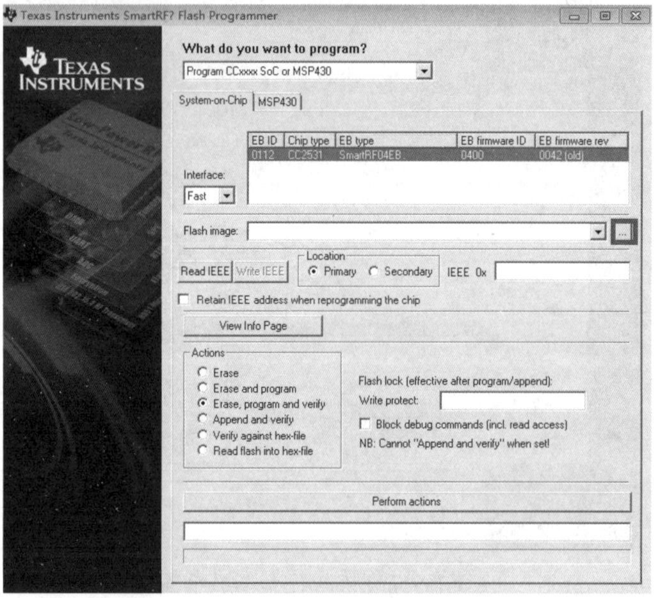

图3-1-7　加载待烧录代码界面1

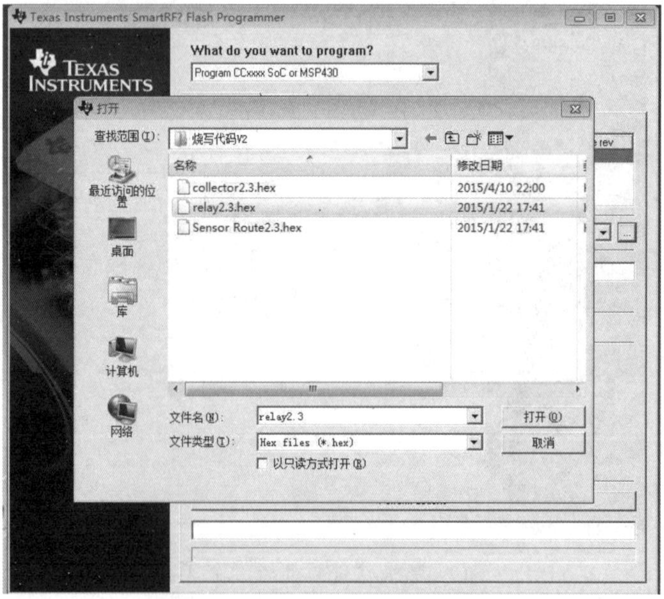

图3-1-8　加载待烧录代码界面2

(4)点击 Perform actions 进行烧录,烧录成功界面如图3-1-9所示。

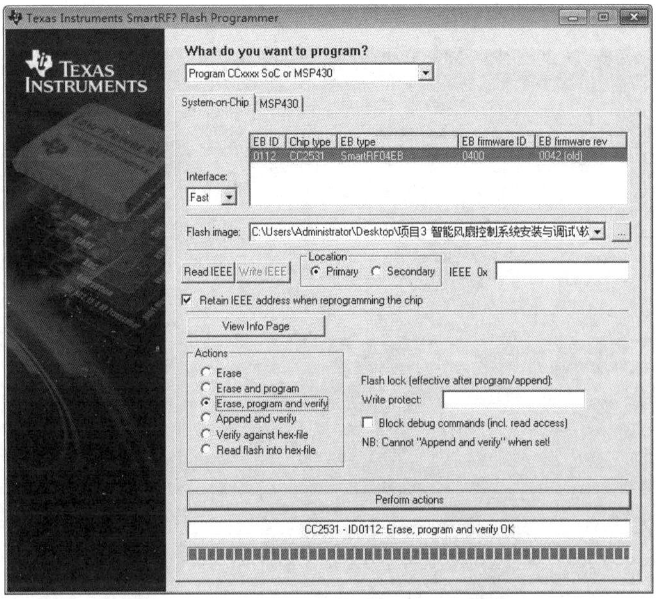

图3-1-9 ZigBee继电器模块烧录成功界面

(二)ZigBee继电器模块配置

(1)双击计算机上的"资源包\项目3资源包\项目3 ZigBee模块烧写配置"文件夹下 ZigBee组网参数设置 图标进行配置,如图3-1-10所示。

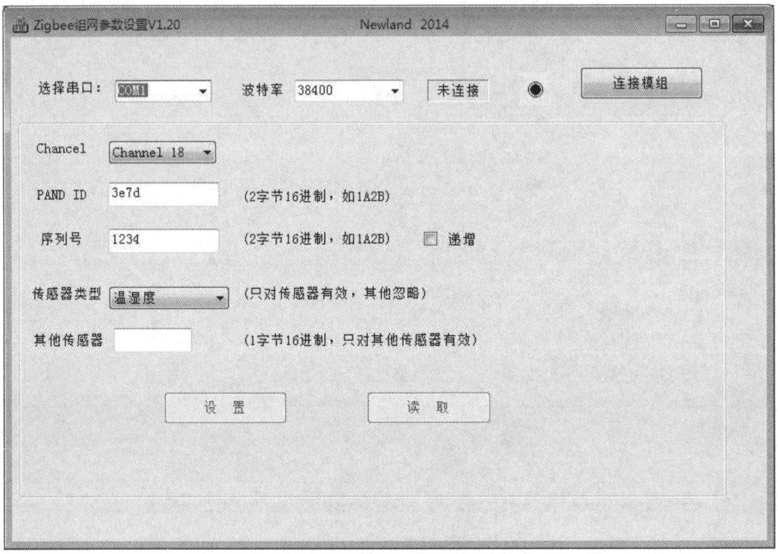

图3-1-10 ZigBee组网参数设置初始界面

(2)打开配置工具,修改串口号,一般选COM1;修改波特率,ZigBee协调器为38400bps,ZigBee继电器为9600bps,如图3-1-11所示。

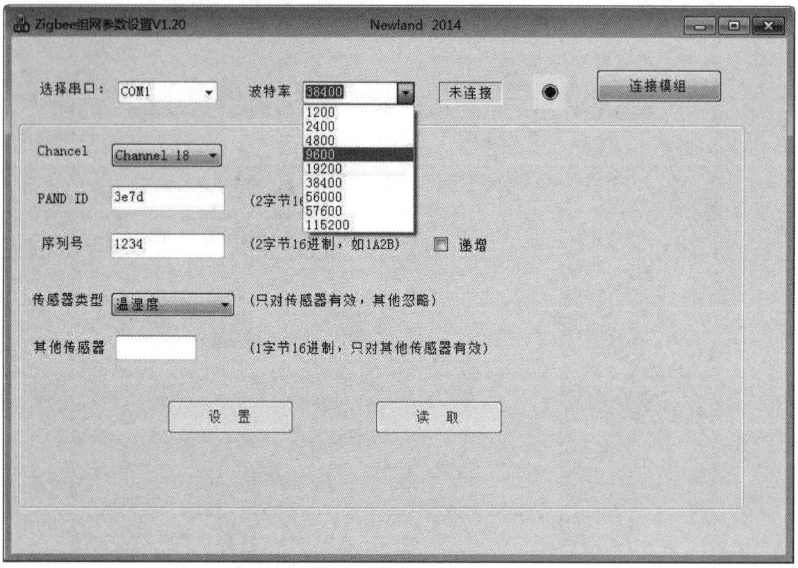

图3-1-11 设置串口和波特率

(3)点击【连接模组】,小灯变亮,方框由“未连接”变为“继电器”,表明连接成功,如图3-1-12所示。

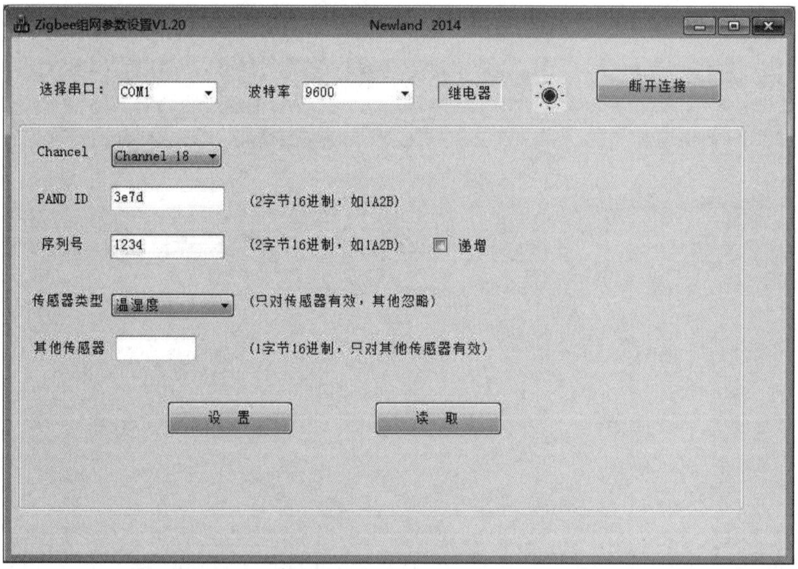

图3-1-12 ZigBee继电器模块建立连接界面

(4)点击【读取】,查看当前连接的ZigBee信息。当前界面可以设置、读取和修改参数,如图3-1-13所示,设置好ZigBee继电器的PAND ID和通道(Chancel)。

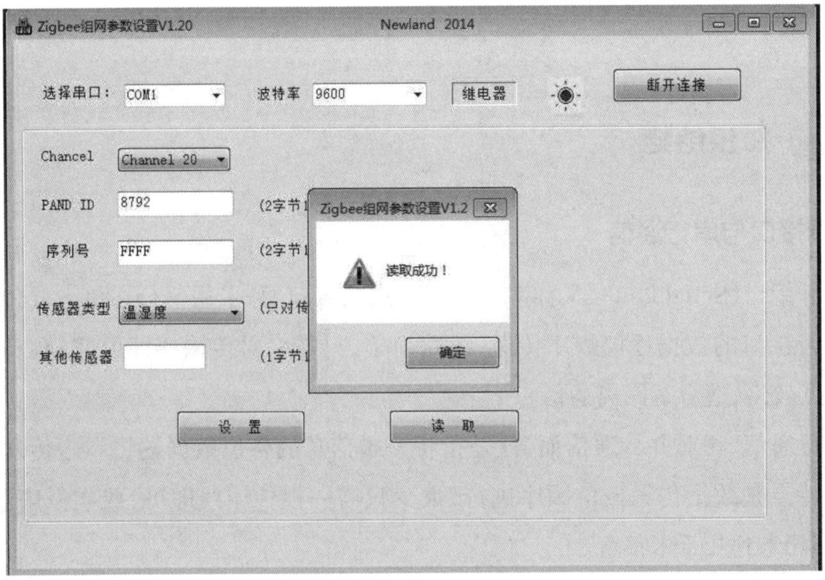

图3-1-13 参数设置

(5)参数设置完毕后,点击【设置】,即可完成设置,结果如图3-1-14所示。

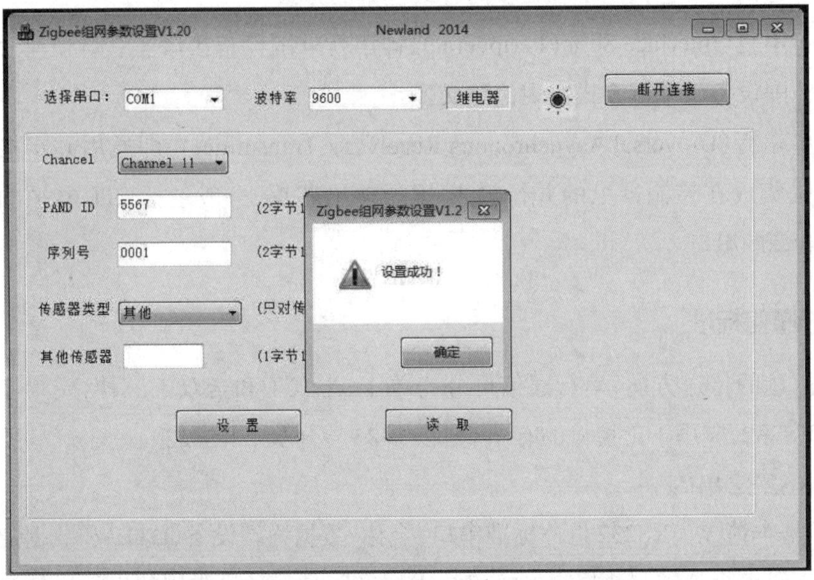

图3-1-14 设置成功界面

(三)ZigBee协调器模块配置

ZigBee协调器模块配置与ZigBee继电器模块配置大致相同,只是波特率为

38400bps，参数设置必须与继电器的PAND ID及通道（Chancel）相同，这样才可以组网。

知识链接

一、串行接口与串行通信

串行接口（Serial Port），又称串口或串行通信接口，是采用串行通信方式的扩展接口。串行接口的数据逐位顺序传送，线路简单，只需一对传输线即可完成双向通信，传送速度较慢，适合远距离通信。

串行通信，相对并行通信而言，是指将一条信息的各位数据逐位顺序传送的通讯方式。特点是数据传送按位顺序进行，最少只需一根传输线即可；成本低廉，速度偏慢，距离几米到几千米都可。

二、串行通信方式

串行通讯方式包括同步和异步两种最基本的方式。

同步串行（Interface Serial Peripheral），即串行外围设备接口。它可使单片机等控制器与外围设备以串行方式实现信息交换。

异步串行（Universal Asynchronous Receiver / Transmitter），即通用异步接收 / 发送。它是集成在控制器上的并行输入\串行输出芯片，一般包括TTL电平的串口和RS232电平的串口。

三、串行通信标准

按信息的传送方向，串行通信可分为单工、半双工和全双工三种，应用于个人电脑的有RS232，应用于工控机的有半双工RS485与全双工RS422。

1. RS232串口

（1）基本情况。RS232也称标准串口，全称“数据终端设备（DTE）和数据通信设备（DCE）之间串行二进制数据交换接口技术标准”，是一种最常用的串行通信接口。传统的RS232C接口标准有22根线，采用标准25芯D型插头座（DB25），现简化为9芯D型插座（DB9），具有单站能力，适合本地设备之间的通信。在仪器仪表或工业控制场合，波特率常为9600bps。

(2)电平特性。在TXD和RXD引脚上,逻辑1(MARK)=(-3~-15)V,逻辑0(SPACE)=(+3~+15)V,即负逻辑电平。在RTS、CTS、DSR、DTR和DCD等控制线上,信号有效(接通,ON状态,正电压)=(+3~+15)V,信号无效(断开,OFF状态,负电压)=(-3~-15)V。

2.RS422串口

RS422,全称"平衡电压数字接口电路的电气特性"。接收器采用高输入阻抗,发送器驱动能力比RS232强。在相同传输线上,RS422允许连接多达10个接收节点,即一个主设备(Master),其余为从设备(Slave),从设备之间不能通信,支持点对多的双向通信,最大传输距离为1219米,最大传输速率达10Mbps。

3.RS485串口

(1)基本情况。RS485是由RS422发展而来的,电气规定与RS422相似。采用二线与四线方式,二线制时可实现多点双向通信,具有多站能力,总线上最多接32个设备。最大传输距离为1219米,最大传输速率达10Mbps。

(2)电平特性。逻辑1以两线间的电压差为(+2~+6)V表示;逻辑0以两线间的电压差为(−2~−6)V表示。电平与TTL电平兼容。

(3)RS232、RS422、RS485引脚定义见表3-1-2。

表3-1-2　RS232、RS422和RS485引脚定义

Pin	信号定义		
	RS232	RS422	RS485
1	DCD	TX−	DATA−
2	RXD	TX+	DATA+
3	TXD	RX+	NC
4	DTR	RX−	NC
5	GND	GND	GND
6	DSR	RTS−	NC
7	RTS	RTS+	NC
8	CTS	CTS+	NC
9	RI	CTS−	NC
10	NC	NC	NC

学习评价

智能风扇控制系统安装前的准备，主要是熟悉ZigBee模块烧录软件的安装、烧录、配置的过程，学习评价如表3-1-3所示。

表3-1-3　学习评价表

评价内容	评价标准	分值	学生自评	小组互评	老师评估
素质评价（20%）	(1)养成规范操作习惯	10			
	(2)具备沟通交流能力	5			
	(3)树立创新发展意识	5			
知识评价（40%）	(1)能描述ZigBee模块烧录软件的烧录流程	10			
	(2)能描述ZigBee模块烧录软件的配置流程	10			
	(3)能描述ZigBee模块配置的相关参数含义	5			
	(4)能描述ZigBee协调器模块和ZigBee继电器模块的差异	10			
	(5)能描述串口相关概念	5			
能力评价（40%）	(1)正确连接ZigBee烧写器	10			
	(2)正确烧录ZigBee模块	10			
	(3)正确配置ZigBee模块	20			
合计		100			
学习体会：					

练一练

1. 在学习小组里相互检查是否正确掌握ZigBee模块烧录与配置。
2. 搜索相关资料，使用Visio绘制智能风扇控制系统的连线图。

任务二　智能风扇控制系统的安装

学习情境

正确烧录与配置好ZigBee协调器模块和ZigBee继电器模块后，下一步我们需要将风扇、ZigBee继电器模块、ZigBee协调器模块按要求安装到网孔操作面板上，并设计设备布局和按照相关工艺要求利用导线将它们科学规范地连接起来，做好线路检查、绑扎和整形，最终完成智能风扇控制系统的硬件安装。

相信自己，你一定行，加油！

学习导航

本任务学习流程如图3-2-1所示。

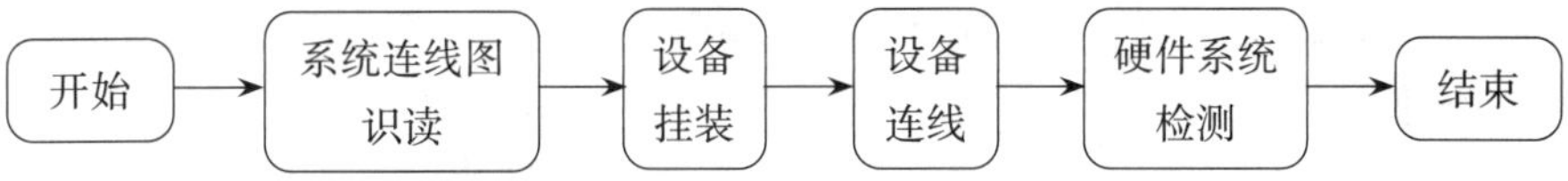

图3-2-1　学习流程图

学习探究

一、学习准备

完成智能风扇控制系统的安装需要准备相应的资源，具体情况如表3-2-1所示。

表3-2-1　学习准备

序号	类型	资源
1	图纸	系统连线图
2	工具	螺丝刀、剥线钳等
3	器材	网孔板、风扇、ZigBee继电器模块、ZigBee协调器模块、DB9串口公母线、导线、螺丝、绝缘胶带、尼龙扎带等

二、操作步骤

（一）系统连线图识读

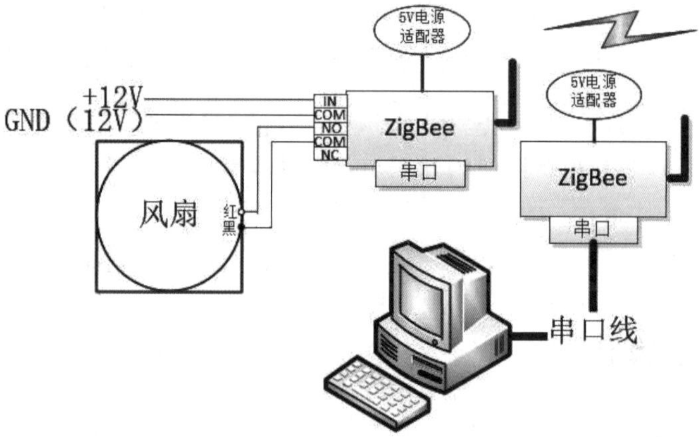

图3-2-2　系统连线图

（二）设备挂装

1. 设备布局

整体要求：

（1）设备布局紧凑。

（2）设备安装位置与信号走向基本一致。

（3）设备安装牢固。

2. 设备安装

（1）将风扇用螺丝固定在网孔板上，如图3-2-3所示。

（2）将ZigBee继电器模块用螺丝固定在透明板上，再将带有透明板的ZigBee继电器模块固定在网孔板上，如图3-2-4所示。

图 3-2-3 风扇安装

图 3-2-4 ZigBee继电器模块安装

(3)用相同的方法,将ZigBee协调器模块固定在网孔板上,如图3-2-5所示。

(4)系统布局图如图3-2-6所示。

图 3-2-5 ZigBee协调器模块安装

图 3-2-6 系统布局图

(三)设备连线

1. 信号线连接

将风扇正极用导线连接ZigBee继电器模块上的端口NO,将风扇负极用导线连接ZigBee继电器模块上的端口COM。

2. 电源线连接

将ZigBee继电器模块上的端口IN用导线连接+12V,端口COM用导线连接GND(12V)。

3. 其他类连接

将ZigBee协调器用DB9串口公母线与计算机连接;将ZigBee协调器和ZigBee继电器用5V电源适配器与市电连接,最终效果如图3-2-7所示。

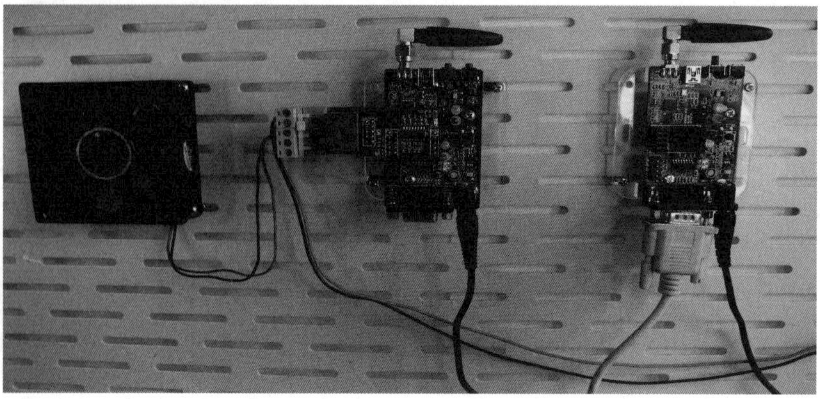

图 3-2-7　系统连线效果图

（四）硬件系统检测

1. 线路再检查

（1）依据安装布局图检查设备是否安装准确。

（2）依据线路连线图与实物对照判断系统接线是否正确。

（3）检查设备安装是否牢固。

（4）检查导线走线是否规范。

（5）检查过程中，注意安全用电，不得打开电源，以免触电和损坏设备。

2. 连接线绑扎与整形

（1）对连接线进行绑扎，使其固定在网孔板上。

（2）对整个系统设备及连接线整形，使其规范、美观。最终效果如图 3-2-8 所示。

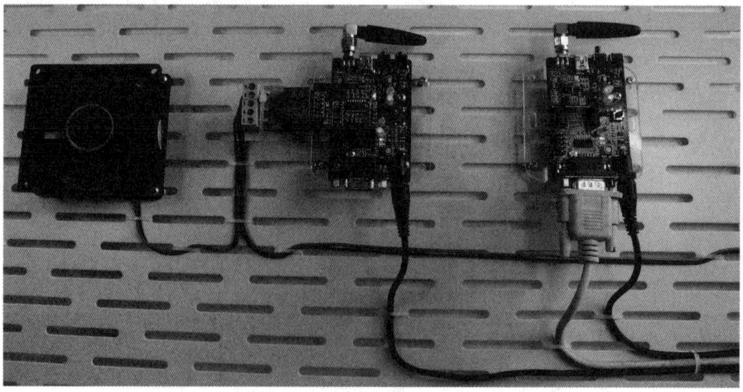

图 3-2-8　系统整形效果图

知识链接

设备介绍

表 3-2-2 智能风扇控制系统安装设备清单

序号	名称	图示	功能描述
1	风扇		用电驱动而产生气流的装置，内配置的扇子通电后转动而形成自然风。红线接+12V，黑线接GND(12V)
2	ZigBee协调器模块		选择一个信道和网络标识符(PAN ID)来组建网络。ZigBee协调器模块需5V直流电源供电
3	ZigBee继电器模块		ZigBee继电器模块类似将开关量采集器和继电器合二为一，接收来自协调器的控制指令，改变继电器内部线圈通断，从而改变常开/常闭触电通断情况，进而控制风扇的状态。ZigBee继电器模块需5V直流电源供电
4	5V电源适配器		供电电源变换设备，将220V交流电输入转换为5V直流电输出
5	ZigBee烧写器		ZigBee程序开发的必备工具之一，与ZigBee模块连接后，能提供在线仿真和烧录程序功能
6	其他：透明板、网孔板、DB9串口公母线、导线、螺丝、绝缘胶带、尼龙扎带 注：ZigBee模块2个、5V电源适配器2个		

学习评价

智能风扇控制系统的安装，主要是熟悉系统、设备，完成硬件系统安装的过程，学习评价如表3-2-3所示。

表3-2-3　学习评价表

评价内容	评价标准	分值	学生自评	小组互评	老师评估
素质评价（20%）	(1)树立6S理念，遵守6S要求	5			
	(2)增强安全用电、节能环保意识	5			
	(3)养成团队协作与自主探究习惯	5			
	(4)培养精益求精的工匠精神	5			
知识评价（40%）	(1)能描述电源适配器的作用	10			
	(2)能描述ZigBee继电器模块的功能	10			
	(3)能描述ZigBee协调器模块的功能	10			
	(4)能描述ZigBee烧写器的作用	10			
能力评价（40%）	(1)正确使用工具规范地安装系统	10			
	(2)正确完成设备布局和设备挂装	5			
	(3)正确连接电源适配器、BD9串口公母线等	10			
	(4)正确对照线路连接图与实物检查系统接线	5			
	(5)正确使用工具规范地安装系统	10			
合计		100			
学习体会：					

想一想

利用互联网查阅资料，简述ZigBee技术的主要应用领域。

任务三 智能风扇控制系统的调试

学习情境

在完成硬件安装与检测后，我们需要通过调试来实现计算机对风扇进行智能控制，利用工具来判断系统能否正常工作，分析常见的故障现象和解决办法，排除系统故障，确保整个系统正常运行。

学习导航

本任务学习流程如图3-3-1所示。

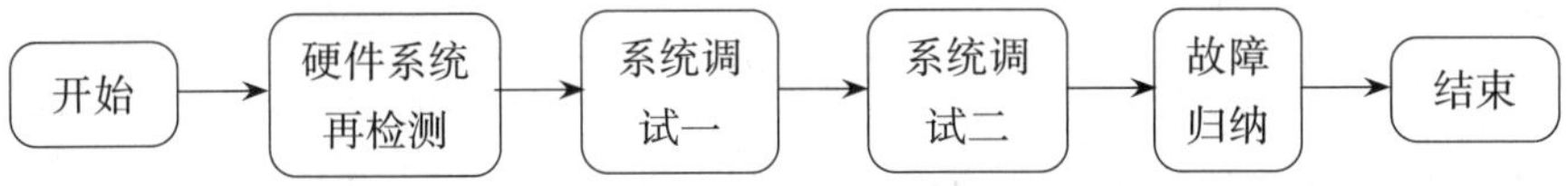

图3-3-1 学习流程图

学习探究

一、学习准备

完成智能风扇控制系统的调试需要准备相应的资源，具体情况如表3-3-1所示。

表3-3-1 学习准备

序号	类型	资源
1	硬件	智能风扇控制系统、计算机
2	软件	指令测试工具、展示程序

二、操作步骤

(一)硬件系统再检测

(1)检查硬件系统连接是否正确。

(2)检查硬件系统安装是否规范。

(3)检查硬件系统接口连接是否牢固。

(4)检测无误后,方可打开电源。

(二)系统调试(使用指令测试工具)

1. 打开"...\资源包\项目3资源包\项目3指令测试工具"文件夹,如图3-3-2所示。

图3-3-2 指令测试工具文件夹

2. 双击图标 STC_ISP_V483 ,UI软件界面如3-3-3所示。

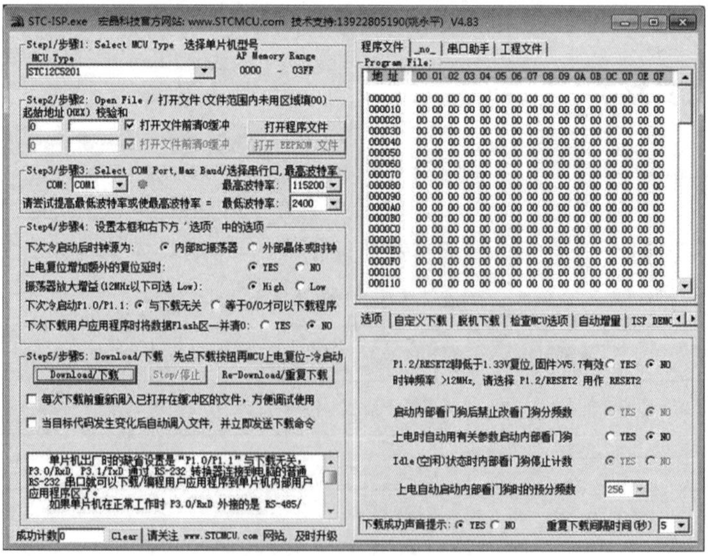

图3-3-3 UI软件初始界面

(3)点击右上角 串口助手 ,界面如图3-3-4所示。

(4)正确设置串口为COM1,波特率为9600bps,结果如图3-3-5所示。

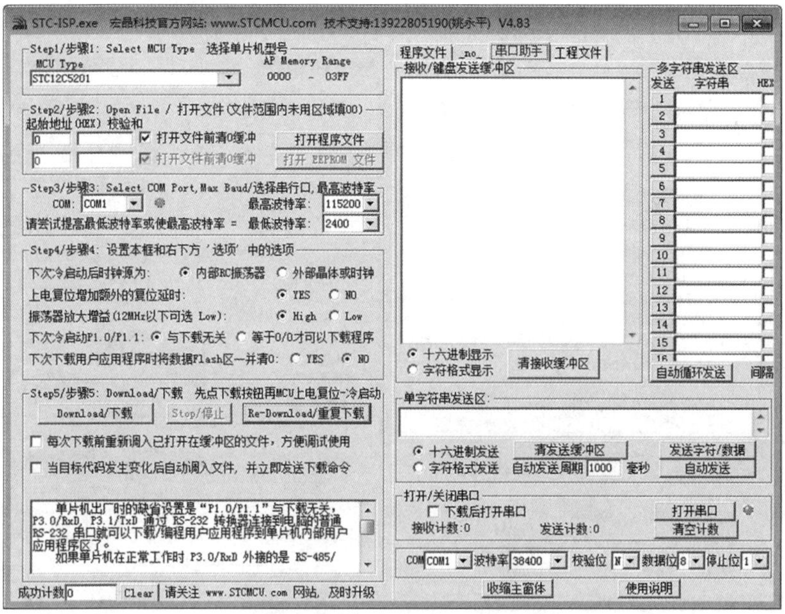

图3-3-4 串口助手界面

图3-3-5 设置串口和波特率界面

(5)点击【 打开串口 】按钮,界面如图3-3-6所示。

(6)在单字符串发送区输入打开风扇串口指令代码“FF F5 05 02 34 12 00 01 00”,并单击【发送字符／数据】,观察硬件系统,发现风扇已经转动,界面如图3-3-7所示。

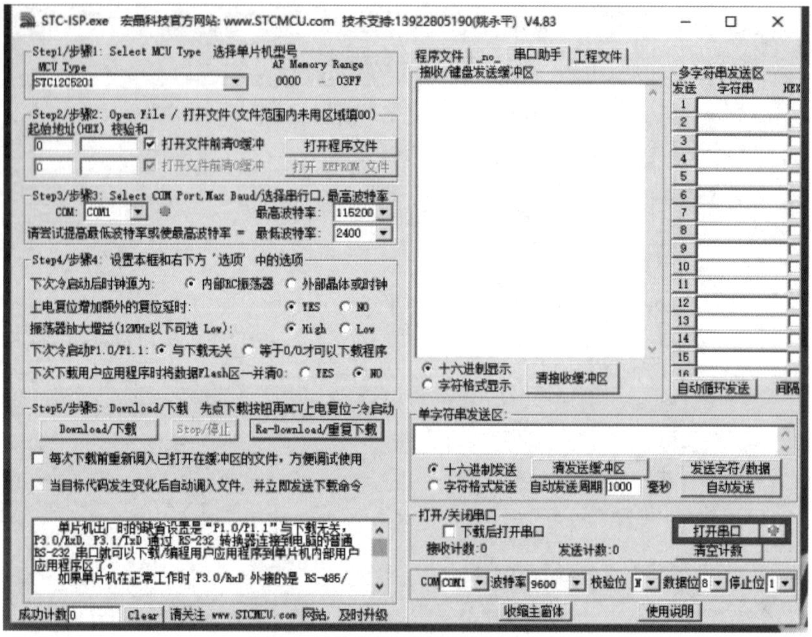

图 3-3-6　打开串口界面

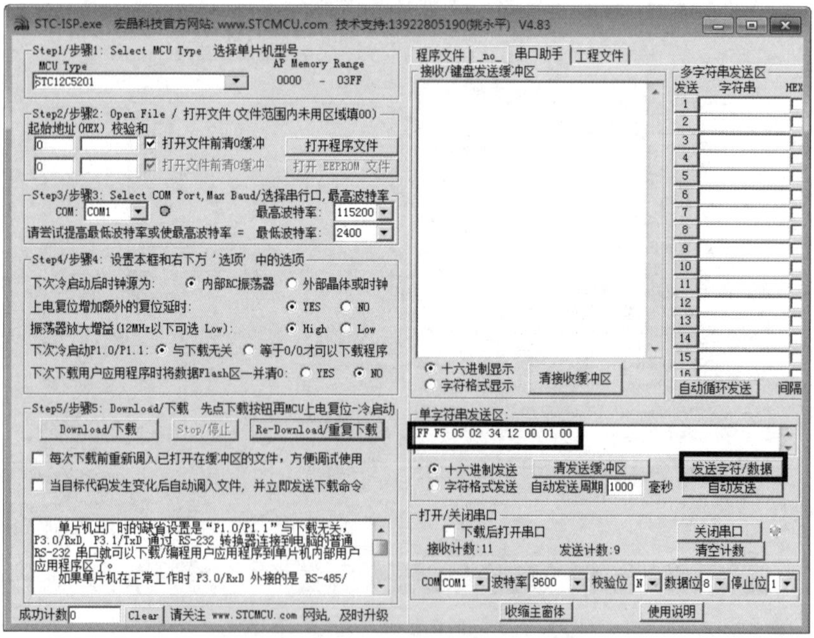

图 3-3-7　打开风扇操作界面

(7)在单字符串发送区输入关闭风扇串口指令代码“FF F5 05 02 34 12 00 02 00”,并单击“发送字符 / 数据”,观察硬件系统,发现风扇已停止转动,界面如图3-3-8所示。

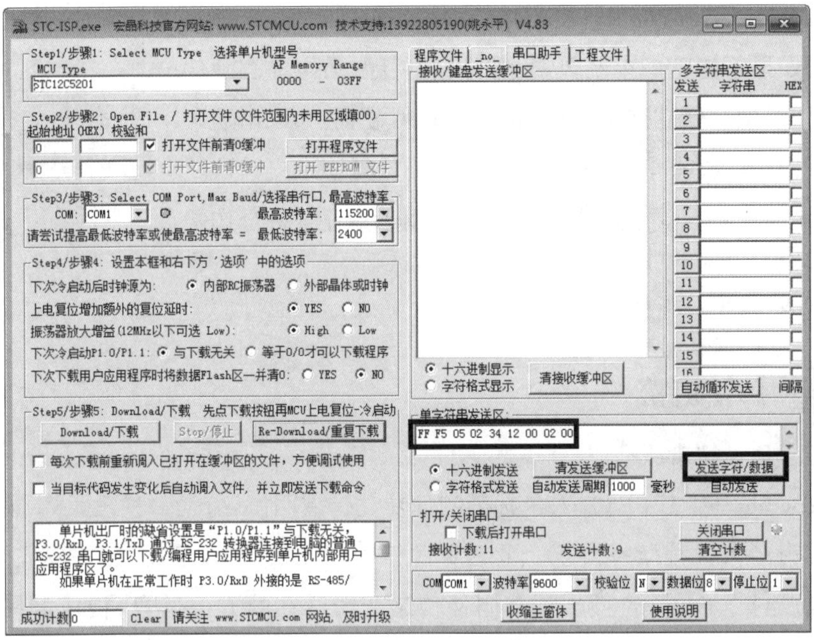

图3-3-8 关闭风扇操作界面

(三)系统调试(使用配套软件)

(1)打开“...\资源包\项目3资源包\项目3展示程序”,双击 setup.exe ,UI软件界面如图3-3-9所示。

图3-3-9 UI软件初始界面及风扇关闭界面

图3-3-10 打开风扇界面

(2)点击【开启风扇】按钮,观察现象如图3-3-10所示。如果当前风扇已开启,首次点击【开启风扇】时,会弹出一个窗口,如图3-3-11所示,点击【确定】按钮即可。

(3)如果不能正确控制风扇的开启和关闭,请再检测硬件系统。如果确认硬件连接正确,请检查软件设置,如果出现串口无法打开,请检查串口是否被占用,控制软件中串口默认使用COM1。如果还不能实现控制功能,则需考虑任务一操作是否正确规范。

图3-3-11 "风扇已开启"界面

知识链接

1. ZigBee技术原理

ZigBee是基于IEEE802.15.4标准的低功耗局域网协议,是一种短距离、低功耗的无线通信技术,又称紫蜂协议。此名称源于蜜蜂(Bee)的八字舞,蜜蜂靠飞翔和"嗡嗡"(Zig)地抖动翅膀的"舞蹈"与同伴传递花粉所在的方位信息,构成群体的通信网络。

2. ZigBee技术特点

ZigBee设备可工作在2.4GHz(全球流行)、868MHz(欧洲流行)和915 MHz(美国流行)3个频段,分别具有250kbps、20kbps和40kbps的传输速率,传输距离为10~75m。主要特点:

(1)低功耗。ZigBee的传输速率低,发射功率仅为1mW,采用了休眠模式,因此功耗低,省电节能。

(2)成本低。硬件芯片价格便宜,ZigBee协议免专利费。

(3)时延短。通信时延和从休眠到激活的时延都非常短,通信时延为30ms,休眠激活的时延是15ms, 活动设备信道接入的时延为15ms。

(4)网络容量大。一个星型结构的ZigBee网络最多可容纳254个从设备和一个主设备。单个区域内可同时存在最多100个ZigBee网络,且组成灵活。

(5)安全可靠。基于循环冗余校验(CRC)的数据包完整性检查功能,采用AES—128加密算法和碰撞避免策略,支持鉴权和认证,为需要固定带宽的通信业务预留了专用时隙,避开了发送数据的竞争和冲突。

三、ZigBee的组网方式

ZigBee采用自组织网形式、动态路由方式组网。形象地说，手持有ZigBee网络模块终端的一组人，不断移动各自的位置，在ZigBee网络模块的通信范围内，通过彼此自动寻找就可以形成一个互联互通的ZigBee网络。同时，随着人员的调整，终端的开启、关闭和损坏，网络连接发生变化，终端可以重新搜索通信对象，刷新原有网络，形成新的网络。这对工业现场控制而言非常重要。

学习评价

智能风扇控制系统的调试，主要是熟悉系统、实现功能的过程，学习评价如表3-3-2所示。

表3-3-2 学习评价表

评价内容	评价标准	分值	学生自评	小组互评	老师评估
素质评价（20%）	(1)养成规范操作习惯	5			
	(2)增强节能环保意识	5			
	(3)养成自主探究习惯	5			
	(4)培养精益求精的工匠精神	5			
知识评价（40%）	(1)能描述系统安装成功与否的判断标准	10			
	(2)能描述使用指令测试工具调试过程	10			
	(3)能描述配套软件的使用步骤	10			
	(4)能正确描述调试的基本步骤	10			
能力评价（40%）	(1)正确对照线路连接图与实物检查系统接线	5			
	(2)正确使用指令测试工具调试系统	5			
	(3)正确使用配套软件调试系统	10			
	(4)及时解决系统调试过程中遇到的问题	10			
	(5)正确完成智能风扇控制系统的调试	10			
合计		100			
学习体会：					

理一理

常见故障现象及排查方法

现象:用串口指令工具启动风扇时,风扇不启动?

原因分析:线路不通或软件配置不正确。

排查方法:

(1)将各导线轻轻理一下,看是否有松动,同时检查导线头是否有裸露,如果有,将导线重新连接。

(2)检查DB9串口公母线和5V电源适配器是否插好,如果没有,重新插上。

(3)检查软件配置是否正确,可重新配置一次。

(4)风扇本身的损坏或风扇电源是否连接正确。

【学习总结】

通过智能风扇控制系统的安装与调试,我们对物联网的应用有了进一步的体会,能正确烧录ZigBee继电器模块、ZigBee协调器模块、能正确配置ZigBee参数、能使用串口指令工具进行调试。

【学习拓展】

1. 通信技术

通信是指通过某种媒质进行的信息传递。信息是物质存在的一种方式、形态或运动状态。媒质即介质,当一种物质存在于另一种物质内部时,后者就是前者的介质。通信中的媒质是能传输信息的渠道,如有线介质、无线介质。其中铜介质、光纤介质等属有线介质,而空气则属无线介质。飞鸽传书、烽火传信、驿站的邮驿系统、旗语等是中国古代常见的通信方式。

2. 通信的发展历史

近现代通信发展历史,大致分为电通信和电子信息通信两个阶段。电通信技术起于1835年莫尔斯发明电报机,1837年莫尔斯还设计了莫尔斯电报码。1876年贝尔发明的电话机使得利用电磁波传输文字和传输语音成为现实,加快了通信进程。1895年,马可尼和波波夫发明的无线电设备,开创了无线电通信发展道路。电子信息通信阶段的主要通信技术有移动通信技术、程控交换技术、传输技术、数据通信与数据网技术、接入网与接入技术。

3. 通信基本概念

信号分为模拟信号与数字信号两类。模拟信号是指在时间和幅值上都是连续变化的信号。特点是幅度连续（连续的含义是在某一取值范围内可以取无限多个数值），如常见的正弦波信号。数字信号是指在幅值和时间两个方面都离散的信号。特点是幅值离散（离散的含义是在某一取值范围内可以取有限多个数值），如常见的脉冲信号。

4. 通信系统的一般模型

实现信息传递所需的一切技术设备和传输媒质的总和称为通信系统，以基本的点对点通信为例，如图3-4-1所示。

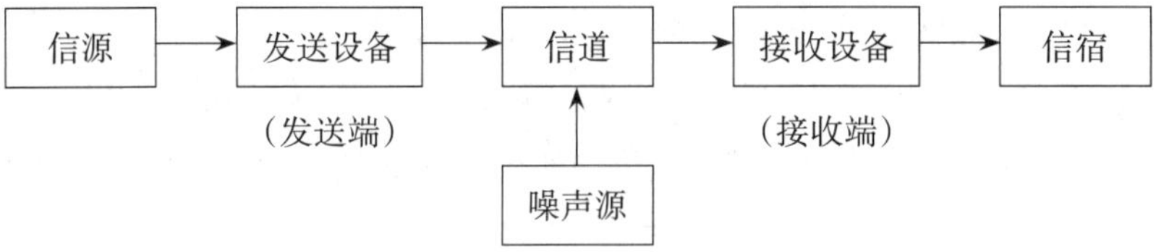

图3-4-1　点对点通信系统一般模型

信源（信息源、发送端）的作用是把待传输的消息转换成原始信号。信源输出的信号称为基带信号。

发送设备的基本功能是将信源和信道匹配起来，即将信源产生的原始信号变换成适合在信道上传输的信号。

信道是指信号传输的通道，可以是有线的、无线的，也可以包括某些设备。

接收设备的作用是从带有干扰的接收信号中恢复出相应的原始电信号。

信宿（受信者、收终端）是将复原的原始电信号转换成相应的消息。

噪声源不是通信模型中的一部分，但通信模型中传输的信号会被噪声所干扰而产生误码。噪声分为自然噪声和人为噪声。

5. 通信系统质量评价

有效性是指信道资源的利用效率（即系统中单位频带传输信息的速率问题）。模拟通信系统有效性指标指系统有效带宽，数字通信系统有效性指标指传输容量。

可靠性是指通信系统传输消息的质量（即传输的准确程度问题）。模拟通信系统的可靠性用输出信噪比来衡量，数字通信系统的可靠性用传输差错率来衡量。

6. 移动通信技术

移动通信是指通信双方或至少有一方在移动中进行信息交换的通信方式，是有线与无线相结合的通信方式。终端采用无线方式接入,故移动通信属于无线通信范畴,而传输采用有线传输。移动通信经历了1G、2G、3G、4G、5G四个阶段,目前正处于4G、5G阶段。

第一代移动通信系统(1G)基于模拟传输,起源于20世纪80年代初,特点是业务量小、质量差、安全性差、没有加密和速度低。

第二代移动通信系统(2G)基于数字传输,起源于20世纪90年代初期,主要提供语音服务,具备支持多媒体业务的能力。但随着用户规模和网络规模的不断扩大,频率资源已接近枯竭,语音质量下降,数据通信速率太低。

第三代移动通信系统(3G),也称IMT2000,最基本的特征是智能信号处理技术,智能信号处理单元将成为基本功能模块,支持话音和多媒体数据通信。通信标准有WCDMA,CDMA2000和TD—SCDMA三大类。

第四代移动通信系统(4G)是集3G与WLAN于一体,能够以100Mbps的速度下载,通信速度比拨号上网快2000倍,上传的速度也能达到20Mbps,能满足用户对无线服务的要求。通信标准有TD—LTE、FDD—LTE两大类。

第五代移动通信系统(5G)是具有高速率、低时延和大连接特点的新一代宽带移动通信技术,是实现人机物互联的网络基础设施。国际电信联盟(ITU)定义了5G的三大类应用场景,即增强移动宽带(eMBB)、超高可靠低时延通信(uRLLC)和海量机器类通信(mMTC);八大关键性能指标,其中高速率、低时延、大连接成为5G最突出的特征,用户体验速率达1Gbps,时延低至1ms,用户连接能力达每平方千米100万连接。3GPP于2018年6月发布了第一个5G标准(Release-15),2020年6月发布了Release-16版本标准。

7. 近距离通信技术

一般意义上,只要通信收发双方通过无线电波传输信息且传输距离限制在较短的范围内,即称为短距离无线通信,目前主要有蓝牙、无线局域网802.11标准、红外数据传输、ZigBee、超宽频、短距通信和专用无线系统等。

项目四 智能安防控制系统的安装与调试

小黄正在办公室上班，手机突然想起了警报声。小黄赶忙打开手机看，手机屏幕上显示“检测到烟雾，请及时查看”，地点提示为“我的家”“客厅”！

小黄运用消防安全知识，马上想到客厅有烟雾报警往往会着火，小黄的心骤然一紧。此时为下午1点，按照习惯家人应该在卧室午休，小黄急忙通知家人立即撤离，并拨打火警119。小黄因为及时通知家人和报火警，使得家中的大火被迅速扑灭，避免了更大的损失。

小黄暗自庆幸自己消防安全意识强，具有丰富的消防安全知识，未雨绸缪，在家中安装了一套智能安防控制系统，否则今天的后果真是不堪设想。

本项目将模拟智能安防控制系统，通过安装、调试，完成一个简易的智能安防控制系统，体验它的神奇之处，尤其是体验它如何方便快捷地为用户提供安防信息。

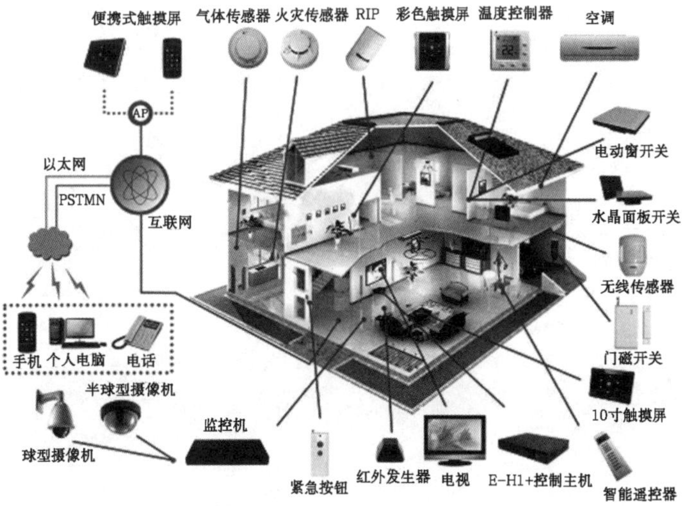

目标类型	目标要求
素质目标 (含思政)	(1)筑牢消防安全意识,服务平安建设 (2)养成规范操作意识,发扬工匠精神 (3)提升信息收集、整理、分析能力 (4)增强团队合作意识,提升团队协作能力
知识目标	(1)理解智能安防控制系统的工作原理 (2)掌握智能安防控制系统设备的基本功能 (3)掌握智能安防控制系统安装步骤和调试方法 (4)知道智能安防控制系统典型故障排除思路和方法
能力目标	(1)能正确选择智能安防控制系统的设备及导线 (2)能正确识读智能安防控制系统连接图和安装布线图 (3)能正确绘制智能安防控制系统连线图和系统拓扑图 (4)能正确安装和调试智能安防控制系统 (5)能查找并排除智能安防控制系统典型故障

任务一 智能安防控制系统安装前的准备

学习情境

智能安防控制系统是由各种设备连接起来的有机整体。成功安装一个智能安防控制系统，并实现其功能，需要我们能够识读系统连线图，了解系统所需要的设备和材料，熟悉烟雾探测器、火焰探测器、警示灯、人体红外开关、无线路由器等设备的基本功能，了解它们在系统中的用途，思考它们的安装位置。

为此，我们通过绘制智能安防控制系统连线图，增强对系统的认识和理解，做好系统安装前的准备。

学习导航

本任务学习流程如图4-1-1所示。

图4-1-1 学习流程图

学习探究

一、学习准备

完成绘制智能安防控制系统连线图需要准备相应的资源，具体情况如表4-1-1所示。

表 4-1-1　学习准备

序号	类型	资源
1	图纸	系统连线图
2	软件	Visio 软件

二、操作步骤

(一)智能安防控制系统连线图识读

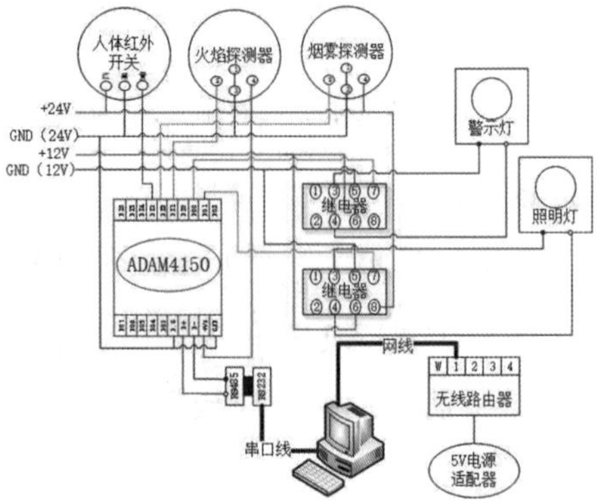

图 4-1-2　智能安防控制系统连线图

(二)Visio 软件绘制系统过程

1. 模具调用

(1)新建和保存 Microsoft Visio 绘图。右击桌面空白处,点击“新建 / Microsoft Visio 绘图”,如图 4-1-3 所示;双击打开新建 Microsoft Visio 绘图,保存在“...\资源包\项目 4 资源包\项目 4 Visio”文件夹中,命名为“项目 4 系统连线图(Visio)”,如图 4-1-4 所示。

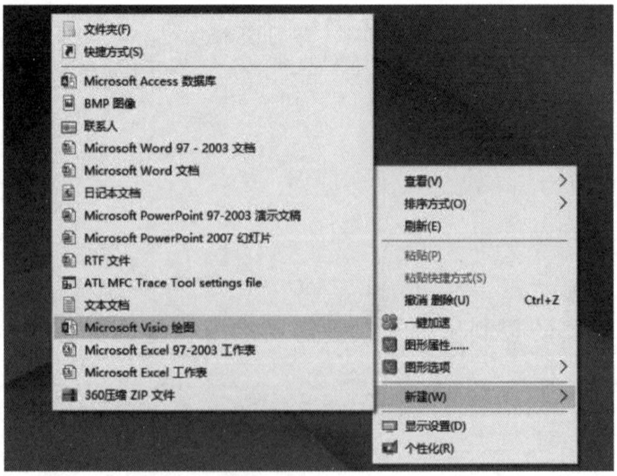

图 4-1-3　新建 Microsoft Visio 绘图

图 4-1-4　保存 Microsoft Visio 绘图

(2)添加模具。打开“...\资源包\项目 2 资源包\项目 2 Visio”文件夹内“项目 2 模具”,如图 4-1-5 所示。

图 4-1-5　添加模具

(3)另存模具。将打开的模具应用到新的 Visio 绘图中,右击模具名,点击“另存为”,找到路径“...\资源包\项目 4 资源包\项目 4 Visio”文件夹,重命名为“项目 4 模具”,

如图4-1-6所示。

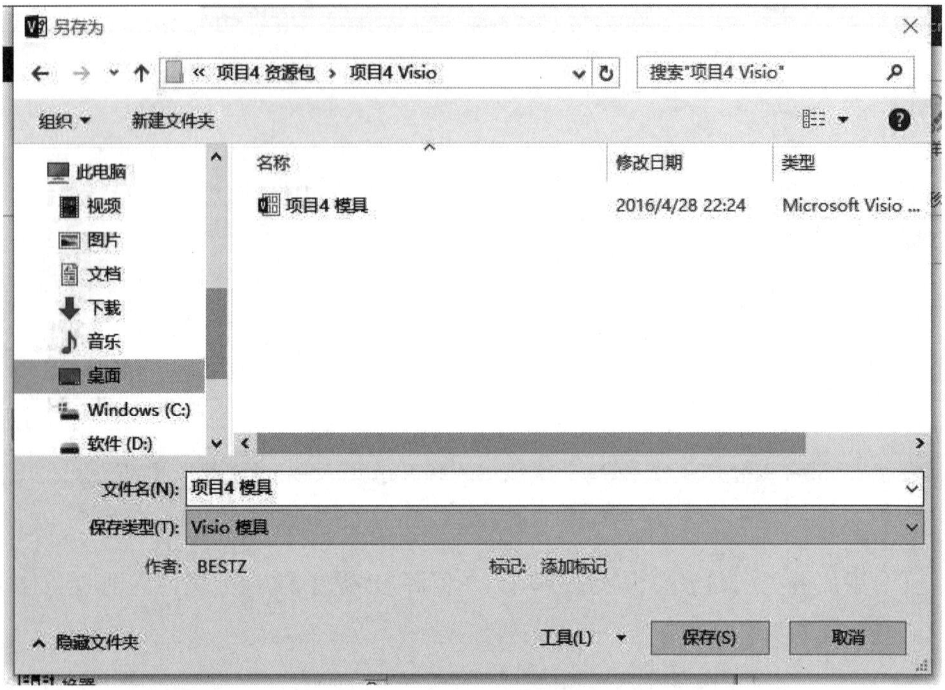

图4-1-6　另存模具

2. 绘制新形状

根据项目二任务一的绘制方法，绘制智能安防控制系统新增的形状，绘制完成后，效果如图4-1-7所示。

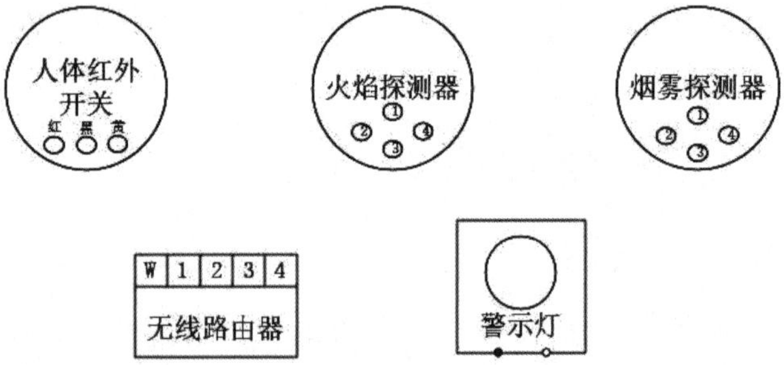

图4-1-7　绘制新形状

3. 生成新模具

将绘制好的新形状拖拽到项目4模具中，并右击或双击“修改主控形状”，依次重命名为“人体红外开关”、“火焰探测器”、“烟雾探测器”、“无线路由器”、“警示灯”，如图4-1-8所示。

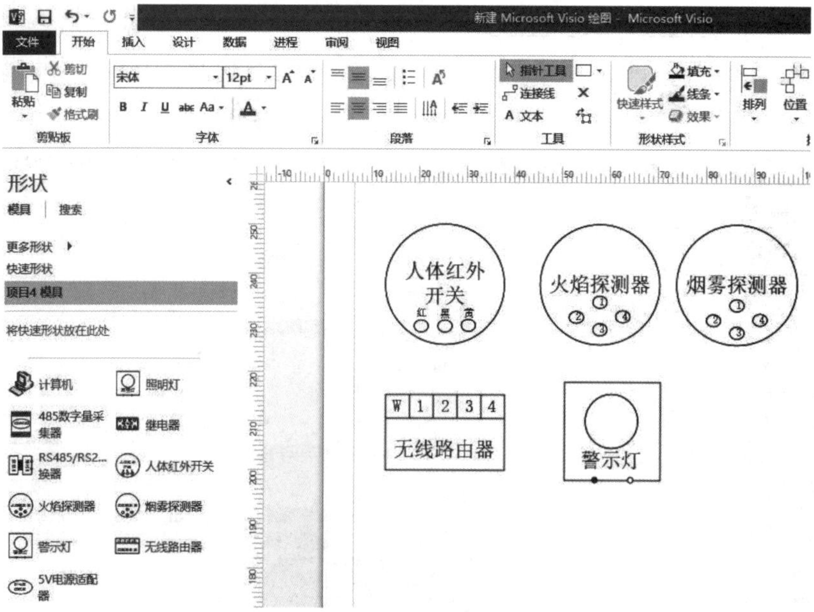

图 4-1-8 生成新模具

4. 绘制系统连线图

(1)形状布局。调用项目4模具中的形状,根据系统连线的要求,合理布局,如图4-1-9所示。

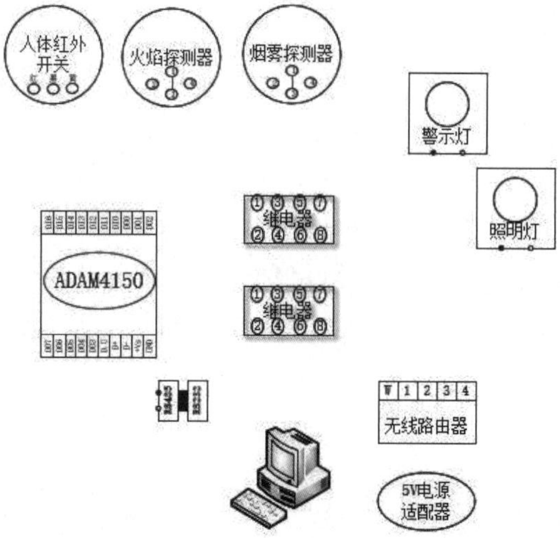

图 4-1-9 形状布局效果图

(2)形状连线。按照系统连线的要求,进行形状连线,注意修改连接线的颜色和粗细,添加文本,操作参考项目二任务一,最终效果如图4-1-2所示。

(3)导出图片。为便于保存和使用,Visio与其他Microsoft办公软件一样,提供了导出功能,能够根据用户的需求保存为不同的格式,此处保存为JPEG格式,操作过程如图4-1-10所示,效果如图4-1-2所示。

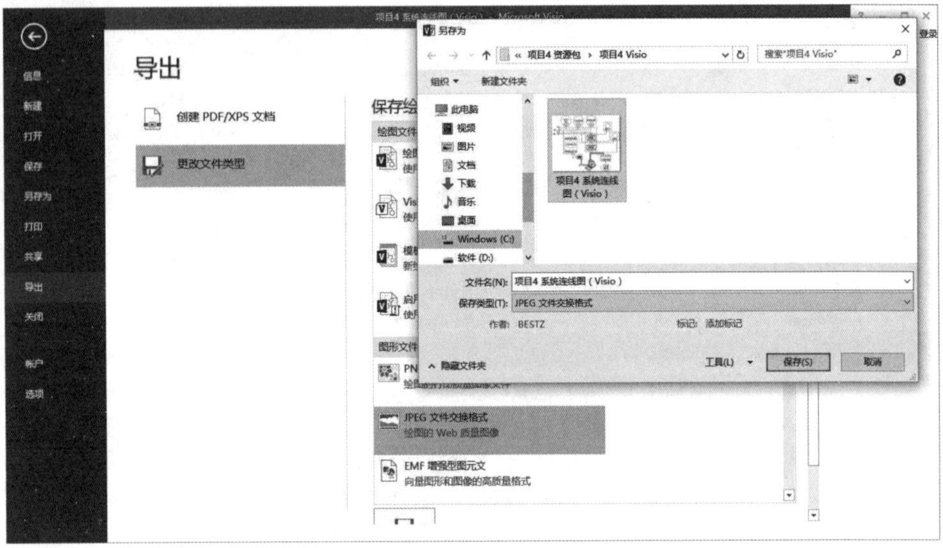

图4-1-10　导出JPEG格式图片

知识链接

一、Visio常用操作

1. 翻转形状

选中操作对象,在“开始”选项卡中的“排列”组中点击【位置】按钮,在下拉菜单中,出现空间形状和方向形状,用户可以根据需求,对选中的形状、文本、连接线等调整空间分布和方向。如图4-1-11所示,实现对文本“Visio”向右旋转90°的操作。

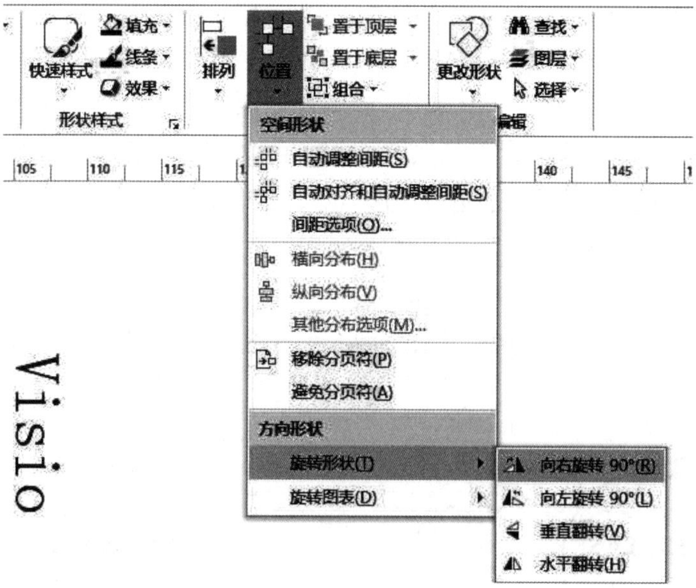

图 4-1-11　文本旋转操作

2. 对齐形状

选中操作对象,在“开始”选项卡中的“排列”组中点击【排列】按钮,出现“对齐形状”子菜单,用户可以根据需求对选中的形状、文本、连接线等调整对齐方式。如图 4-1-12 所示,实现对折线的垂直居中操作。

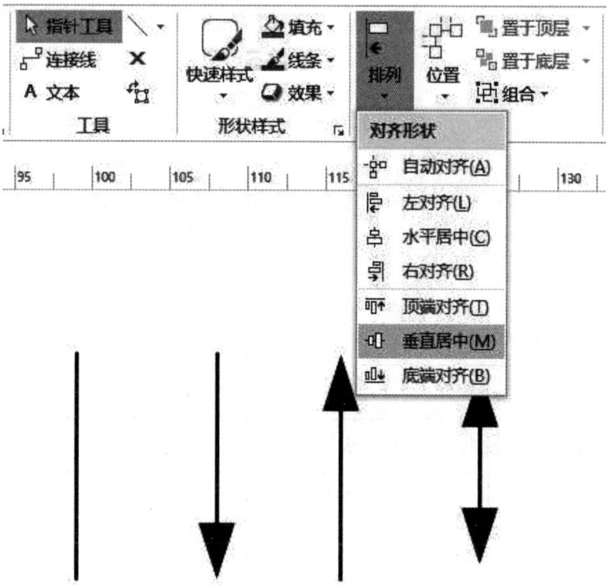

图 4-1-12　垂直居中操作

3. 调整形状层次

层次是形状的一种属性，在默认状态下，所有形状的层次按照绘制的顺序从下到上排列。用户如果需要调整形状层次，将其上移或置于顶层，可以选中形状（此处以图中的笑脸右眉毛为例），在“开始”选项卡中的“排列”组中点击“上移一层”或“置于顶层”，效果如图4-1-13所示；如果要下移一层或置于底层，则在“开始”选项卡中的“排列”组中点击“下移一层”或“置于底层”，效果如图4-1-14所示。

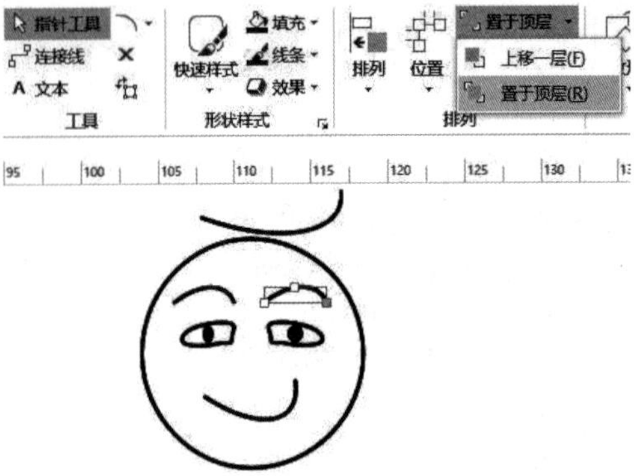

图4-1-13　调整形状层次操作1

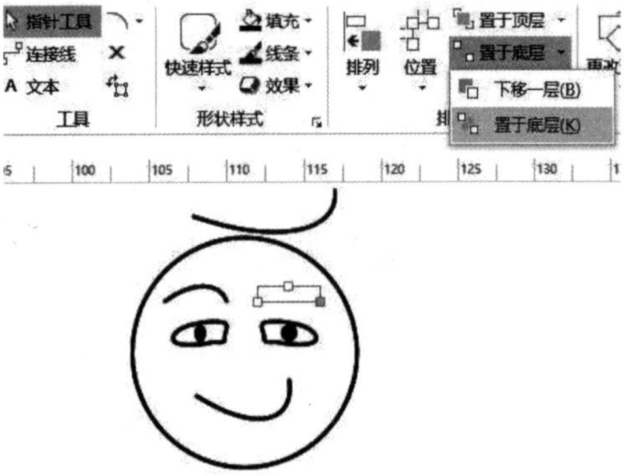

图4-1-14　调整形状层次操作2

学习评价

智能安防控制系统安装前的准备，主要是熟悉系统、连接图等的过程，学习评价如表4-1-2所示。

表4-1-2　学习评价表

评价内容	评价标准	分值	学生自评	小组互评	老师评估
素质评价（20%）	（1）养成规范操作习惯	5			
	（2）具备信息素养	5			
	（3）提高自主探究能力	5			
	（4）增强团队协作意识	5			
知识评价（40%）	（1）能描述智能安防控制系统结构	10			
	（2）能选择智能安防控制系统所需设备	10			
	（3）能描述智能安防控制系统设备布局思路	10			

续表

评价内容	评价标准	分值	学生自评	小组互评	老师评估
	(4)能指出智能安防控制系统连线图信号走向	10			
能力评价(40%)	(1)正确识读智能安防控制系统连线图	5			
	(2)正确识读智能安防控制系统安装布局图	5			
	(3)熟练使用Visio软件常用操作	15			
	(4)规范绘制智能安防控制系统连线图	15			
合计		100			
学习体会:					

练一练

1.组建学习小组,利用互联网查阅相关资料,使用Visio软件绘制智能安防控制系统拓扑图和安装布局图。

2.绘制如图4-1-13所示的笑脸。

任务二　智能安防控制系统的安装

学习情境

在熟悉智能安防控制系统连线图后，我们将进行系统的安装，这是系统功能实现的重要环节，需要将灯、继电器、485数字量采集器、烟雾探测器、火焰探测器、警示灯、人体红外开关、无线路由器、RS485／RS232转换器等设备按照系统安装布局的要求安装到网孔板上，根据系统连线图和相关工艺要求使用导线等组成硬件系统，并对照图纸检查安装位置和线路连接是否正确，最终完成智能安防控制系统的安装。

学习导航

本任务学习流程如下：

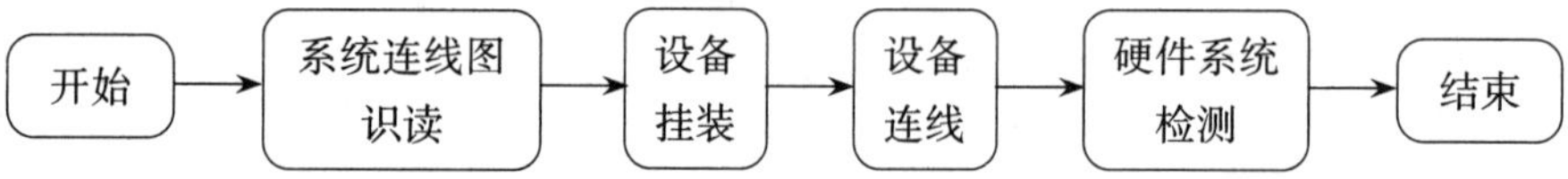

图4-2-1　学习流程图

学习探究

一、学习准备

完成智能安防控制系统的安装需要准备相应的资源，具体情况如表4-2-1所示。

表4-2-1　学习准备

序号	类型	资源
1	图纸	系统连线图、系统布局图
2	工具	螺丝刀、剥线钳等

续表

序号	类型	资源
3	器材	网孔板、灯及灯座、继电器及铝条、485数字量采集器、烟雾探测器、火焰探测器、警示灯、人体红外开关、无线路由器、RS485/RS232转换器、DB9串口公母线、导线、网线、螺丝、绝缘胶带、尼龙扎带等

二、操作步骤

(一)系统连线图和系统布局图识读

在进行系统安装前,需要再次熟悉系统连线图和设计安装布局图,如图4-1-2和图4-2-2所示。

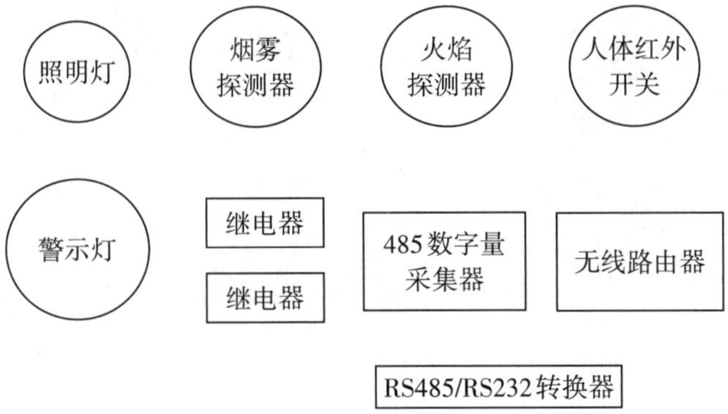

图4-2-2 安装布局图

(二)设备挂装

1. 设备布局

整体要求:

(1)设备布局紧凑。

(2)设备挂装位置与信号走向基本一致。

(3)设备挂装牢固。

2. 设备安装

(1)分别将灯座、烟雾探测器底座、火焰探测器底座、人体红外开关底座、警示灯灯座安装在网孔板上,如图4-2-3~图4-2-7所示。

图4-2-3　安装灯座

图4-2-4　安装烟雾探测器底座

图4-2-5　安装火焰探测器底座

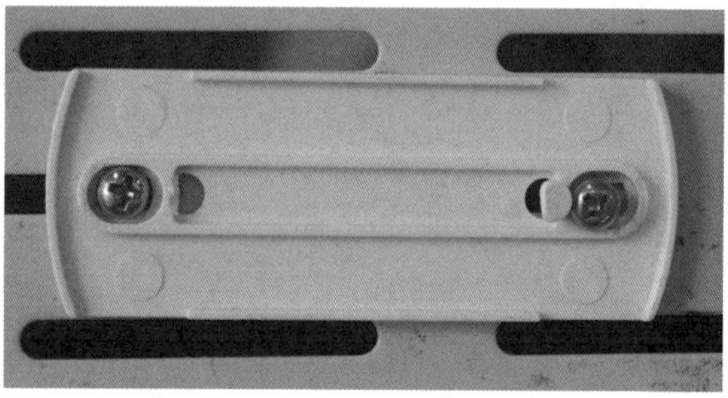

图4-2-6　安装人体红外开关底座

(2)将铝条安装在网孔板上,并将继电器固定在铝条上,如图4-2-8所示。

图4-2-7　安装警示灯灯座

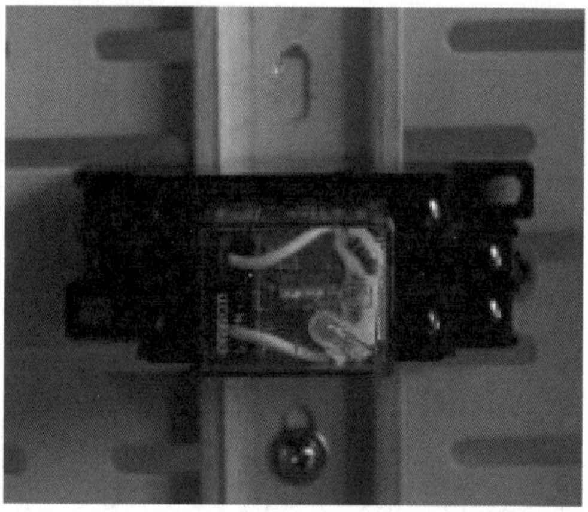

图4-2-8　安装继电器

(3)分别将数字量采集器、RS485/RS232转换器、无线路由器安装在网孔板上,如图4-2-9~图4-2-11所示。

图4-2-9 安装数字量采集器

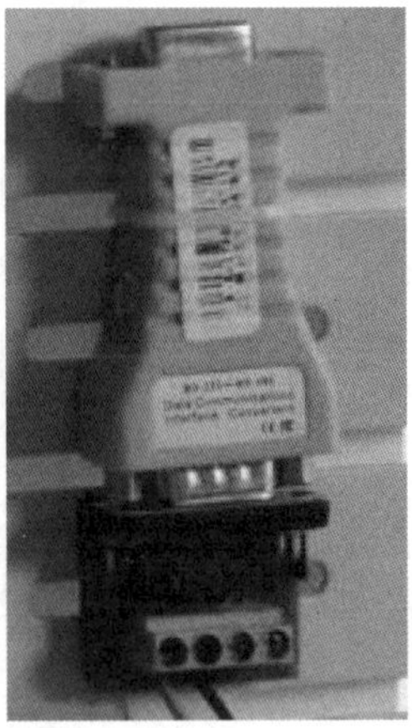

图4-2-10 安装RS485/RS232转换器

图4-2-11 安装无线路由器

(4)将警示灯、人体红外开关安装在底座上,如图4-2-12、图4-2-13所示。

图4-2-12 安装人体红外开关

图4-2-13 安装警示灯

(5)系统布局效果图如图4-2-14所示。

图4-2-14 系统布局效果图

(二)设备连接

1. 信号线连接

照明灯座L极用红线连接继电器A常闭端口4,N极用黑线连接继电器A常闭端口3;警示灯灯座L极用红线连接继电器B常闭端口4,N极用黑线连接继电器B常闭端口3;将烟雾探测器端口2(报警输出NO/NC)用蓝线与数字量采集器DI2端口连接;将火焰探测器端口2(报警输出NO/NC)用蓝线与数字量采集器DI1端口连接;将人体红外开关的蓝线与数字量采集器DI3端口连接;继电器A端口7用蓝线连接数字量采集器端口DO1,继电器B端口7用蓝线连接数字量采集器端口DO0。

2. 电源线连接

继电器A端口5与继电器B端口5用导线连接,再连接到GND(12V);继电器A端口6与继电器B端口6用导线连接后再连接到+12V。继电器A端口8与继电器B端口8用导线连接,再连接到+24V。485数字量采集器D.GND端口与(B)GND端口用黑线分别连接GND(24V),485数字量采集器+VS连接+24V。将烟雾探测器端口4(电源+)、火焰探测器端口4(电源+)和人体红外开关的红色引出线(电源+)用导线串联起来,再连接到+24V;将烟雾探测器(端口1、3短接)、火焰探测器(端口1、3短接)和人体红外开关的黑色引出线(电源—)用导线串联起来,再连接到GND(24V)。

3. 其他类连接

将照明灯、烟雾探测器、火焰探测器安装在接好线的底座上;RS485/RS232转换器用DB9串口公母线与服务器连接,无线路由器端口1通过网线与服务器连接。最终效果如图4-2-15所示。

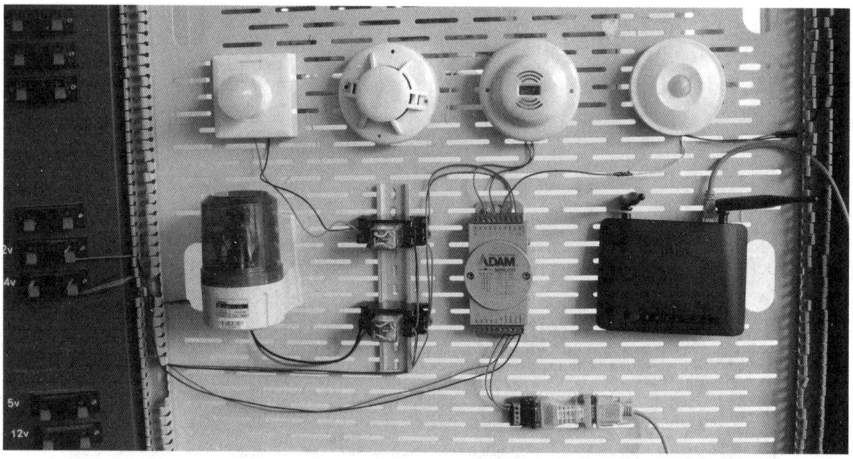

图4-2-15 系统连线效果图

(三)硬件系统检测

1. 线路再检查

(1)依据安装布局图检查设备是否安装正确。

(2)依据线路连接图和实物,判断系统接线是否正确。

(3)检查设备安装是否牢固。

(4)检查导线走线是否规范。

(5)检查过程中,注意安全用电,不得打开电源,以免触电和损坏设备。

2. 连接线绑扎与整形

(1)对连接线进行绑扎,使其固定在网孔板上。

(2)对整个系统设备及连接线整形,使其规范、美观。最终效果如图4-2-16所示。

图4-2-16 系统整形效果图

知识链接

设备介绍

表4-2-2 智能安防控制系统安装设备清单

序号	名称	图示	功能描述
1	烟雾探测器		通过监测烟雾浓度来实现火灾防范,当烟雾浓度达到一定值时,探测器会及时发出警报,广泛应用于消防、安防系统

续表

序号	名称	图示	功能描述
2	火焰探测器		专门用来搜寻火源的传感器，利用红外线对火焰非常敏感的特性，使用特制的红外线接收管检测火焰，然后把火焰的亮度转化为高低变化的电平信号，输入到中央处理器中，中央处理器再根据信号的变化做出相应的程序处理
3	人体红外开关		在光线较暗的环境中，检测人体移动情况，当有人进入其感应范围时自动开启负载，离开后自动延时关闭
4	无线路由器		搭建无线局域网的重要设备，是应用于用户上网、带有无线覆盖功能的路由器。它可以被看作是一个转发器，将宽带网络信号通过天线转发给附近的无线网络设备（笔记本电脑、支持Wi-Fi的手机、平板以及所有带有Wi-Fi功能的设备）
5	其他：网孔板、灯及灯座、继电器及铝条、485数字量采集器、警示灯、RS485／RS232转换器、DB9串口公母线、网线、导线、螺丝、绝缘胶带、尼龙扎带等		

学习评价

智能安防控制系统的安装，主要是熟悉系统、设备，完成硬件系统安装的过程，学习评价如表4-2-3所示。

表4-2-3　学习评价表

评价内容	评价标准	分值	学生自评	小组互评	老师评估
素质评价（20%）	（1）筑牢消防安全意识	5			
	（2）养成规范操作习惯	5			
	（3）提高信息素养	5			
	（4）增强团队协作能力	5			
知识评价（40%）	（1）能描述智能安防控制系统安装步骤	10			
	（2）能描述火焰探测器的功能	10			

续表

评价内容	评价标准	分值	学生自评	小组互评	老师评估
	(3)能描述烟雾探测器的功能	10			
	(4)能描述人体红外开关的作用	10			
能力评价（40%）	(1)正确使用工具规范地安装系统	10			
	(2)正确进行设备布局和设备挂装	5			
	(3)正确使用各色导线进行设备连线	5			
	(4)正确使用尼龙扎带进行绑扎和规范地整形	10			
	(5)正确对照线路连接图与实物检查系统接线	10			
合计		100			
学习体会：					

想一想

思考智能安防控制系统给我们的生活带来了怎样的变化。

任务三　智能安防控制系统的调试

学习情境

在完成硬件系统安装和检测无误后，将进行系统调试以实现系统功能。系统能否正常地实现设定的功能呢？如果否，如何判断和解决这些问题呢？本任务将教给我们调试智能安防控制系统的方法，实现系统各项功能。我们将在这个任务中学会利用计算机软件，通过一系列的调试步骤实现智能安防控制系统的各项功能。

学习导航

本任务学习流程如图4-3-1所示。

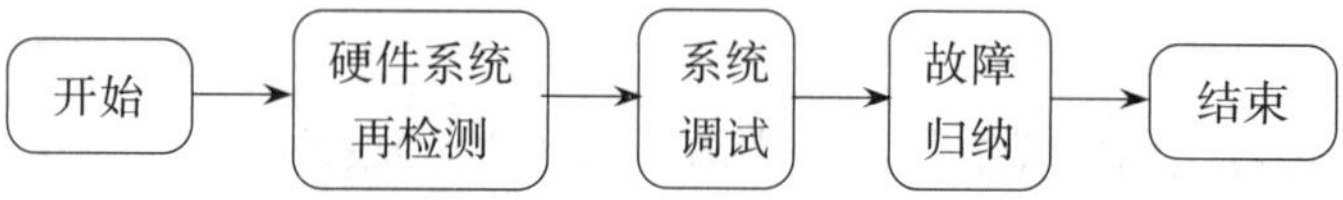

图4-3-1　学习流程图

学习探究

一、学习准备

完成智能安防控制系统的调试需要准备相应的资源，具体情况如表4-3-1所示。

表4-3-1　学习准备

序号	类型	资源
1	硬件	智能安防控制系统、台式计算机
2	软件	SQL Server 2008、物业端展示软件，详见项目4资源包

二、操作步骤

(一)硬件系统再检测

(1)检查硬件系统连接是否正确。

(2)检查硬件系统安装是否规范。

(3)检查硬件系统接口连接是否牢固。

(4)检测无误后,方可打开电源。

(二)系统调试

1. 设置本地IP地址

(1)在任务栏上找到"打开网络和共享中心"命令,如图4-3-2所示。

(2)点击"打开网络和共享中心",在窗口中单击"本地连接",在"本地连接状态"对话框中点击【属性】按钮,如图4-3-3所示。

图4-3-2 "打开网络和共享中心"界面

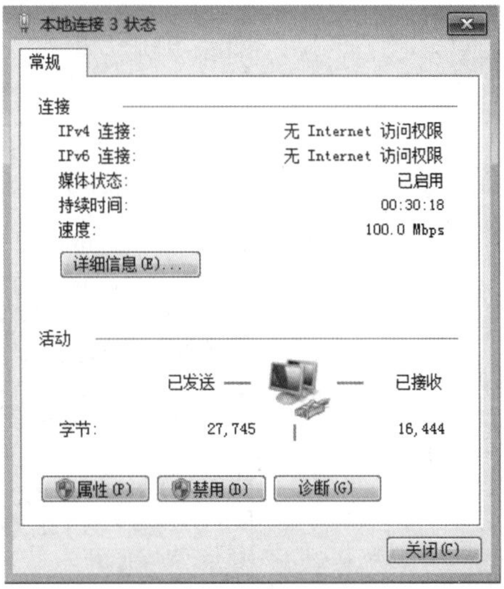

图4-3-3 本地连接状态

(3)在弹出的对话框中选择"Internet协议版本4(TCP / IPv4)"选项,并单击【属性】按钮。如图4-3-4所示。

(4)在弹出的"Internet协议版本4(TCP / IPv4)属性"对话框中选择"自动获得IP地址",单击【确定】,如图4-3-5所示。

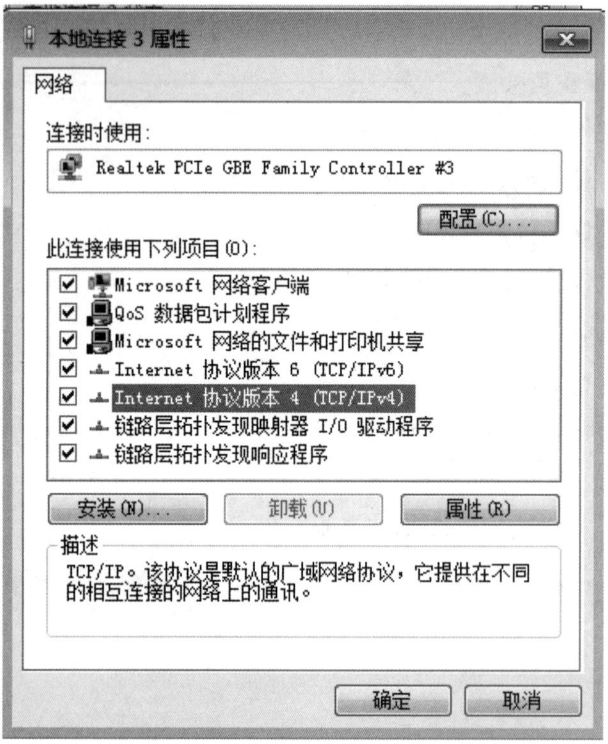

图 4-3-4 “Internet 协议版本 4(TCP / IPv4)”选项

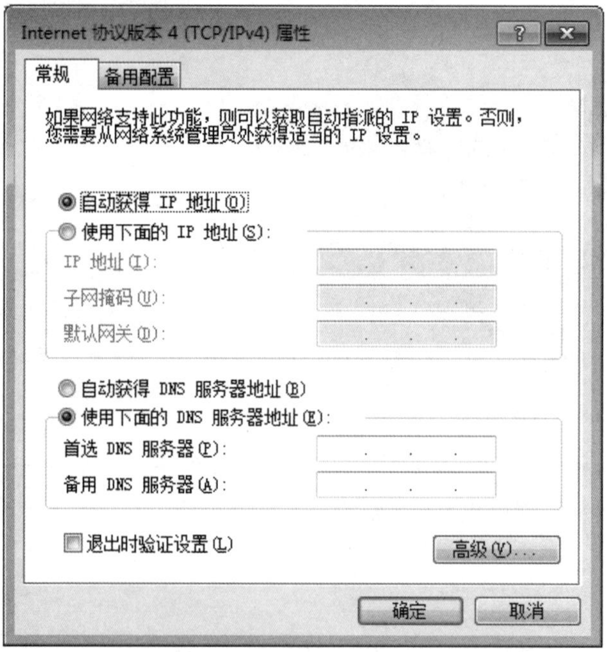

图 4-3-5 “自动获得IP地址”界面

2. 设置无线路由器

（1）在浏览器的地址栏中输入路由器的IP地址“192.168.0.1”，进入配置页面后在用户名中输入“admin”，密码为空，单击【登录】，如图4-3-6所示。

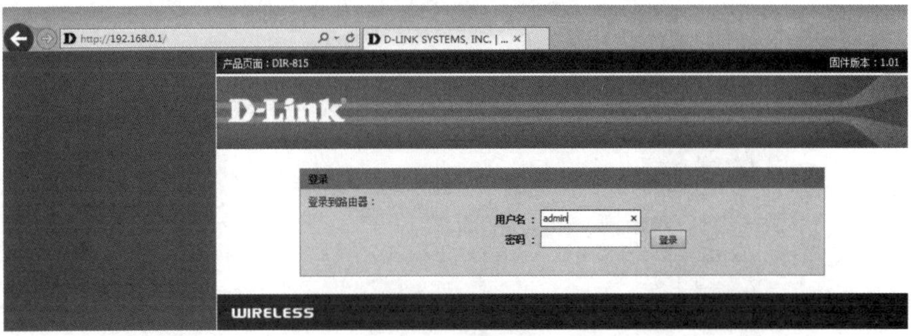

图4-3-6 无线路由器登录界面

（2）在打开的页面中对相关参数进行设置，如图4-3-7所示。

（3）点击“无线设置”选项，对相关参数进行设置，如图4-3-8所示。

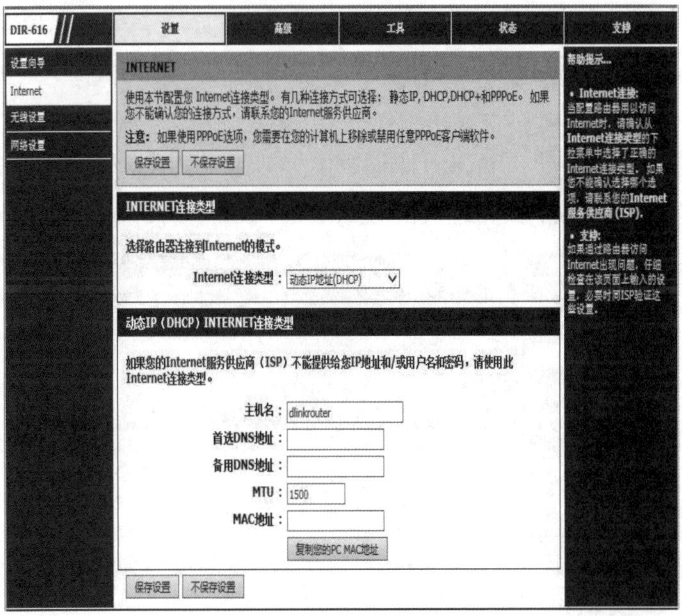

图4-3-7 设置参数

图 4-3-8　无线设置

(4)点击“网络设置”选项，对相关参数进行设置，完成路由器设置，如图4-3-9所示。

(5)打开“本地连接”的“Internet协议版本4(TCP / IPv4)属性”对话框。设置IP地址、子网掩码和默认网关，如图4-3-10所示。

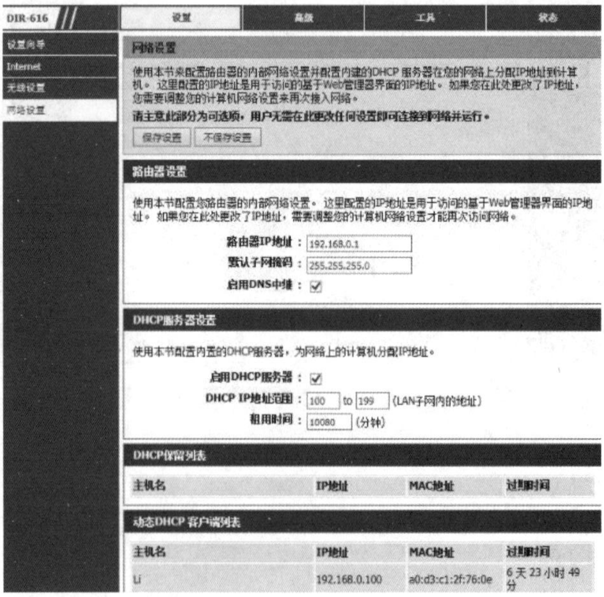

图 4-3-9　网络设置

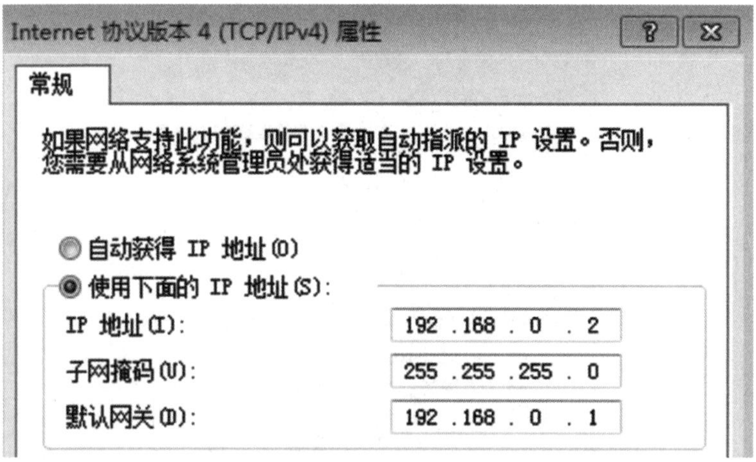

图 4-3-10　设置 IP 地址

3. 添加数据库

(1)打开数据库软件SQL Server 2008,如图4-3-11所示。

(2)在打开的界面中以SQL Server身份登录数据库,如图4-3-12所示。

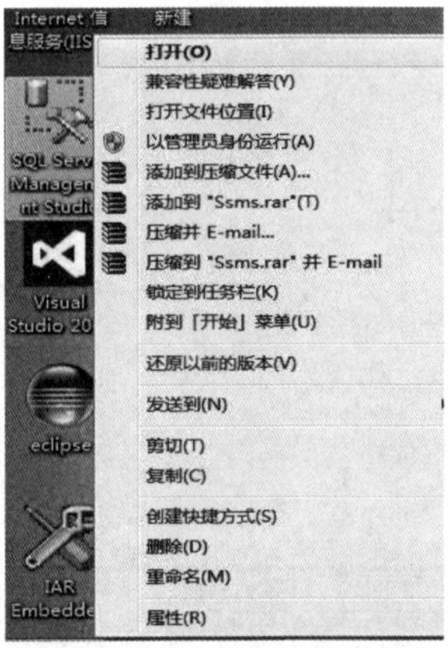

图 4-3-11　打开数据库软件

图 4-3-12　SQL Server 身份登录数据库

(3)在对象资源管理器中,选择"数据库",点击【附加】命令,如图4-3-13所示。

(4)在弹出的"附加数据库"窗口中,点击【添加】按钮,如图4-3-14所示。

图 4-3-13 添加附件数据库操作 1

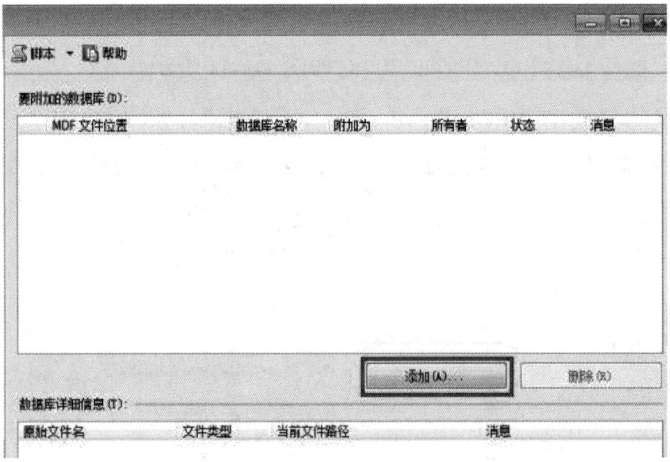

图 4-3-14 添加附件数据库操作 2

(5)在弹出的“定位数据库文件”窗口中选择所需要附加的文件“…\资源包\项目 4 资源包\项目 4 数据库\IntelligentCommunityDB.mdf”，单击【确定】按钮，如图 4-3-15 所示。

(6)点击附加数据库窗口中的【确定】按钮，完成数据库的附加操作，如图 4-3-16 所示。

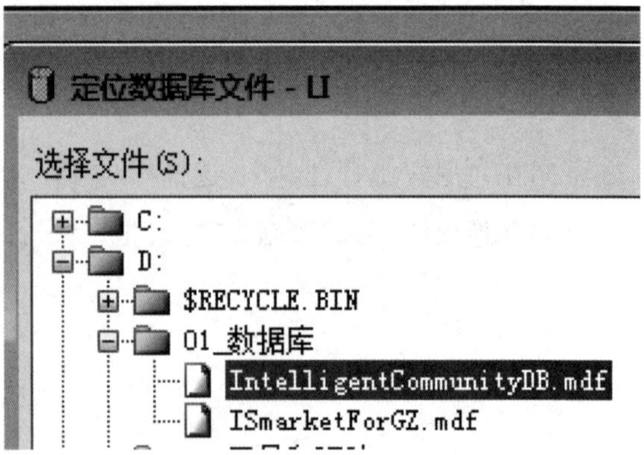

图 4-3-15 定位数据库文件

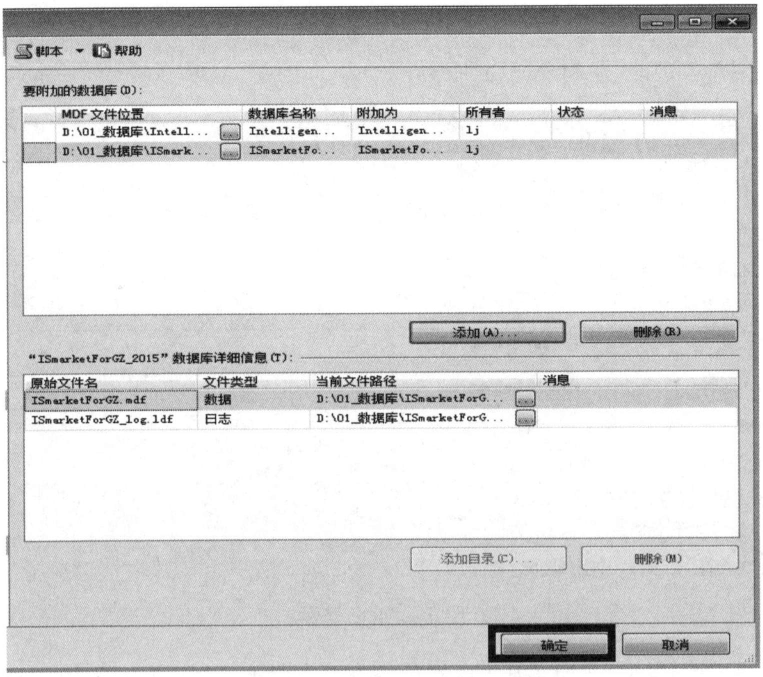

图 4-3-16　数据库附加

(7)进入SQL软件后,在对象资源管理器中,选择“安全性/新建/登录”,如图4-3-17所示。

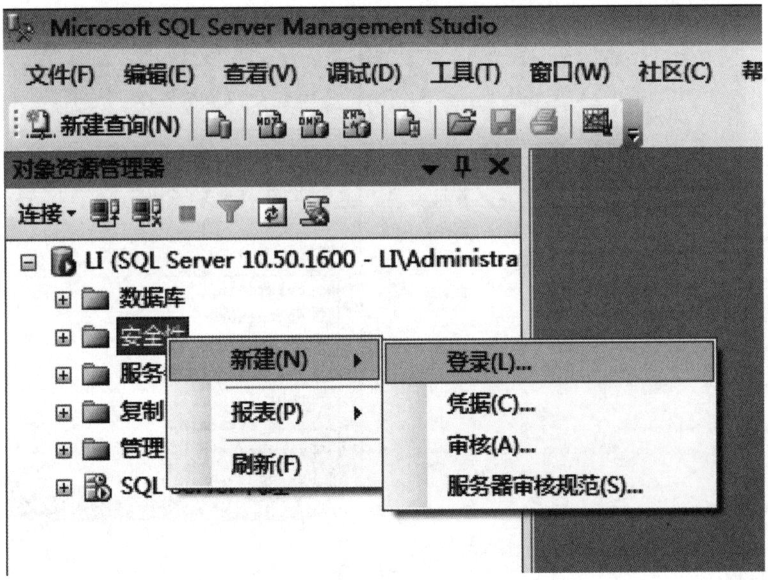

图 4-3-17　新建登录名

(8)在“登录名(N)”中输入登录名称,并选择“SQL Server身份验证(S)”,输入并确认密码后完成登录,如图4-3-18所示。

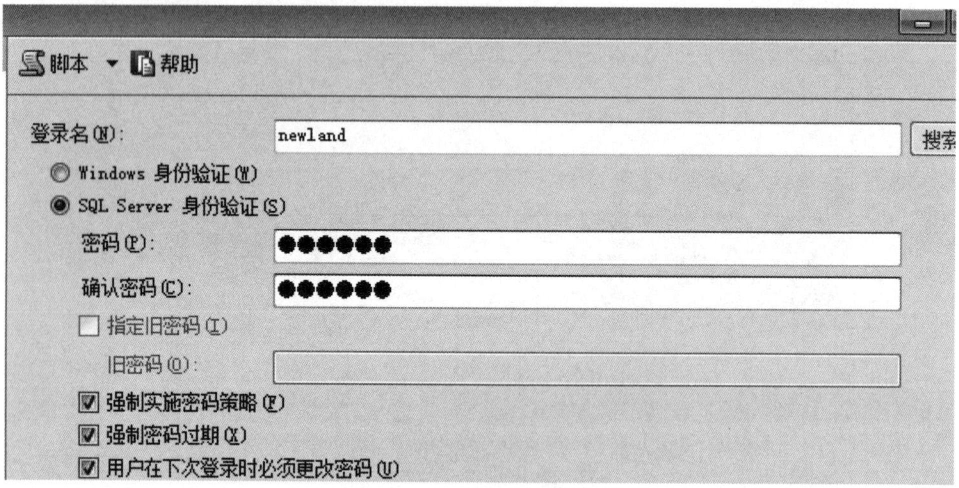

图4-3-18　登录

(9)点击“选择页”选项卡中的“服务器角色”选项,在右边的页面中选择“sysadmin”角色,如图4-3-19所示。

(10)选择“数据库角色成员身份(R):model”中的“db_owner”和“public”两个选项,然后点击【确定】按钮,完成数据库创建,如图4-3-20所示。

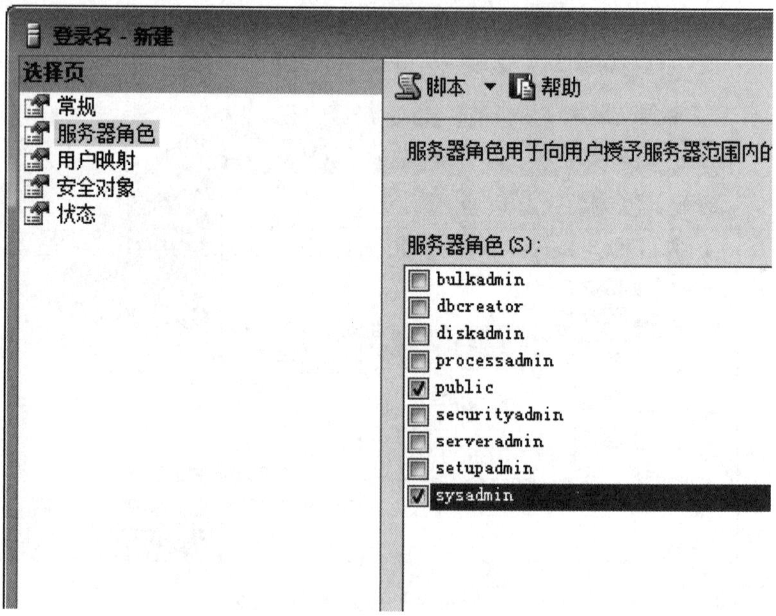

图4-3-19　选择服务器角色

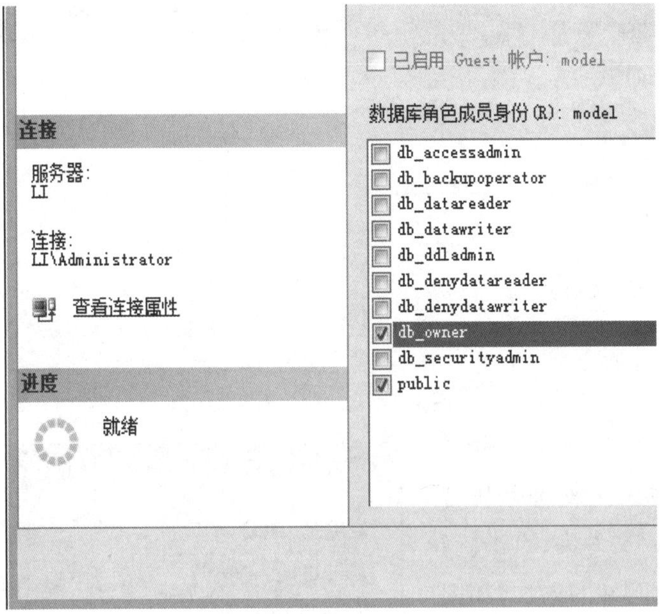

图 4-3-20 选择数据库角色

4. IIS发布

(1)打开Internet信息服务(IIS)管理器,如图4-3-21所示。

(2)点击“添加网站”命令,如图4-3-22所示。

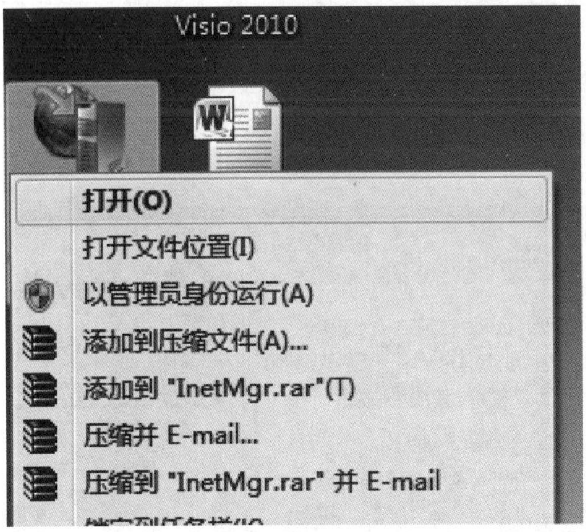

图 4-3-21 打开服务(IIS)管理器

图 4-3-22 “添加网站”命令

(3)在弹出的“添加网站”对话框中输入网站名称,如图4-3-23所示。

(4)点击【选择】按钮后,在弹出的“选择应用程序池”对话框的“应用程序池(L)”下拉列表中选择“ASP.NET v4.0”,然后点击【确定】按钮,如图4-3-24所示。

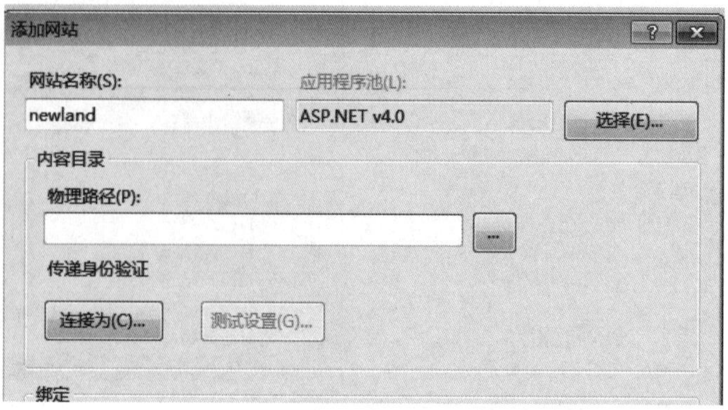

图 4-3-23　添加网站名

(5)选择“物理路径”文本框，在弹出的“浏览文件夹”列表中选择“Community”文件夹，点击【确定】按钮，完成网站的添加，如图4-3-25所示。

(6)在新添加的网站上单击鼠标右键，在弹出菜单中点击“添加应用程序”命令，如图4-3-26所示。

图 4-3-24　“选择应用程序池”对话框

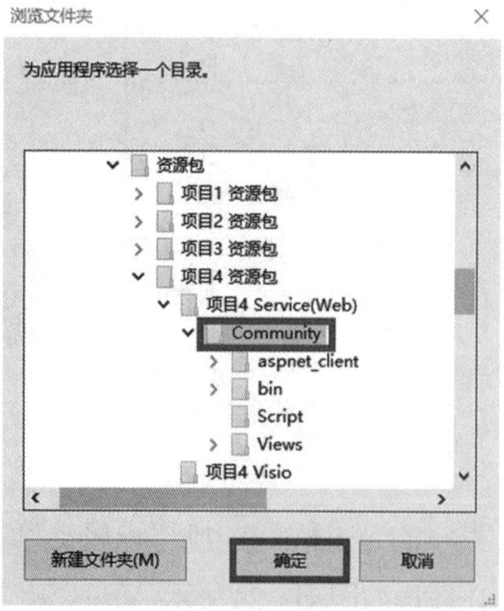

图 4-3-25　选择“Community”文件夹

图 4-3-26　“添加应用程序”命令

(7)在弹出的“添加应用程序”对话框中输入别名,选择“应用程序池(L)”为“ASP.NET v4.0”,如图4-3-27所示。

图4-3-27 选择“应用程序池”

(8)在“添加应用程序”对话框中,选择新添加的应用程序的物理路径,如图4-3-28所示。

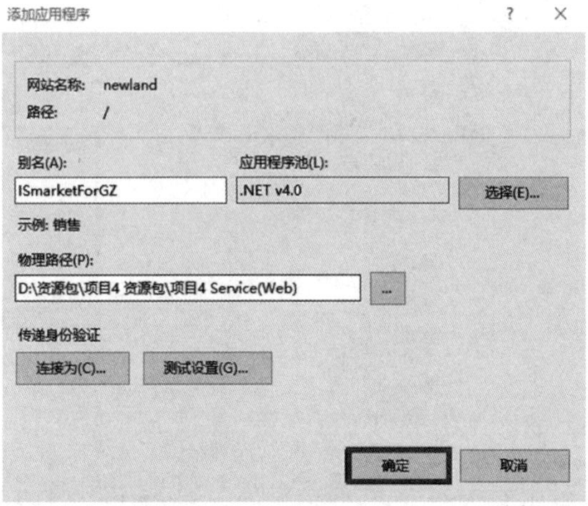

图4-3-28 设置物理路径

(9)在新添加的网站上单击鼠标右键,在弹出菜单中点击“浏览”命令,如图4-3-29所示。

图 4-3-29　“浏览”命令

（10）右键单击网站保存路径中的“Web”文件，在弹出的菜单中选择“打开方式”命令，如图 4-3-30 所示。

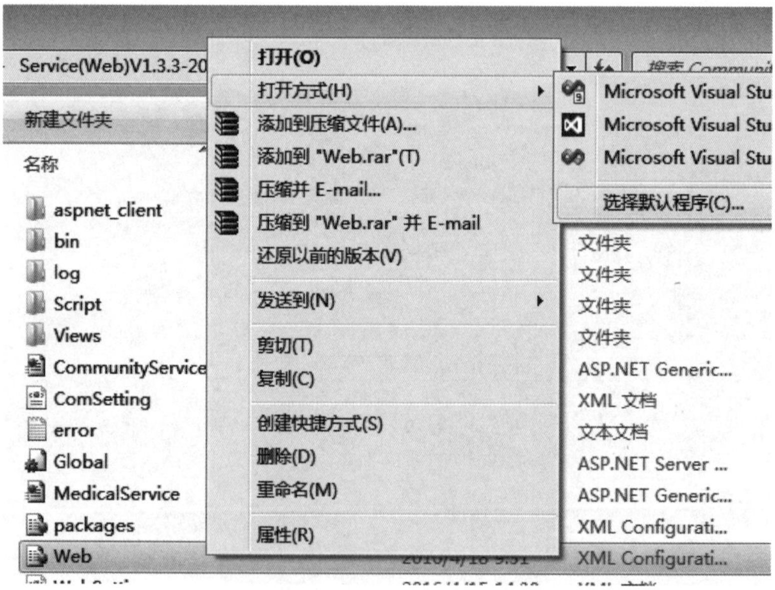

图 4-3-30　“打开方式”命令

（11）在弹出的“打开方式”窗口中，选择“记事本”方式打开文件，如图 4-3-31 所示。

图 4-3-31 选择“记事本”方式打开文件

(12)在打开的“记事本”文本文件中设置IP地址、数据库名称、登录名、密码，使其与添加的数据库一致，如图4-3-32所示。

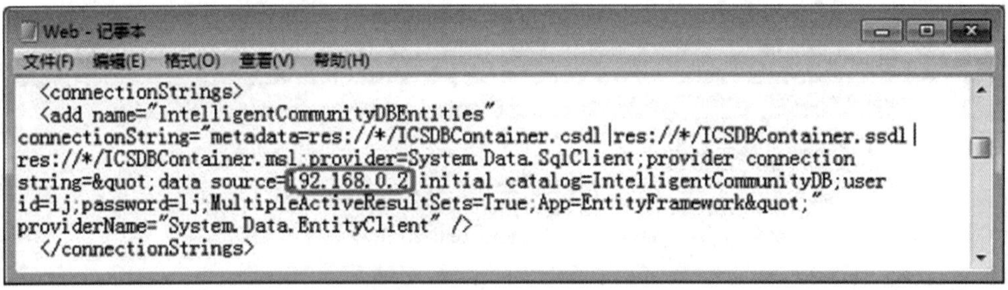

图 4-3-32 修改“Web”文件

(13)选择数据库“IntelligentCommunityDB.mdf”，单击鼠标右键，在弹出的菜单中选择“浏览”命令，如图4-3-33所示。

图 4.3.33 “浏览”命令

图 4.3.34 “打开方式”命令

（14）在打开的窗口中，右键单击“Web”文件，在弹出的菜单中单击“打开方式”命令，如图 4-3-34 所示。

（15）以“记事本”的方式打开“Web”文件，修改 IP 地址和数据库名称等参数，如图 4-3-35 所示。

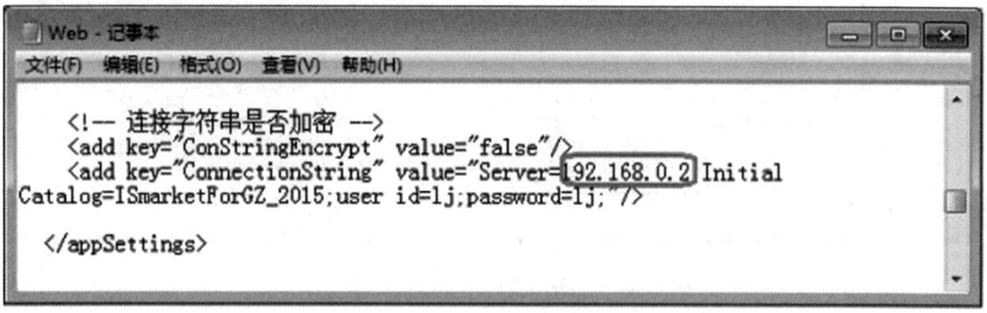

图 4-3-35 修改 IP 地址和数据库名称

（16）回到“Internet 信息服务（IIS）管理器”窗口，点击“浏览网站”命令，浏览配置完成的网页界面，设置模拟量、数字量、火焰、烟雾、人体红外和展示端 IP 等参数，使其与安装时的端口号保持一致。如图 4-3-36 所示。

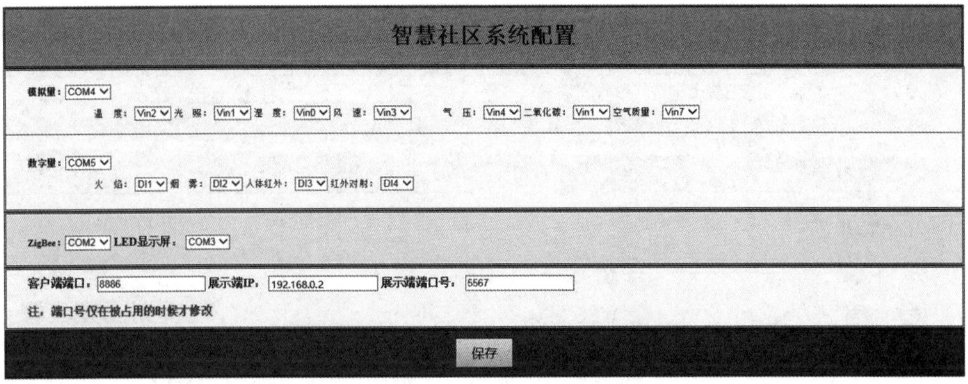

图 4-3-36 “浏览网站”命令

5. 物业端设置

(1)右击“智慧社区工程应用”软件图标,在弹出的菜单中单击“打开文件位置(T)”命令,如图 4-3-37 所示。在弹出的窗口中,打开“PcStoreClient”文件夹,如图 4-3-38 所示。

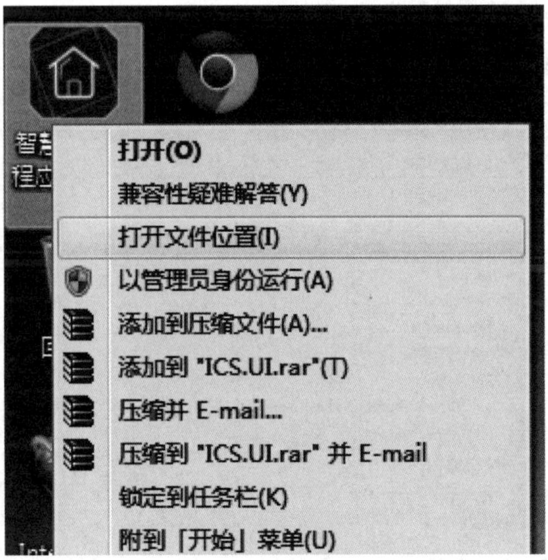

图 4-3-37 “打开文件位置(T)”命令

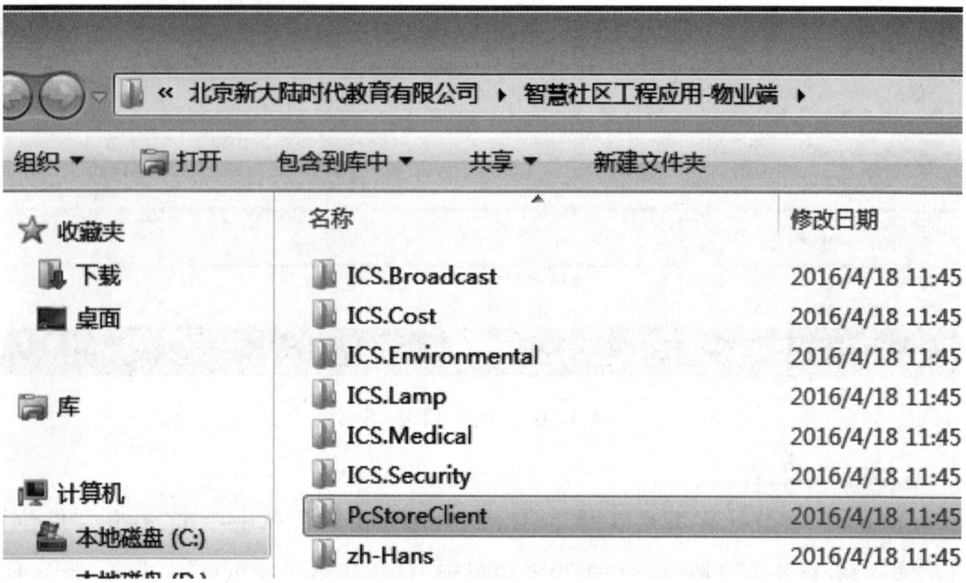

图 4-3-38　打开“PcStoreClient”文件夹

(2)右键单击“PcStoreClient.exe”文件,选择“打开方式”命令,如图4-3-39所示。

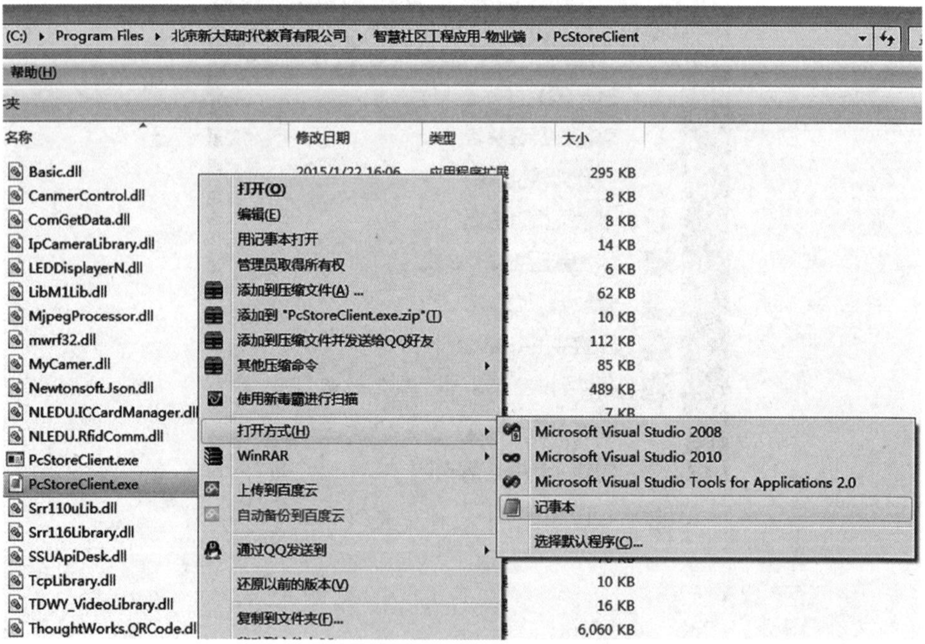

图 4-3-39　选择“打开方式”命令

(3)以记事本的方式打开“PcStoreClient.exe”文件,修改IP地址,使其与本地IP保持一致,如图4-3-40所示。

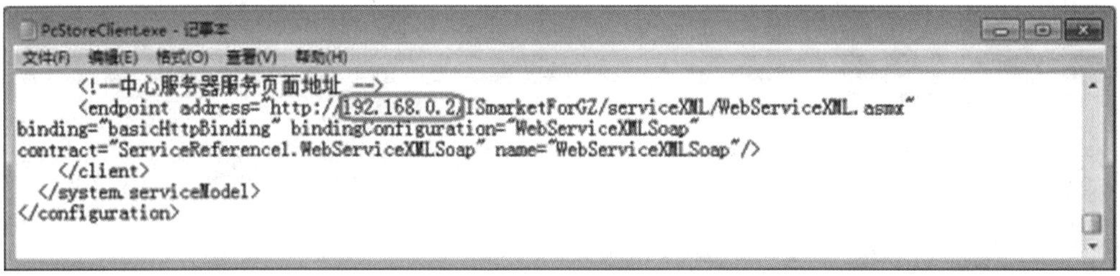

图 4-3-40　修改 IP 地址

(4)打开“SQL Server 配置管理器”,如图 4-3-41 所示。点击“MSSQLSERVER 的协议”,启用除“VIA”协议外的所有协议,如图 4-3-42 所示。

(5)打开“控制面板”,选择“系统和安全”中的“管理工具”,如图 4-3-43 所示。

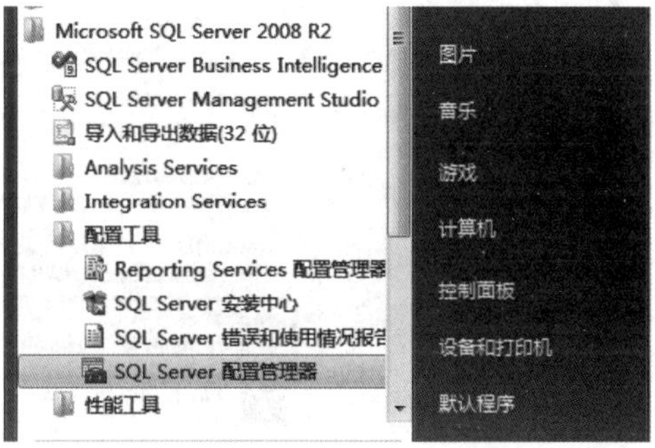

图 4-3-41　打开“SQL Server 配置管理器”

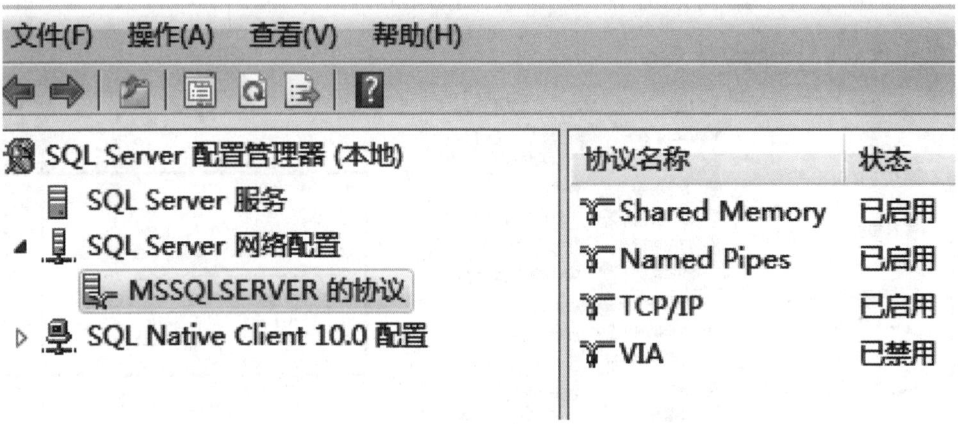

图 4-3-42　启用除“VIA”协议外的所有协议

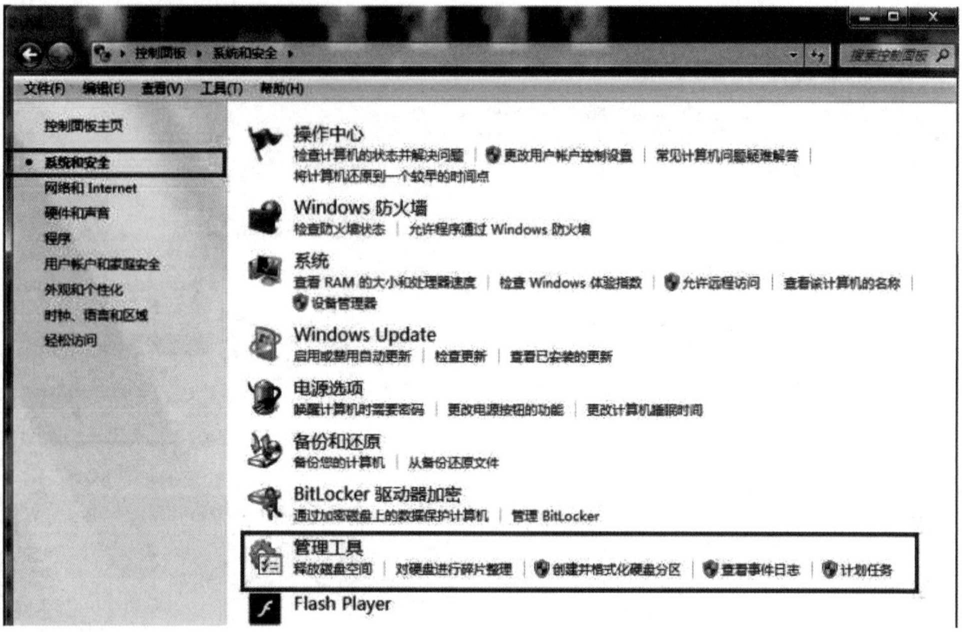

图 4-3-43　选择“管理工具”

(6)在“管理工具”中打开“服务”命令,如图 4-3-44 所示,启用所有与 SQL Server 有关的服务,如图 4-3-45 所示。

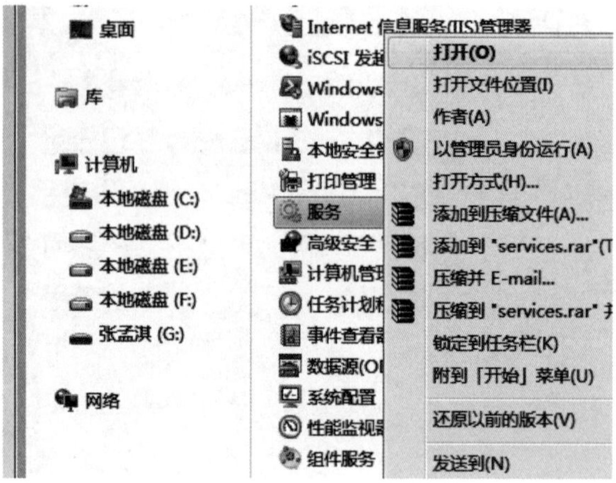

图 4-3-44　打开“服务”命令

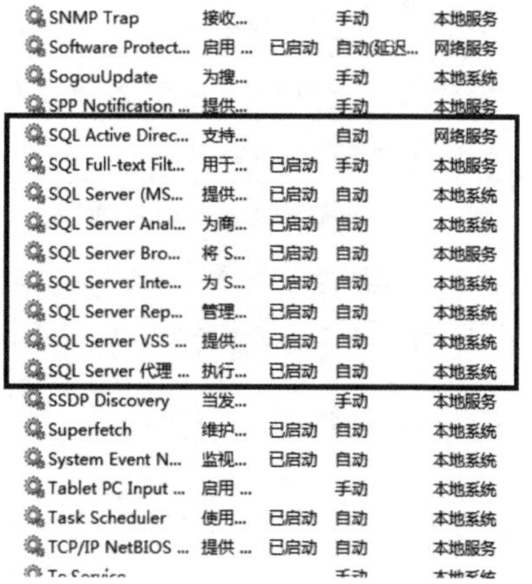

图 4-3-45　启用服务

6. 数据查看

(1)打开“智慧社区工程应用”软件,如图 4-3-46 所示。在首页中设置服务器 IP 和端口号,如图 4-3-47 所示。

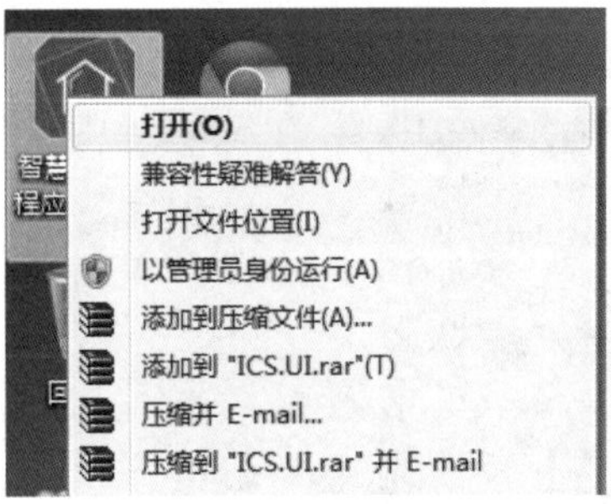

图 4-3-46　打开“智慧社区工程应用”软件

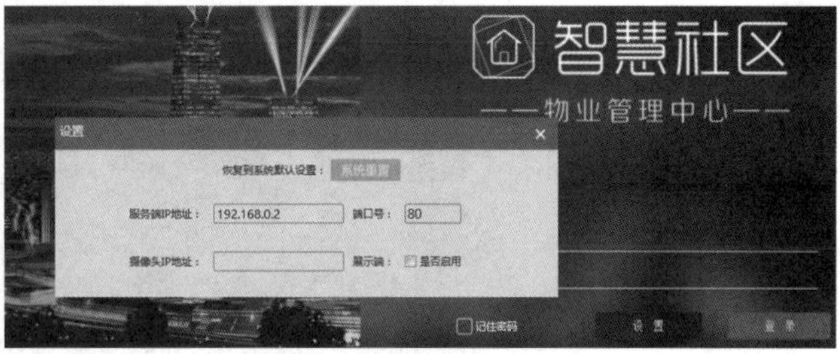

图 4-3-47　设置服务器 IP 和端口号

（2）输入用户名和密码，如图 4-3-48 所示。点击【社区安防】按钮，如图 4-3-49 所示。

图 4-3-48　输入用户名和密码

图 4-3-49　点击【社区安防】按钮

（3）查看各种数据，如图 4-3-50 ~ 图 4-3-53 所示。

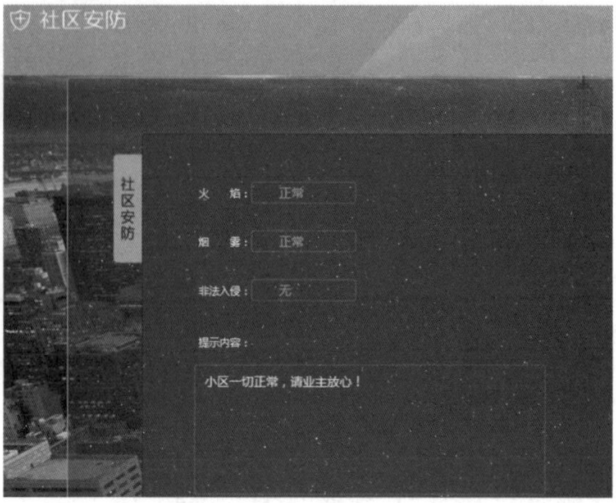

图 4-3-50　查看火焰和烟雾信息

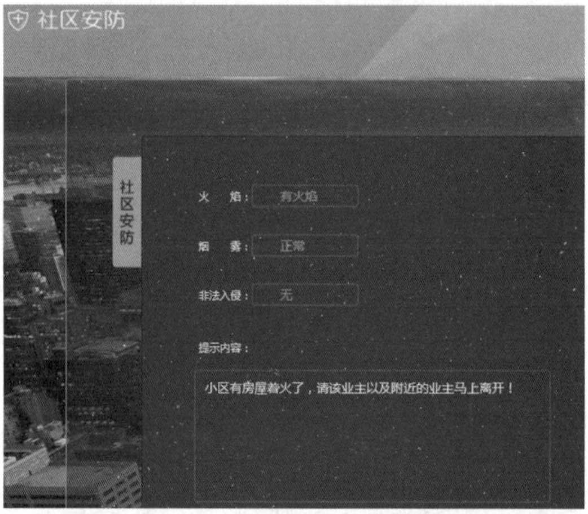

图 4-3-51　“有火焰”界面

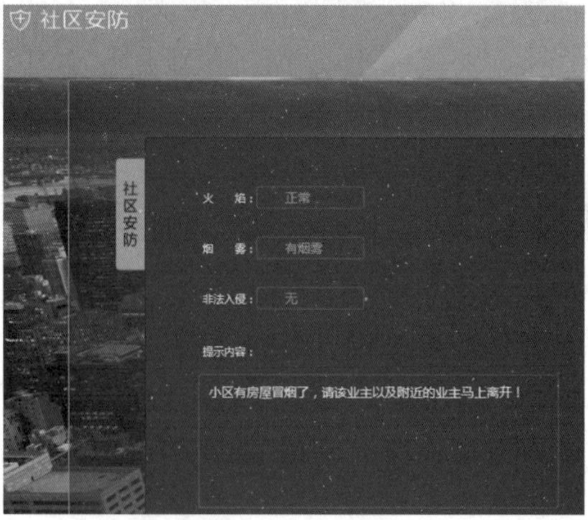

图 4-3-52　“有烟雾”界面

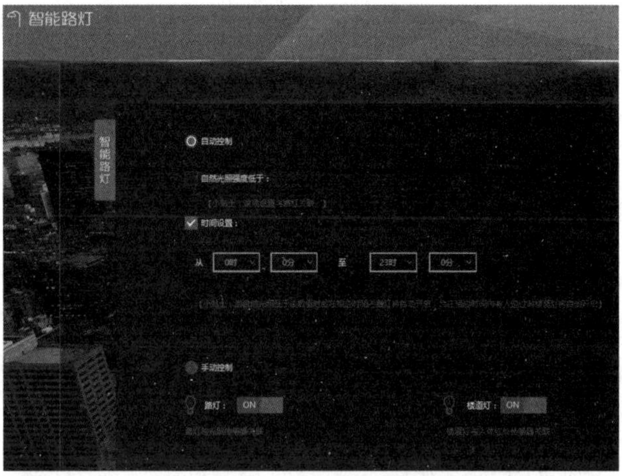

图4-3-53　照明灯控制界面

知识链接

一、485数字量采集器

485数字量采集器是从传感器和其他待测设备的模拟和数字被测单元中自动采集非电量或者电量信号，并送到上位机中进行分析处理的采集设备。

ADAM 4000系列模块应用EIA RS—485通信协议，它是工业上最广泛使用的双向、平衡传输线标准。它使得ADAM 4000系列模块可以远距离、高速传输和接收数据。ADAM—5000／485系统是一款数据采集和控制系统，能够与双绞线多支路网络上的网络主机进行通信。

通道输入：支持数字输入水平倒置、干接点（逻辑低电平：接地，逻辑高电平：开放）、湿接点（逻辑低电平：0～3V，逻辑高电平：10～30V）、支持3KHz计数器（32位＋1位溢流）和频率输入。过电压保护：±40V DC。

通道输出：集电极开路40V，最大负载1A，支持5KHz脉冲输出、支持跳沿输出。隔离电压为3000V DC，有浪涌、EFT和ESD保护。

二、RS485／RS232转换器（UT－201商用级袖珍接口转换器）

1. 概述

为了在不同标准串口的计算机、外部设备或智能仪器之间进行远程数据通信，必须进行标准串行接口的相互转换。转换器兼容RS232、RS485标准，能够将单端的RS232信号转换为平衡差分的RS485信号，可将RS232通信距离延长至1.2千米，采用独特的RS232电荷泵驱动，不需要靠初始化RS232串口来得到电源，内部带有零延时自动收发转换，独有的I/O电路能自动控制数据流方向，而不需任何握手信号（如RTS、DTR等），从而保证了在RS232半双工方式下编写的程序无须更改便可在RS485方式下运行，确保适合现有的操作软件和硬件接口。转换器广泛地应用于工业自动化控制系统、一卡通、门禁系统、停车场系统、自助银行系统、公共汽车收费系统、饭堂售饭系统、公司员工出勤管理系统、公路收费站系统等。

2. 性能参数

接口特性：接口兼容EIA/TIA的RS232C、RS485标准。

电气接口：RS232端DB9孔型连接器，RS485端DB9针型连接器，配接线柱。

工作方式：异步半双工差分传输。

传输介质：双绞线或屏蔽线。

传输速率：300bps ~ 115.2kbps。

外形尺寸：63mm×33mm×17mm。

使用环境：−25℃ ~ 70℃，相对湿度为5% ~ 95%。

传输距离：1200米（RS485端），5米（RS232端）。

3. 连接器和信号

表4-3-2　RS232C引脚分配

引脚	简写	功能说明
1	DCD	数据载波侦测（Data Carrier Detect）
2	RXD	接收数据（Receive）
3	TXD	发送数据（Transmit）
4	DTR	数据终端准备（Data Terminal Ready）
5	GND	地线（Ground）
6	DSR	数据准备好（Data Set Ready）
7	RTS	请求发送（Request To Send）
8	CTS	清除发送（Clear To Send）
9	RI	振铃指示（Ring Indicator）

表4-3-3 RS485输出信号及接线端子引脚分配

DB9 Male(PIN)	输出信号	RS-485半双工接线
1	T/R+	RS-485(A+)
2	T/R-	RS-485(B-)
3	RXD+	空
4	RXD-	空
5	GND	地线
6	VCC	+5V备用电源输入

4. 硬件安装及应用

RS485/RS232转换器采用DB9通用转接插头,输出接口配有普通接线柱,可使用双绞线或屏蔽线,连接、拆卸非常方便。T/R+、T/R—代表收发A+、B—,VCC代表备用电源输入,GND代表公共地线。点到点、点到多点、半双工通信接两根线(T/R+、T/R—),“发/收+”接对方“发/收+”,“发/收—”接对方“发/收—”。RS485半双工模式接线时,T/R+(发/收+)接对方A+,T/R—(发/收—)接对方B—。

UT—201接口转换器支持以下两种通信方式:点到点双线半双工、点到多点双线半双工。装换器作为半双工接线时,为了防止信号的发射被干扰,需在线路的终端接一个匹配电阻。

5. 外形尺寸

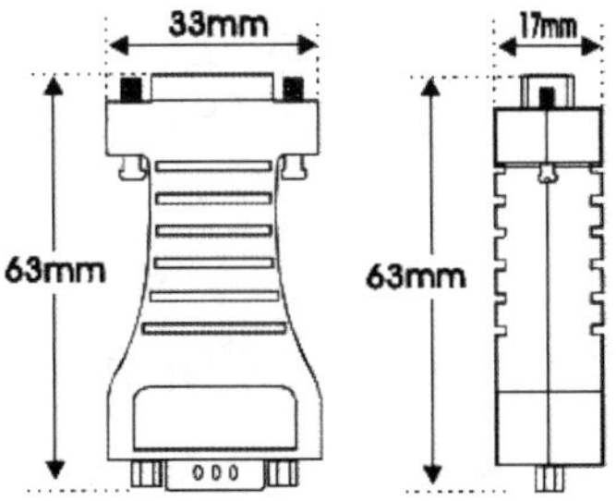

图4-3-54 外形尺寸

6. 通信连接示意图(RS232至RS485转换)

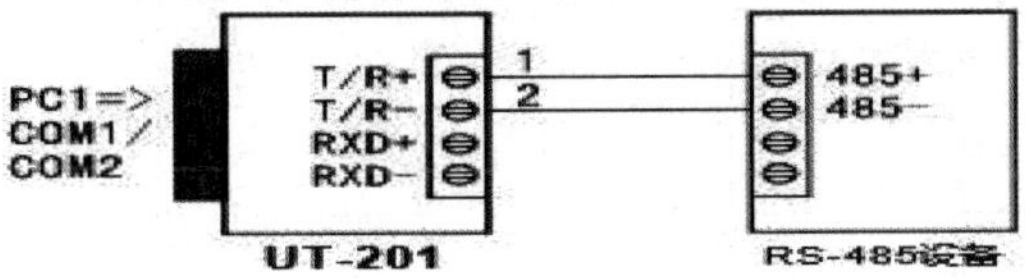

图4-3-55 RS485点到点两线半双工连线图

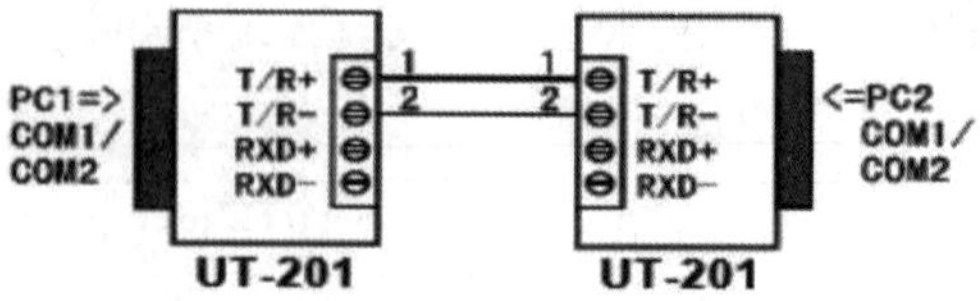

图 4-3-56　UT—201 接口转换器之间半双工通信连接

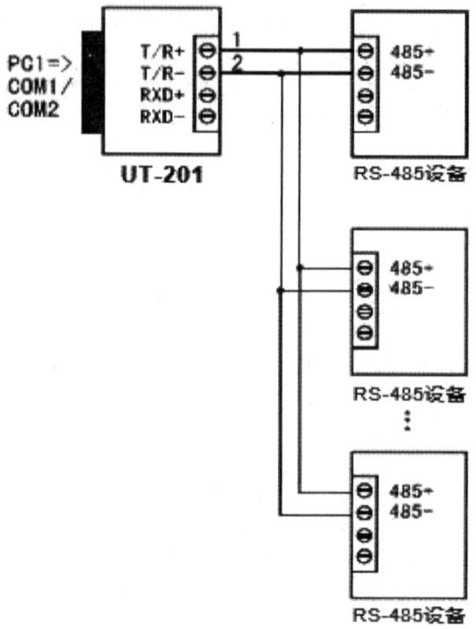

图 4-3-57　RS485 点到多点两线半双工

7. 故障及排除

(1)数据通信失败。检查 RS232 接口接线是否正确;检查 RS485 输出接口接线是否正确;检查接线端子是否连接良好。

(2)数据丢失或错误。检查数据通信设备两端数据速率、格式是否一致。

学习评价

智能安防控制系统的调试,主要是熟悉硬件,掌握软件操作方法,并实现系统功能的过程,学习评价如表 4-3-4 所示。

表 4-3-4　学习评价表

评价内容	评价标准	分值	学生自评	小组互评	老师评估
素质评价(20%)	(1)筑牢消防安全意识	5			
	(2)传承工匠精神	5			
	(3)提升信息分析能力	5			

续表

评价内容	评价标准	分值	学生自评	小组互评	老师评估
	(4)增强团队协作能力	5			
知识评价(40%)	(1)能描述系统安装成功与否的判断标准	15			
	(2)能描述相关软件部署的基本步骤	10			
	(3)能描述调试解决故障的基本步骤	15			
能力评价(40%)	(1)正确对照线路连接图与实物检查系统接线	10			
	(2)正确部署相关软件	10			
	(3)及时解决系统调试过程中遇到的问题	10			
	(4)正确完成智能安防控制系统的调试	10			
合计		100			
学习体会:					

理一理

常见故障现象及排查方法

现象:使用无线设备时,无法搜索到无线路由器。

原因分析:无线路由器未通电、无线路由功能未开启。

排查方法:

(1)检查无线路由器是否通电,如果否,请通电。

(2)打开浏览器,输入无线路由器IP地址,进入无线路由器设置页面,如图4-3-58所示。

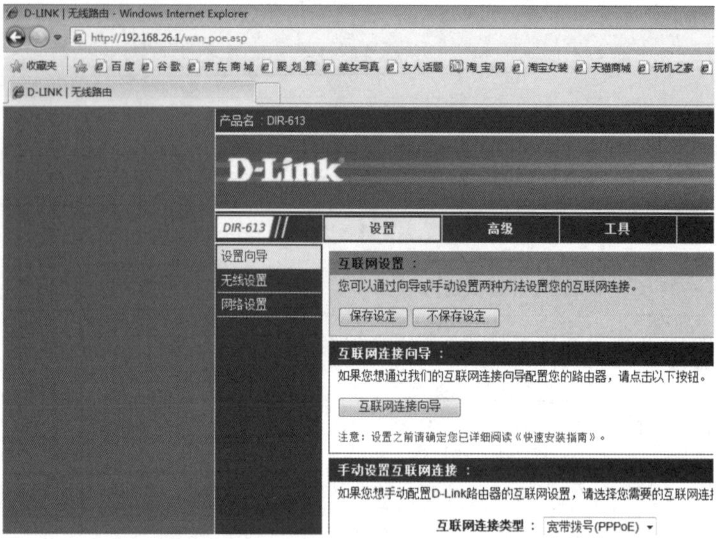

图 4-3-58　无线路由器设置页面

(3)点击“设置 / 无线设置”,去掉“也叫 SSID 广播”的选中状态,如图 4-3-59 所示。重新搜索,问题解决。

(4)如忘记无线路由器 IP 地址,可用牙签等针状工具长按复位孔,对无线路由器进行复位,重新设置,设置过程详见项目四任务三中“设置无线路由器”部分。

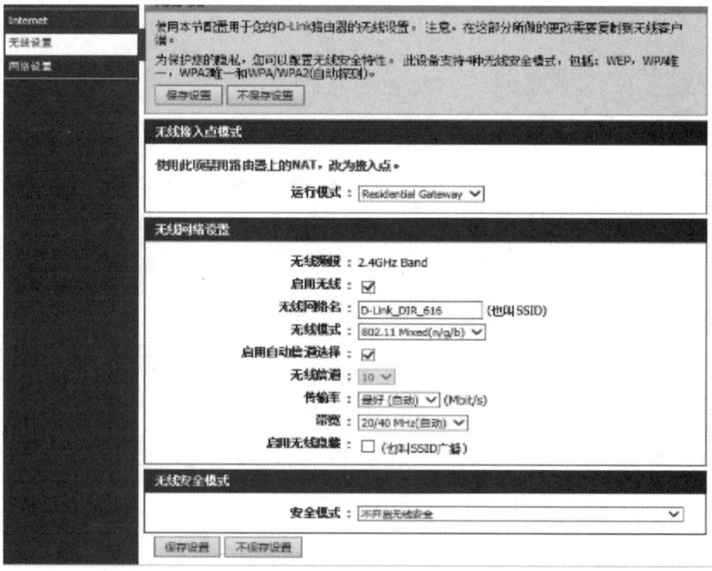

图 4-3-59　启用无线路由功能

【学习总结】

通过智能安防控制系统的安装与调试,我们对物联网的应用有了更深入的理解,学会了通过无线路由器组建小型物联网系统,熟悉了SQL Server 2008、IIS、PC端软件的使用方法,为今后学习环境监测、智慧商超等复杂的物联网应用系统打下了良好的基础。

【学习拓展】

智能安防控制系统

“智能家居”“智慧社区”“智慧城市”等这些词语与“物联网”“大数据”“云计算”“人工智能”“区块链”一起经常出现在新闻、书报等各种媒体中,走进了人们的日常生活中。随着生活水平的提高,人们对生活质量的要求越来越高,越来越注重家居的人性化。智能小区成为现代住宅小区发展的必然趋势。智能安防控制系统成为高档住宅小区安全防护的重要手段。

智能小区将建筑技术、计算机技术和通信技术相结合,并将其应用于住宅小区内部,对小区信息资源统一管理,实现自动化、信息化,为用户提供综合信息服务,营造高效安全、经济舒适的生活环境。

1. 智能安防控制系统的组成

智能安防控制系统主要包括闭路电视监控系统、小区周界报警系统、家庭防盗系统、电子巡更系统、楼宇对讲/可视系统和门禁系统等子系统。智能安防控制系统一般设置在小区周界、小区重点部位、楼宇和住户室内,由小区物业管理中心统一协调管理,通过各个子系统之间的有机结合,严密监控,确保业主的生命财产安全,实现小区的智能安全防范。

(1)闭路电视监控系统。设置在小区的主要出入口、单元门口、通道、停车场、电梯轿厢及其他重要公众场所,安置摄像机进行实时监控、录像,与入侵报警系统实现联动。摄像机进行摄像,并将信号传回指挥中心。保安人员通过监视器实时监控小区内的治安情况。硬盘录像机实时记录小区内的情况。矩阵控制器可切换操作,实现跟踪监测。

(2)周界报警系统。部署在小区的周边,设置越界探测装置,与安保中心联网。它能及时发现非法越界者,并能实时显示报警区域和时间,自动记录与保存报警信息。系统设防后,一旦有人闯入设防区域,探测点立即向总控室发出报警信号,也可现场报警。

(3)家庭防盗报警系统。此系统与保安中心管理主机联网。当有人非法闯入时,家庭主机立即报警,保安中心显示报警地点,保安人员可确定出警方位,及时制止。

(4)电子巡更系统。此系统是监督巡更人员工作的管理系统。巡更人员持巡检器按约定的巡更路线在规定的时间到信息钮签到,完成任务后再将巡检器通过专用通讯电缆接入管理中心的计算机,计算机按事先存储的巡更路线、签到时间等数据进行统计、分析、整理后,给出巡更人员是否按照规定的时间、次数、路线进行巡逻及结果。

(5)楼宇对讲/可视系统。此系统设置在小区内的住宅单元入口或进户门处,与保安中心管理主机联网。通过可视对讲系统,户主可以直观地了解访客情况,控制门锁开启。保安中心可随时了解住户求救信号。

(6)门禁系统。此系统设置在智能小区大门口、重要公共大门以及共用车库门处,限制人员的进出区域和时间,有效保护使用者的合法权益。系统对采集器和控制器进行管理,设置、接收发来的信息,发送控制命令,分析和处理系统中的信息。

2. 智能安防控制系统存在的问题

(1)产品种类和标准不统一。产品种类繁多,不同厂家的生产标准、生产工艺不同,产品质量参差不齐、接口方式千差万别,导致系统常不兼容,协调运转不畅,智能化效果欠佳。

(2)产品质量不过关、系统稳定性差。生产厂家众多,质量难以保障。设备多为弱电,工作电压低,抗干扰能力弱,容易受谐波、浪涌、雷电、噪音等内外因素干扰。计算机和网络系统很容易受计算机死机、病毒和黑客攻击的影响。

(3)系统存在死角。由于技术和设置等原因,导致系统不能完全覆盖整个小区,存在一定死角,需借助人工巡逻配合。

项目五 室内温湿度采集系统的安装与调试

随着生活水平的提高,人们对居家环境有了更高的要求,十分关注舒适度。小吴就是一位追求高生活品质的技术工程师。室内温度、湿度和空气质量是他关注的重要参数。虽然空调能自动调节室内温湿度,但小吴想自己做一个小系统,观测室内的“舒适度”,跟空调较真。小吴把这个想法告诉了小黄,两人一拍即合,决定合作完成这一项目。

本项目就是为了实现小吴和小黄的“心愿”,完成一个室内温湿度采集系统的安装与调试,看看如何通过计算机观测室内的“舒适度”指数。

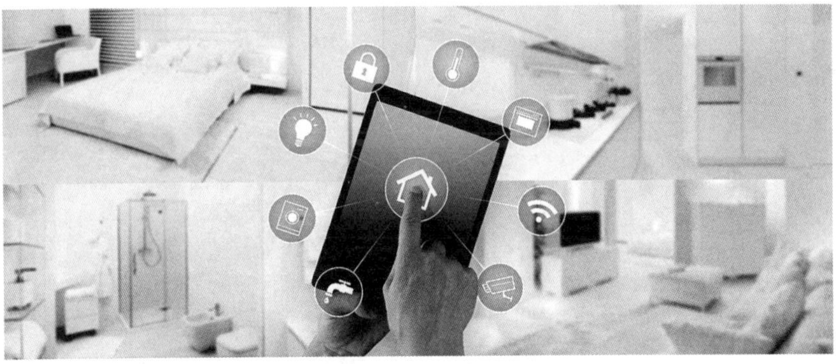

目标类型	目标要求
素质目标 (含思政)	(1)践行“双碳”行动,感受智慧生活 (2)增强节约用电、安全用电的意识 (3)养成团队互助、分工协作的习惯 (4)提升信息收集、整理、分析的能力
知识目标	(1)能描述室内温湿度采集控制系统的工作原理 (2)能描述室内温湿度采集系统设备的性能参数 (3)能描述室内温湿度采集系统安装、调试基本方法和步骤
能力目标	(1)能正确选择室内温湿度采集控制系统的设备及导线 (2)能正确识读和绘制室内温湿度采集系统连线图 (3)能正确安装和调试室内温湿度采集系统

任务一　室内温湿度采集系统安装前的准备

学习情境

室内温湿度采集系统是由各种设备连接起来的有机整体。完成一个室内温湿度采集系统的安装，首要的是识读系统连线图，了解该系统所需要的温湿度传感器、空气质量传感器、485模拟量采集器、RS485／RS232转换器、无线路由器、电压／电流变送器、服务器、移动终端等设备的功能，明确它们在系统中的安装位置。做好了上述准备我们才能够成功地安装室内温湿度采集系统。本任务就是要带领我们绘制系统连线图，初识室内温湿度采集系统。

学习导航

本任务学习流程如图5-1-1所示。

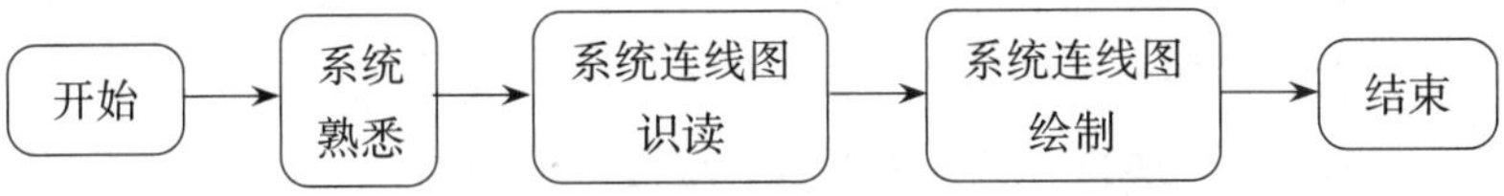

图5-1-1　学习流程图

学习探究

一、学习准备

完成室内温湿度采集系统连线图需要准备相应的资源，具体情况如表5-1-1所示。

表5-1-1　学习准备

序号	类型	资源
1	图纸	系统连线图
2	软件	Visio软件

二、操作步骤

（一）室内温湿度采集系统连线图识读

室内温湿度采集系统连线效果图，如图5-1-2所示。

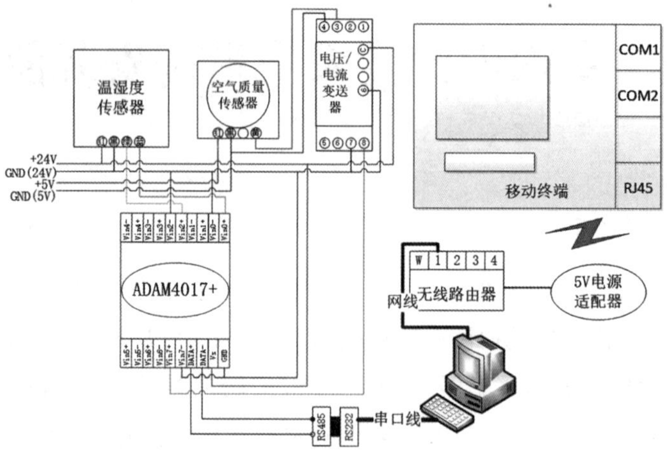

图5-1-2　室内温湿度采集系统连线效果图

（二）Visio软件绘制系统连线图

1. 模具调用

（1）新建Visio绘图，并保存在“...\资源包\项目5资源包\项目5 Visio”文件夹中，命名为“项目5系统连线图（Visio）”。

（2）将“...\资源包\项目4资源包\项目4 Visio”文件夹中的Visio模具“项目4模具”拷贝到本项目文件夹中，重命名为“项目5模具”。

（3）将模具添加到“项目5系统连线图（Visio）”中，如图5-1-3所示。

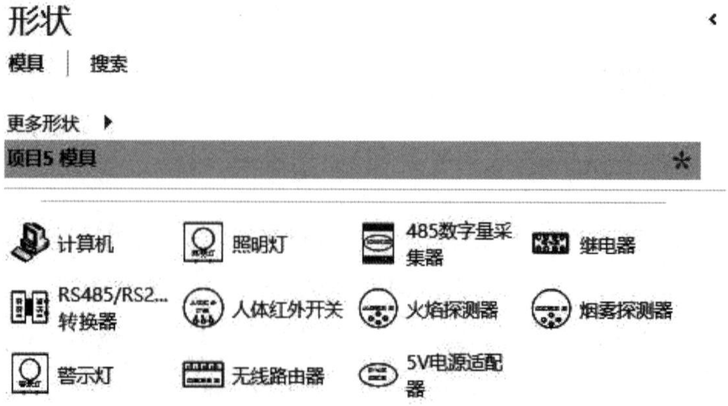

图5-1-3　调用模具

2. 形状绘制

根据项目要求，绘制485模拟量采集器、温湿度传感器、空气质量传感器、电压/电流变送器、移动终端。具体绘制过程，参考项目四任务一。将新绘制的形状拖拽到"项目5模具"中，并保存。所有形状如图5-1-4所示。

图5-1-4 所有形状

3. 形状布局

根据系统连线情况和信号流向及相关规则，对系统连线图进行形状布局，结果如图5-1-5所示。

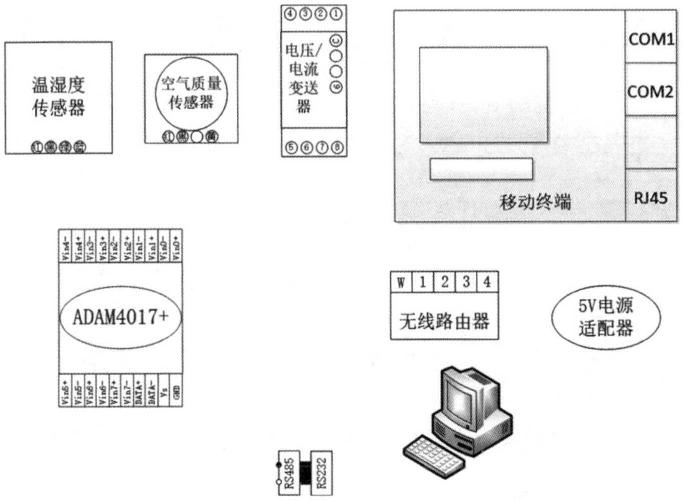

图5-1-5 形状布局

4. 系统连线图绘制

根据设备引脚(端口)、引出线及连线要求,合理走线,选择连接线颜色和粗细,添加文字说明,绘制系统连线图,最终效果如图5-1-2所示。

学习评价

室内温湿度采集系统安装前的准备,主要是熟悉系统、设备、连线图等的过程,学习评价如表5-1-2所示。

表5-1-2　学习评价表

评价内容	评价标准	分值	学生自评	小组互评	老师评估
素质评价(20%)	(1)增强规范操作意识	10			
	(2)提升信息素养	5			
	(3)养成创新发展习惯	5			
知识评价(40%)	(1)能描述室内温湿度采集系统连线图布局规范	10			
	(2)能描述室内温湿度采集系统连线图连线规范	10			
	(3)能描述系统连线图与具体设备之间的对应关系	10			
	(4)能描述室内温湿度采集系统信号走线	10			
能力评价(40%)	(1)正确识读室内温湿度采集系统连线图	10			
	(2)正确使用Visio软件常用操作	10			
	(3)正确绘制室内温湿度采集系统连线图	20			
合计		100			
学习体会:					

练一练

1. 组建学习小组,讨论图5-1-2的布局和布线是否最佳。如果是,说出理由;如果否,也说出理由,并重新绘制。

2. 利用互联网资源搜索相关资料,熟悉Visio软件的使用方法,绘制系统拓扑图。

任务二 室内温湿度采集系统的安装

学习情境

完成系统连线图的绘制和了解系统结构后，进入系统安装阶段。这是最重要的阶段，我们需要将温湿度传感器、空气质量传感器、电压／电流变送器、485模拟量采集器、RS485／RS232转换器、无线路由器、服务器、移动终端等设备按照系统连线图的要求安装到网孔板上，并设计设备布局和按照相关工艺要求利用导线将它们科学规范地连接起来，做好线路检查、绑扎和整形，最终完成室内温湿度采集系统的安装。现在，我们开始一步一步地来完成吧。

学习导航

本任务学习流程如图5-2-1所示。

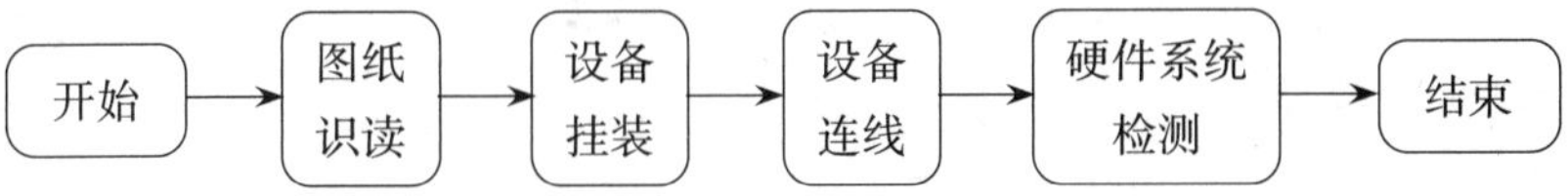

图5-2-1 学习流程图

学习探究

一、学习准备

完成室内温湿度采集系统的安装需要准备相应的资源，具体情况如表5-2-1所示。

表 5-2-1　学习准备

序号	类型	资源
1	图纸	系统连线图
2	工具	螺丝刀、剥线钳等
3	器材	网孔板、温湿度传感器、空气质量传感器、电压／电流变送器、485 模拟量采集器、RS485／RS232 转换器、无线路由器、计算机、DB9 串口公母线、导线、螺丝、绝缘胶带、尼龙扎带等

二、操作步骤

(一)系统连线图和安装布局图识读

识读系统连线图和设计安装布局图，如图 5-1-2 和图 5-2-2 所示。

图 5-2-2　系统安装布局图

(二)设备挂装

1. 设备布局

整体要求：

(1)设备布局紧凑。

(2)设备安装位置与信号走向基本一致。

(3)设备安装牢固。

2. 设备安装

(1)将温湿度传感器安装在网孔板上，如图 5-2-3 所示。

(2)将空气质量传感器用螺丝钉安装在透明板上，再将透明板安装在网孔板上，如图 5-2-4 所示。

(3)将电压／电流变送器用尼龙扎带绑扎在网孔板上，如图 5-2-5 所示。

图 5-2-3 安装温湿度传感器

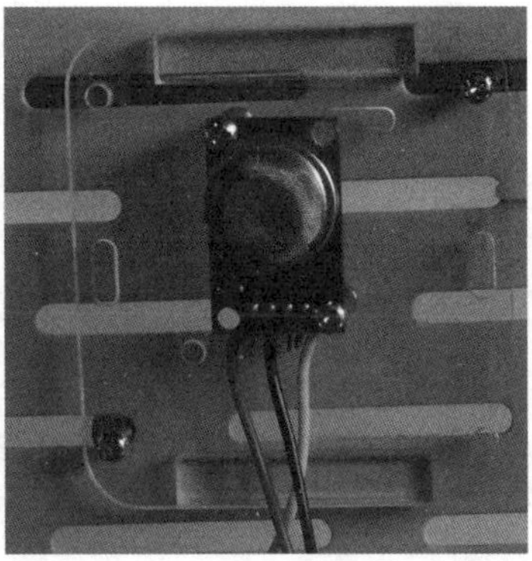

图 5-2-4 安装空气质量传感器

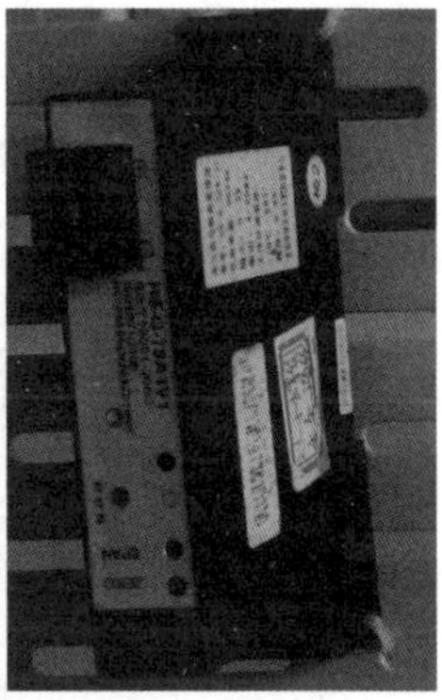

图 5-2-5 安装电压/电流变送器

(4)将485模拟量采集器、RS485/RS232转换器、无线路由器安装在网孔板上,如图5-2-6至图5-2-8所示。

图 5-2-6 安装485模拟量采集器

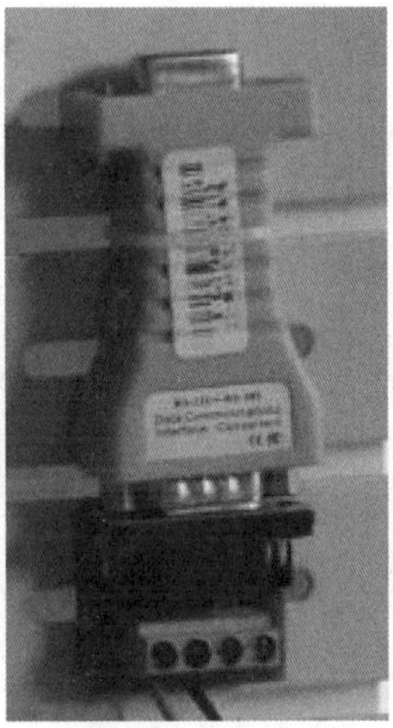

图 5-2-7 安装RS485/RS232转换器

图 5-2-8 安装无线路由器

(5)将移动终端放置在工位台上其他指定位置,系统布局图如图5-2-9所示。

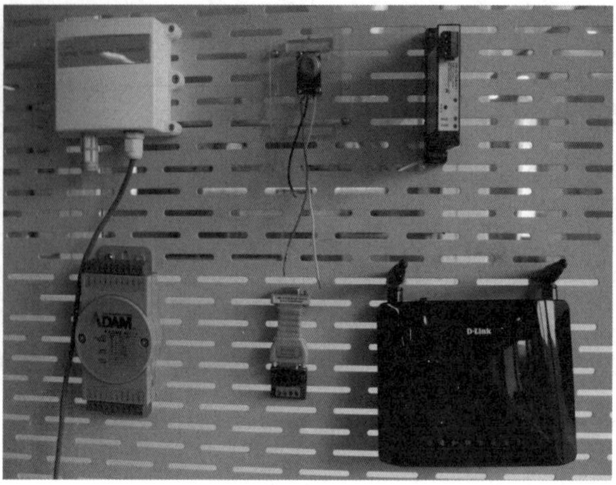

图 5-2-9　系统布局图

(三)设备连线

1. 信号线连接

将温湿度传感器端口HUMI(湿度信号)用导线连接485模拟量采集器Vin2+,端口TEMP(温度信号)用导线连接485模拟量采集器Vin0+。

将空气质量传感器信号输出端用导线连接电压/电流变送器端口3,电压/电流变送器端口8用导线连接485模拟量采集器Vin7+。

将485模拟量采集器端口DATA+用导线连接RS485/RS232转换器端口R+,端口DATA−用导线连接RS485/RS232转换器端口R−。

2. 电源线连接

将温湿度传感器电源线(红色引出线)、电压/电流变送器端口C、485模拟量采集器端口Vs分别用导线连接+24V;温湿度传感器电源地(黑色引出线)、电压/电流变送器端口7和端口9、485模拟量采集器端口GND及Vin0−、Vin2−、Vin7−分别用导线连接GND(24V)。

将空气质量传感器电源线(红色引出线)用红线连接+5V;空气质量传感器电源地(黑色引出线)用黑线连接GND(5V)。

3. 其他类连接

将RS485/RS232转换器用DB9串口公母线与计算机连接,无线路由器用网线与计算机连接。5V电源适配器为无线路由器供电。系统连线效果如图5-2-10所示。

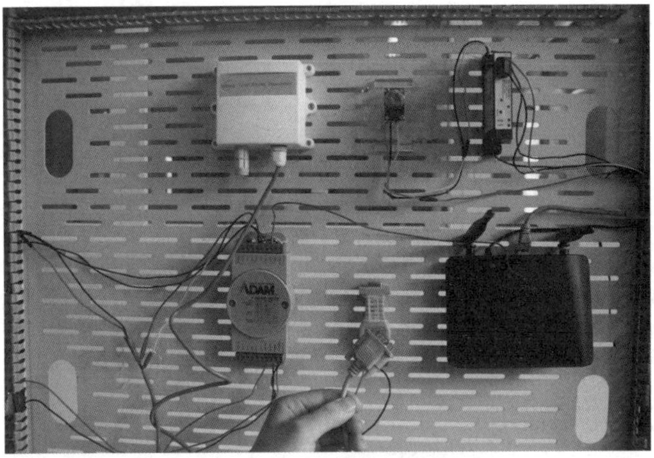

图 5-2-10 系统连线效果图

(四)硬件系统检测

1. 线路再检查

(1)依据安装布局图检查设备是否安装准确。

(2)依据线路连线图和实物,判断系统接线是否正确。

(3)检查设备安装是否牢固。

(4)检查导线走线是否规范。

(5)检查过程中,注意安全用电,不得打开电源,以免触电和损坏设备。

2. 连接线绑扎与整形

(1)对连接线进行绑扎,使其固定在网孔板上。

(2)对整个系统设备及连接线整形,使其规范、美观。系统整形效果如图 5-2-11 所示。

图 5-2-11 系统整形效果图

知识链接

表 5-2-2　室内温湿度采集器系统安装与调试设备清单

序号	名称	图示	功能描述
1	温湿度传感器		能将环境中温度量和湿度量转换成易于处理的电信号的设备或装置，一般测量的是空气的温度量和相对湿度量，红色引出线接+24V，黑色引出线接GND，绿色引出线(HUMI)为湿度信号线，蓝色引出线(TEMP)为温度信号线
2	空气质量传感器		一种半导体传感器，对各种空气污染都有很高的灵敏度，响应时间快，可在极低的功耗情况下获得很好的感应效果。红色引出线接+5V，黑色引出线接GND，黄色引出线为信号线，输出0～5V电压
3	电压电流变送器		能将(0～5V)电压信号变送为(4～20mA)电流信号。端口3、4为电压信号输入和信号地，端口8、7为电流信号输出和信号地，端口C、9为供电电源(+24V)和电源地
4	485模拟量采集器		ADAM－4017／4017＋是16位A／D8通道模拟量采集模块，可以采集电压、电流等模拟量输入信号，为所有通道提供可编程的输入范围，广泛应用于工业测量和监控领域。ADAM－4017＋支持8路差分信号和Modbus协议。拨码开关可设置切换INT＊和正常工作状态
5	移动终端		可以在移动中使用的数字设备，大致包括手机、笔记本、平板电脑、POS机及车载电脑等，常通过Wi-Fi、GPS等无线通信技术接入局域网、通信网或互联网中
6	其他：网孔板、RS485／RS232转换器、无线路由器、计算机、DB9串口公母线、导线、螺丝、绝缘胶带、尼龙扎带等		

学习评价

室内温湿度采集系统的安装，主要是熟悉系统、设备，完成硬件系统安装的过程，学习评价如表5-2-3所示。

表5-2-3 学习评价表

评价内容	评价标准	分值	学生自评	小组互评	老师评估
素质评价（20%）	（1）树立6S规范意识	5			
	（2）增强节约用电、安全用电意识	5			
	（3）养成团队互助、分工协作习惯	5			
	（4）践行“双碳”行动	5			
知识评价（40%）	（1）能描述导线的走线规范	10			
	（2）能描述温湿度传感器功能	10			
	（3）能描述空气质量传感器、电压/电流变送器功能	10			
	（4）能描述485模拟量采集器功能	10			
能力评价（40%）	（1）正确使用工具规范地安装系统	10			
	（2）正确进行设备布局和设备挂装	5			
	（3）正确使用各色导线进行设备连线	10			
	（4）正确使用尼龙扎带进行绑扎和规范地整形	5			
	（5）正确对照线路连接图与实物检查系统接线	10			
合计		100			
学习体会：					

想一想

经过几个项目的训练后，相信你对温湿度采集器布局和布线的要求有了初步认识。请查阅资料，认真思考，写出一则感想，字数不低于200字。

任务三　室内温湿度采集系统的调试

学习情境

硬件安装和检测完毕后，进入系统调试阶段。相对于前几个项目，本项目增加了移动终端部分，使整个系统更具有物联网特性，随之而来的是调试难度更大。我们将一步一步地调试室内温湿度采集系统，分别从计算机、移动终端上观测被采集的温度、湿度和空气质量数据。同时，分析调试过程中可能出现的常见故障现象和提出解决办法，逐步认识系统，确保系统功能实现。

学习导航

本任务学习流程如图5-3-1所示。

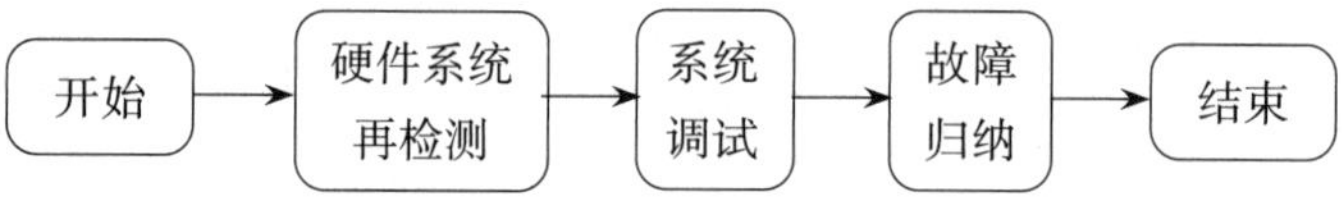

图5-3-1　学习流程图

学习探究

一、学习准备

完成室内温湿度采集系统的调试需要准备相应的资源，具体情况如表5-3-1所示。

表5-3-1　学习准备

序号	类型	资源
1	硬件	室内温湿度采集系统、计算机、移动终端
2	软件	SQL Server 2008、智慧社区物业端展示软件、豌豆荚软件，详见项目5资源包

二、操作步骤

(一)硬件系统再检测

(1)检查硬件系统连接是否正确。

(2)检查硬件系统安装是否规范。

(3)检查硬件系统接口是否连接牢固。

(4)检测无误后,方可打开电源。

(二)系统调试(基于计算机)

在进行系统调试之前,我们需要按照项目四之任务三中的步骤,给计算机设置本地IP地址、设置无线路由器参数、添加数据库、发布IIS。在此基础上,我们需要设置物业端。

(1)打开"智慧社区"软件,在首页中设置服务器IP和端口号,如图5-3-2所示。

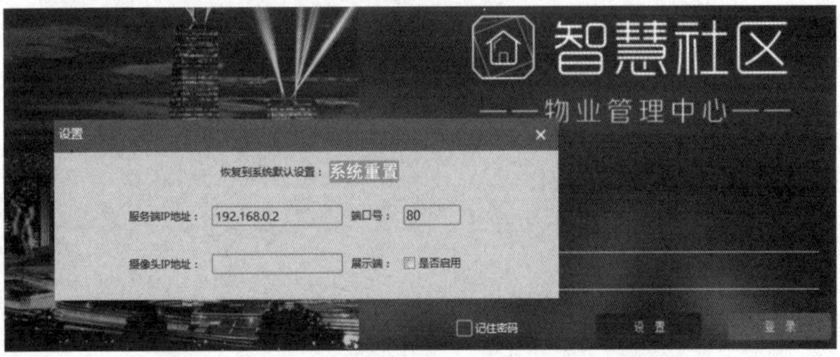

图5-3-2 设置服务器端口号和IP

(2)输入用户名和密码,点击【登录】按钮进入主界面,在主界面中点击【环境监测】按钮,如图5-3-3和图5-3-4所示。

图5-3-3 输入用户名和密码

图 5-3-4　环境监测

(3)通过环境监测窗口查看数据，如图 5-3-5 所示。

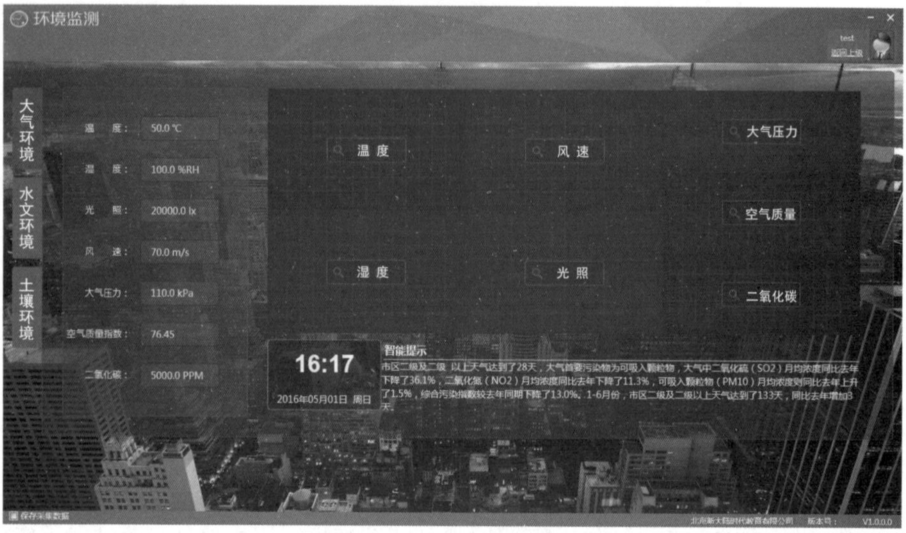

图 5-3-5　环境监测界面

(三)系统调试(基于移动终端)

1. 在计算机上安装豌豆荚展示软件

(1)打开"…\资源包\项目 5 资源包\项目 5 豌豆荚"文件夹，双击"WanDouJiaSetup_pt_baidu99"安装程序图标，如图 5-3-6 所示。

图 5-3-6　豌豆荚软件安装程序图标

(2)在弹出的窗口中，单击【立即安装】，如图 5-3-7 所示。

(3)在打开的窗口中，设置安装位置，勾选"已阅读并接受豌豆荚最终用户协议"和"IE 插件－下载应用后用豌豆荚安装"，然后点击【开始安装】按钮，如图 5-3-8 所示。

图 5-3-7 豌豆荚软件安装界面 1

图 5-3-8 豌豆荚软件安装界面 2

(4)在安装过程中，窗口显示安装进度，安装结束后，单击【开始使用】，完成安装并使用软件，如图 5-3-9 和图 5-3-10 所示。

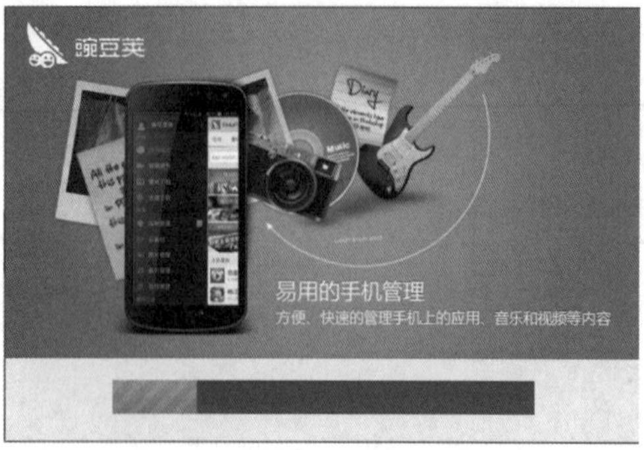

图 5-3-9　软件安装进度

图 5-3-10　完成安装

(5)进入豌豆荚软件主界面,显示未连接相关硬件,如图 5-3-11 所示。

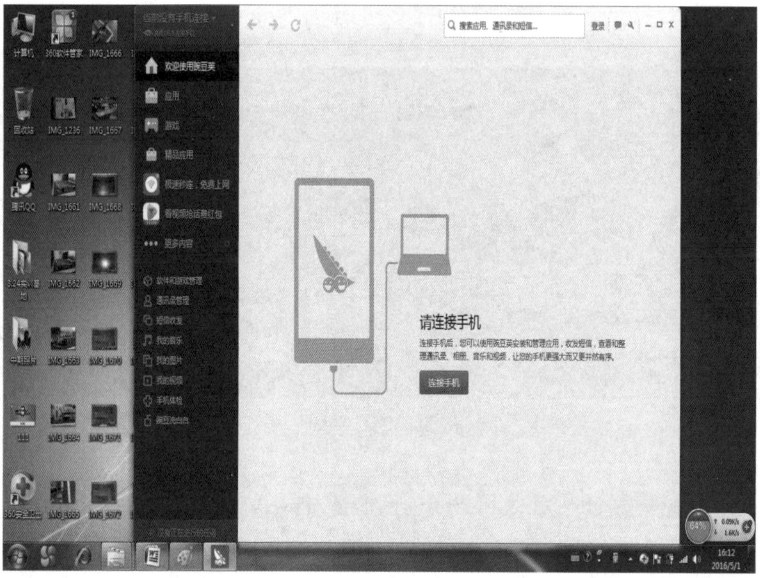

图 5-3-11　豌豆荚软件主界面

2. 线路连接

(1)用USB连接线将移动终端与计算机连接起来,移动终端连接端口如图 5-3-12 所示。

(2)接入移动终端电源,移动终端电源接入端口如图 5-3-13 所示。

(3)用网线将无线路由器和移动终端连接起来,移动终端网线接口如图 5-3-14 所示。

图 5-3-12 USB OTG接口

图 5-3-13 电源接口

图 5-3-14 网线接口

3. 在移动终端上安装豌豆荚软件

(1)打开移动终端电源开关,如图 5-3-15 所示;在移动终端上安装豌豆荚软件,安装步骤与在计算机上的安装步骤相同。

(2)在移动终端上安装豌豆荚软件后,计算机与移动终端实现同步,豌豆荚软件主界面如图 5-3-16 所示。

图 5-3-15 打开移动终端电源开关

图 5-3-16 实现同步后的豌豆荚软件主界面

4. 查看数据

(1)在移动终端显示屏上点击按钮,如图 5-3-17 所示。

图 5-3-17 移动终端桌面

（2）在打开的列表中点击“Ethernet”选项，如图 5-3-18 所示。

（3）在打开的列表中选择“Ethernet configuration”选项，如图 5-3-19 所示。

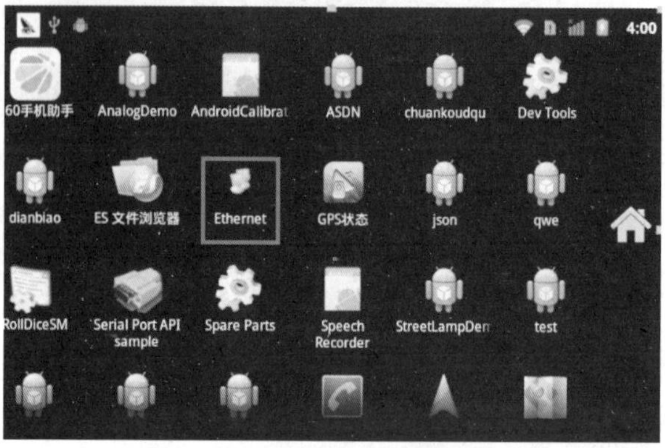

图 5-3-18　“Ethernet”选项

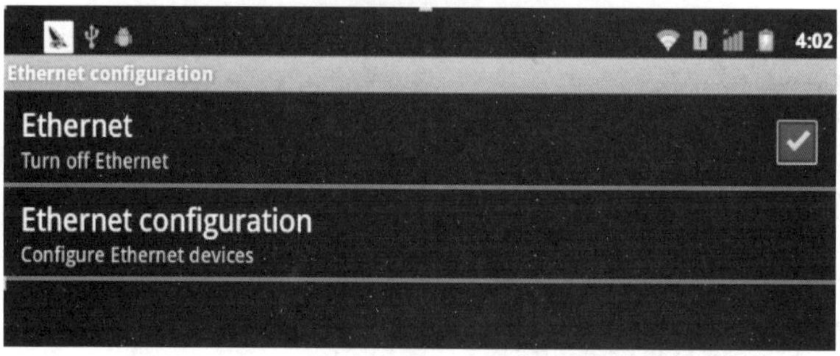

图 5-3-19　“Ethernet configuration”选项

（4）在打开的界面中设置移动终端的 IP 地址、子网掩码、网关地址等参数，使其与无线路由器连接起来，移动终端的名称与它的 IP 地址相同，设置完成后点击【Save】按钮完成设置，如图 5-3-20 和图 5-3-21 所示。

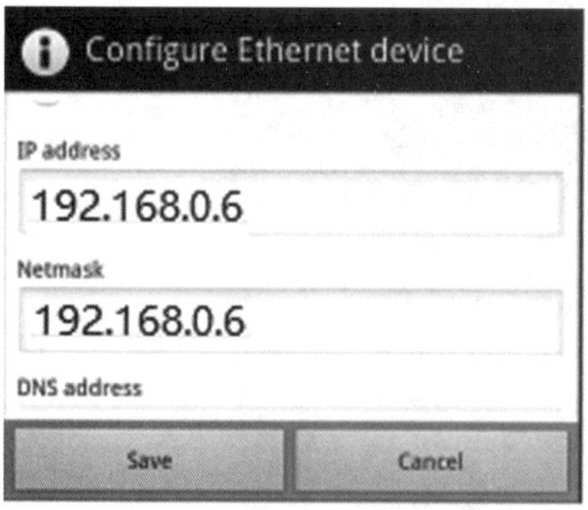

图 5-3-20　设置 IP 和名称

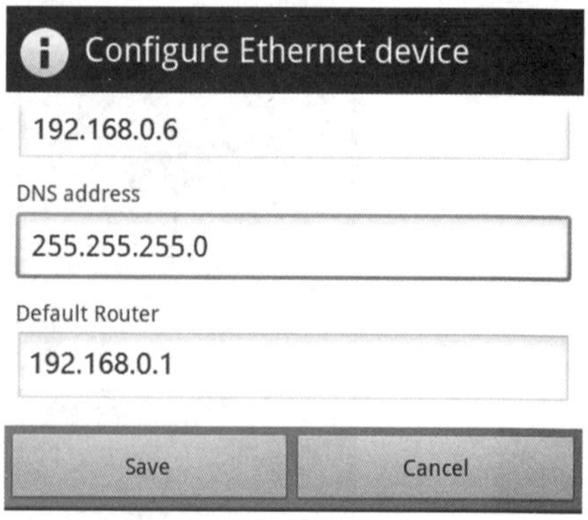

图 5-3-21　设置子网掩码和网关

(5)按下移动终端上的【BACK】按钮回到上层界面,如图5-3-22所示。

图5-3-22 【BACK】按钮

(6)回到程序列表后,单击“智慧社区”图标,打开数据查看软件,如图5-3-23所示。

(7)进入“智慧社区”软件主界面后,单击【系统设置】按钮,如图5-3-24所示。

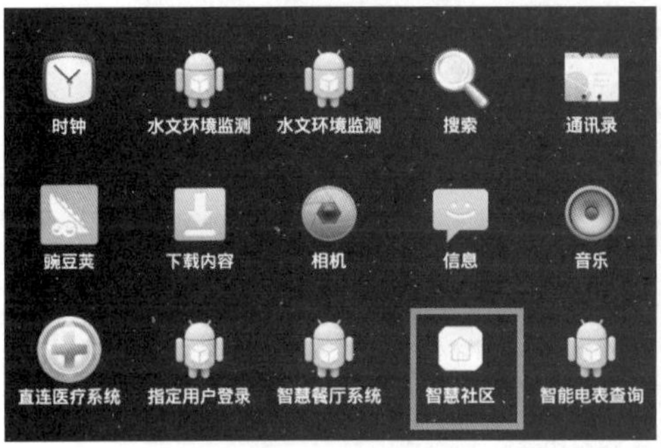

图5-3-23 程序列表

图5-3-24 “智慧社区”主界面

(8)设置服务器IP和端口,完成后按下【BACK】键回到主界面,如图5-3-25所示。

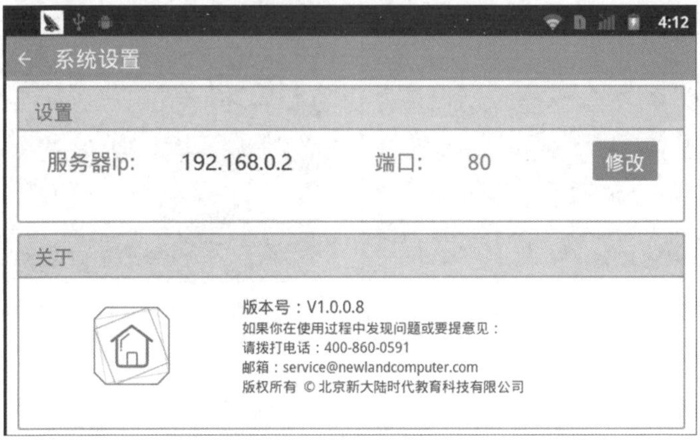

图5-3-25 设置服务器IP和端口

(9)在主界面上点击【环境气象】按钮,查看当前环境参数,如图5-3-26所示。

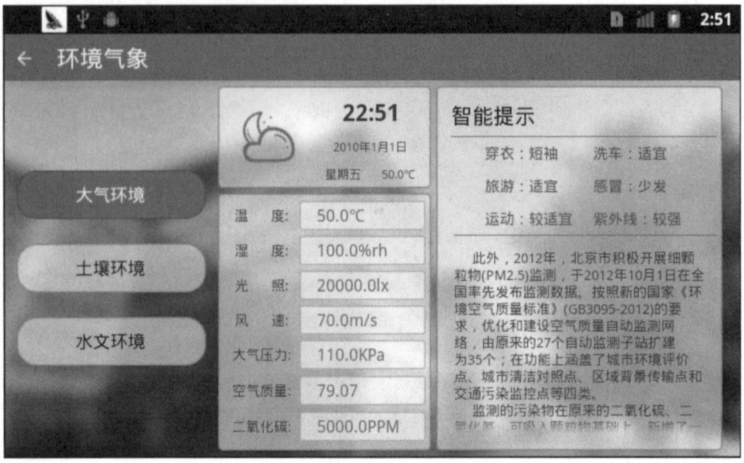

图 5-3-26　查看环境参数

(四)系统调试(使用物业端展示软件)

1. 打开展示程序

打开“...\资源包\项目 5 资源包\项目 5 展示程序”，双击 ICS.Lamp 进入物业端展示软件的主界面，如图 5-3-27 所示。

图 5-3-27　软件主界面

图 5-3-28　获取数据

2. 获取数据

点击【获取】按钮，将获取室内温湿度、空气质量等数据，如图 5-3-28 所示。

3. 故障处理

如果不能正确控制温湿度，请再检测硬件系统；如果确认硬件连接正确，请检查软件设置；如果串口无法打开，请检查串口是否被占用，控制软件中串口默认使用 COM1。

知识链接

1. 移动终端概念

移动终端(也称移动通信终端)是指可在移动条件下使用的计算机或具有计算机属性的设备,主要包括手机、笔记本电脑、平板电脑及车载电脑等,可用于通话、拍照、听音乐、玩游戏,也可实现定位、信息处理、指纹扫描、身份证扫描、条码扫描、RFID扫描、IC卡扫描及酒精含量检测等,成为人们生产生活中必备的工具。

2. PDA

PDA(Personal Digital Assistant),又称掌上电脑,最初用于个人信息管理,代替纸笔帮助人们完成日程安排、通讯录完善、任务安排和便笺记录等日常管理,现在已成为人们在移动中工作、学习、娱乐的工具。PDA可分为工业级PDA和消费品PDA。工业级PDA主要有条码扫描器、RFID读写器、POS机等,消费品PDA包括智能手机、平板电脑、手持游戏机等。

3. 智能手机

智能手机(Smartphone)像个人电脑一样具有独立的操作系统,可以由用户自行安装办公软件、游戏等第三方服务商提供的程序,能不断地扩充功能,可通过移动通信网络实现无线网络接入。

4. 笔记本电脑

较早出现的移动终端设备,与其他移动设备相比,存在价格较贵、携带欠便捷、电池使用时间较短的问题,但数据处理能力优势明显,支持对系统要求较高的复杂的计算机辅助学习和应用。

5. 移动互联终端NLE-KEY-B01

NLE-KEY-B01物联网基础开发移动互联终端是新大陆推出的用于中高职学校物联网教学的综合实验平台,采用Android操作系统,配置ARM Cortex—A8S5PV210核心CPU、内存达到1GB,并且板载丰富的主流物联网应用接口,包括3G通信、GPS、蓝牙、ZigBee、RFID等。它可配合相关应用软件及硬件的周边插件,实现数字家庭、智能家居、微型传感器、无线传感应用及GPS综合应用等教学,可作为计算机、电子、通信、软件等专业嵌入式开发相关课程的教学设备。产品外观如图5-3-29所示。

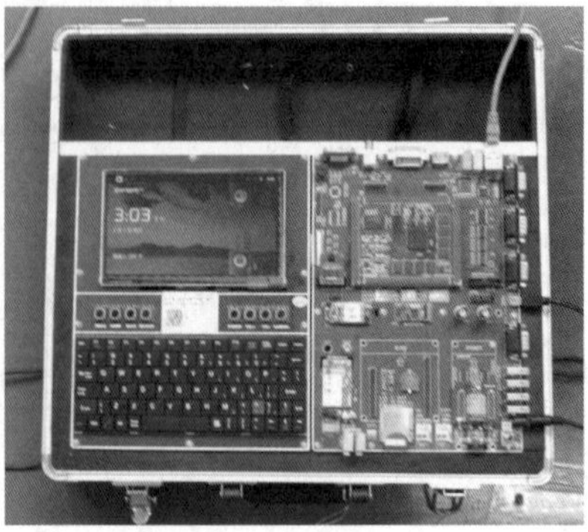

图 5-3-29　NLE-KEY-B01 物联网基础开发移动互联终端的外观图

学习评价

室内温湿度采集系统的调试，主要是熟悉系统、实现功能的过程，学习评价如表5-3-2所示。

表 5-3-2　学习评价表

评价内容	评价标准	分值	学生自评	小组互评	老师评估
素质评价（20%）	(1)养成规范操作习惯	5			
	(2)增强节约用电、安全用电意识	5			
	(3)养成团队互助、分工协作习惯	5			
	(4)提升信息素养	5			
知识评价（40%）	(1)能描述系统安装成功与否的判断标准	10			
	(2)能描述移动终端的调试过程	10			
	(3)能描述展示软件的使用步骤	10			
	(4)能描述室内温湿度采集系统结构	10			
能力评价（40%）	(1)正确对照线路连接图与实物检查系统接线	5			
	(2)正确使用计算机调试系统	5			
	(3)正确使用移动终端调试系统	10			
	(4)正确使用展示软件调试系统	10			

续表

评价内容	评价标准	分值	学生自评	小组互评	老师评估
	(5)及时解决系统调试过程中遇到的问题	10			
合计		100			
学习体会:					

理一理

常见故障现象及排查方法

现象:能接收到数据,但是数值不正确。

原因分析:传感器通道连接不正确,或者模拟采集器未正确设置。

排查方法:

(1)检查连线是否连接正确。

(2)检查通道是否连接正确。

(3)检查模拟采集器通道量程是否设置正确。

【学习总结】

通过室内温湿度采集系统的安装,我们对智能家居有了初步的认识,学会了Visio软件的使用,了解了系统的组成结构,理解了相关设备的性能参数、质量判定方法,熟悉了系统安装施工的基本流程和操作规范。

【学习拓展】

智能家居是以住宅为平台,利用综合布线技术、网络通信技术、安全防范技术、自动控制技术、音视频技术将家居生活有关的设施集成,构建高效的住宅设施与家庭日程事务的管理系统,提升家居安全性、便利性、舒适性、艺术性,并实现环保节能的居住环境。

《物联网的十三五规划(2016—2020年)》中“重点领域应用示范工程”之“智能家居”提到:面向公众对家居安全性、舒适性、功能多样性等需求,开展智能养老、远程医疗和健康管理、儿童看护、家庭安防、水、电、气智能计量、家庭空气净化、家电智能控制、家务机器人等应用，提升人民生活质量。通过示范对底层通信技术、设备互联及应用交互等方面进行规范，促进不同厂家产品的互通性，带动智能家居技术和产品整体突破。

智能家居企业为向最终用户提供终端产品、解决方案和设备管理控制平台的企业。智能家居产业链上游主要是芯片、传感器等元器件供应商，以及通信模块和智能控制器等中间件供应商。下游对接C端用户及房地产、家装公司等B端客户。

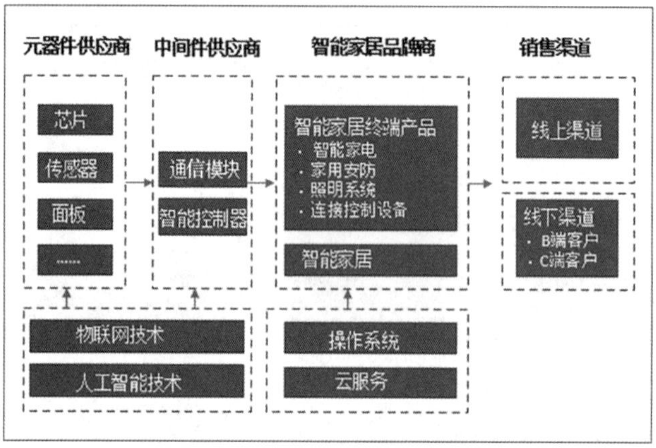

图5-3-30　智能家居产业链

智能家居是在互联网影响之下物联化的体现。智能家居通过物联网技术将家中的各种设备（如音视频设备、照明系统、窗帘控制、空调控制、安防系统、数字影院系统、影音服务器、影柜系统、网络家电等）连接到一起，提供家电控制、照明控制、电话远程控制、室内外遥控、防盗报警、环境监测、暖通控制、红外转发以及可编程定时控制等多种功能和手段。

图5-3-31　智能家居设备

2019年全球消费者在智能家居相关设备上的支出为520亿美元；2020年全球消费者在智能家居相关设备上的支出为440亿美元，较2019年减少80亿美元；预计2021年全球消费者在智能家居相关设备上的支出增长到620亿美元；2025年全球消费者在智能家居相关设备上的支出增长到880亿美元。（详见中商产业研究院发布的《2020年中国智能家居产业园市场前景及投资研究报告》）

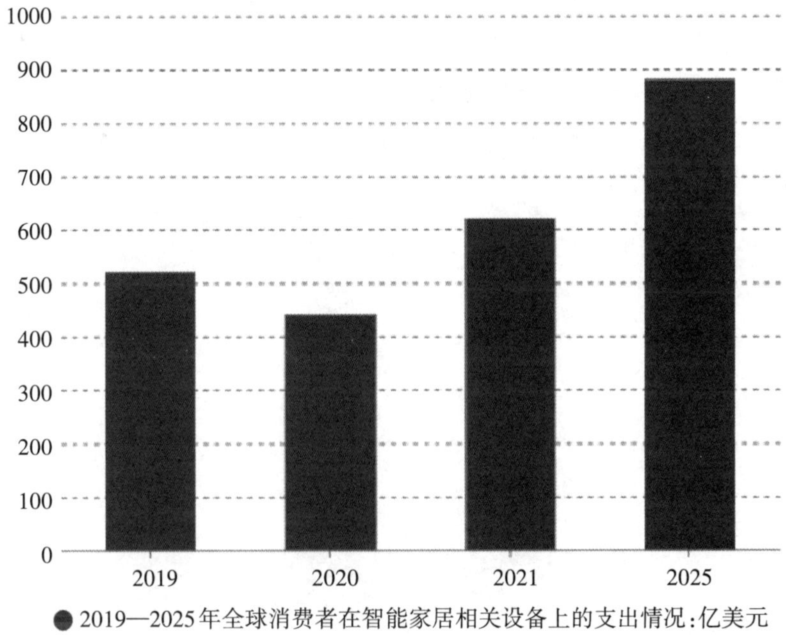

图5-3-32 2019—2025年全球消费者在智能家居相关设备上的支出情况

1. 智能电视

电视接入网络后，提供IE浏览器、全高清3D游戏体验、视频通话、家庭KTV及教育在线等娱乐资讯及学习资源，支持组织与个人、专业与业余软件爱好者自主开发、共同分享数以万计的实用功能软件。打造内容加载化、应用开放化、安装个性化的系统平台。

2. 智能空调

具有自动识别、自动调节、自动控制功能的智能空调系统能根据外界气候条件变化，按照预先设定的指标，分析、判断室内温度、湿度、空气清洁度等信号，及时自动打开制冷、加热、去湿及空气净化等功能。

3. 智能冰箱

能够根据环境温度自动调节、对食品进行智能化管理，调换冰箱工作模式，使食物保持最佳存储状态。使用户通过手机或电脑,随时随地了解冰箱里食物的数量、保鲜保质信息,提供用户健康食谱和营养禁忌,提醒用户定时补充食品等,甚至能实时监控库存,打电话给超市下订单,告诉用户晚餐该吃些什么,充分体现智能化与个性化。

4. 智能门锁

智能锁具是在传统机械锁基础上改进而来的,在用户安全性、识别、管理性方面更加智能化、简便化。它是门禁系统中锁门的执行部件。通常使用非机械钥匙作为用户识别ID的成熟技术,如指纹锁、虹膜识别门禁、TM卡等,广泛应用于银行、政府部门、酒店、学校宿舍、居民小区、别墅、宾馆等,具有安全性、稳定性、通用性、智能性等特点。

项目六 水文监测系统的安装与调试

周末，正在家里休息的小洪突然接到公司要求马上出差一个月的紧急通知。他担心金鱼和花草因没人照料而死掉，便拎着行李、金鱼缸和两盆花草匆匆往公司赶去。他想让同事小黄帮忙照看金鱼和花草，可犯愁的是，小黄也要出差。热心的小吴说："让我想想办法吧。为什么不在家里安装一套水文监测系统呢？水温、液位、土壤水分温湿度等信息都能时时被监测。只要设置好，还可实现自动控制……"小吴说着，掏出手机点击了一个图标，水文监测系统的实时监控画面立即展现在大家面前。如果小洪家里有这样一套系统，问题不就迎刃而解了吗？

本项目将通过水文监测系统连接图的识读、绘制、系统的安装和调试等步骤，让大家认识水文监测系统并实现水文监测功能，以使我们更加深入地理解物联网技术在智能水文监测方面的应用。

目标类型	目标要求
素质目标 （含思政）	(1)增强珍爱生命意识 (2)养成规范操作习惯 (3)提升团结互助能力 (4)提升信息素养
知识目标	(1)理解水文监测系统的工作原理 (2)掌握水文监测系统设备的性能参数 (3)掌握水文监测系统安装、调试基本方法和步骤 (4)理解物联网技术在水文监测系统中的应用
能力目标	(1)能正确选择水文监测系统的设备 (2)能正确识读和绘制水文监测系统连线图 (3)能正确安装和调试水文监测系统 (4)能排除水文监测系统的典型故障

任务一　水文监测系统安装前的准备

学习情境

水文监测系统是一个结构复杂的由多种设备组成的智能系统。我们要能识读和绘制系统布局连线图，了解系统所需要的设备和材料，认识和熟悉水温传感器、液位变送器、土壤水分温度传感器、ZigBee模拟量通信模块、ZigBee协调器、无线路由器、计算机、移动终端等设备，了解它们在系统中的作用。本任务将绘制系统连线图，并通过分析系统连线图熟悉系统的组成和功能。

学习导航

本任务学习流程如图6-1-1所示。

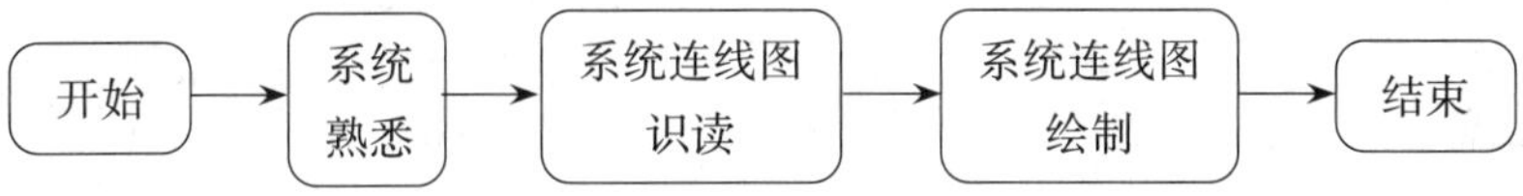

图6-1-1　学习流程图

学习探究

一、学习准备

完成水文监测系统连线需要准备相应的资源，具体情况见表6-1-1所示。

表6-1-1　学习准备

序号	类型	资源
1	图纸	系统连线图
2	软件	Visio软件

二、操作步骤

(一)识读系统连线图

水文监测系统连线图,如图 6-1-2 所示。

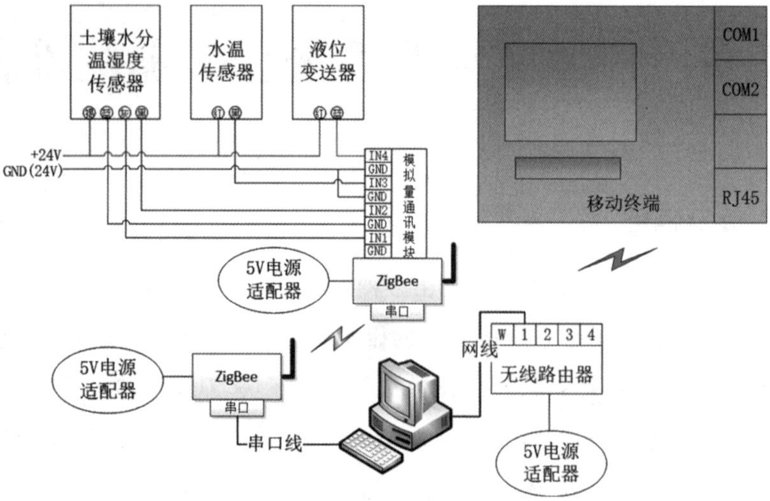

图 6-1-2　水文监测系统连线图

(二)用 Visio 软件绘制系统连线图

经过前几个项目的学习,我们对 Visio 软件及其基本操作有了一定的认识。请根据图 6-1-2 水文监测系统连线图,完成表 6-1-2,同时完成系统连线图的绘制。

表 6-1-2　水文监测系统连线图绘制流程

步骤	主要任务	相关操作

学习评价

水文监测系统安装前的准备,主要是熟悉系统、设备、连线图等的过程,学习评价如表 6-1-3 所示。

表6-1-3 学习评价表

评价内容	评价标准	分值	学生自评	小组互评	老师评估
素质评价（20%）	（1）树立6S规范意识	6			
	（2）提升团队互助精神	7			
	（3）提升信息素养	7			
知识评价（40%）	（1）能描述水文监测系统的系统结构	10			
	（2）能描述水文监测系统所需的设备	10			
	（3）能描述Visio软件常用操作	10			
	（4）能描述系统连线图各形状布局的好坏	10			
能力评价（40%）	（1）正确识读水文监测系统连线图	10			
	（2）正确设计水文监测系统连线图绘制步骤	10			
	（3）正确调用或绘制相关设备的形状	10			
	（4）合理布局设备和正确选择连接线，绘制系统连线图	10			
合计		100			
学习体会：					

练一练

1.小组讨论图6-1-2的布局和布线是否最佳并说明理由；如果不是最佳，请动手重新绘制一遍。

2.查找相关资料，使用Visio软件绘制水文监测系统的拓扑结构图。

任务二　水文监测系统的安装

学习情境

熟悉系统的结构和连线后，我们将进行系统的安装。将水温传感器、液位变送器、土壤水分温湿度传感器、ZigBee模拟量通信模块、ZigBee协调器、无线路由器、计算机、移动终端等设备，按照系统布局连线图的要求，正确地安装到网孔板上，并设计设备布局，按照相关工艺要求利用导线将它们科学规范地连接起来，最后做好线路检查、绑扎和整形等工作，完成水文监测系统的安装。

学习导航

本任务学习流程如图6-2-1所示。

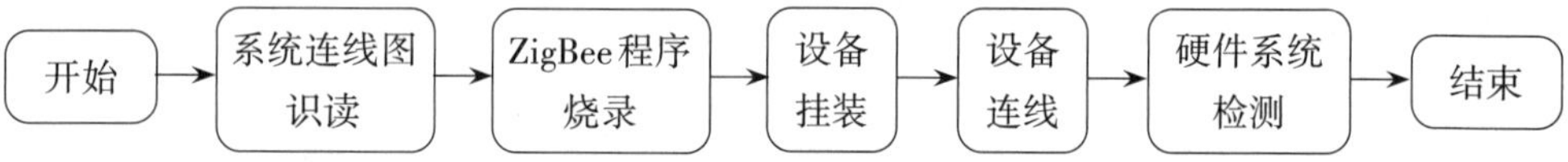

图6-2-1　学习流程图

学习探究

一、学习准备

完成水文监控系统的安装需要准备相应的资源，具体情况如表6-2-1所示。

表6-2-1　学习准备

序号	类型	资源
1	图纸	水文监测系统连线图
2	工具	螺丝刀、剥线钳等

续表

序号	类型	资源
3	器材	网孔板、透明板、水温传感器、液位变送器、土壤水分温湿度传感器、ZigBee模拟量通信模块、ZigBee协调器、无线路由器、计算机、移动终端、DB9串口公母线、导线、螺丝、绝缘胶带、尼龙扎带等

二、操作步骤

(一)ZigBee程序烧录和参数设置

ZigBee模拟量通信模块和ZigBee协调器在安装前,需要先烧录程序并设置参数,具体方法请查阅项目三之任务二(ZigBee模拟量通信模块烧录程序为Sensor Route.hex; ZigBee协调器烧录程序为Collector.hex。)

(二)系统连线图识读

需要识读的系统连线图如图6-1-2所示。系统布局图需自行设计。

(三)设备挂装

1. 设备布局

整体要求:

(1)设备布局紧凑。

(2)设备安装位置与信号走向基本一致。

(3)设备安装牢固。

(4)物品摆放位置合理。

2. 设备安装

(1)将无线路由器用尼龙扎带固定在网孔板上,如图6-2-2所示。

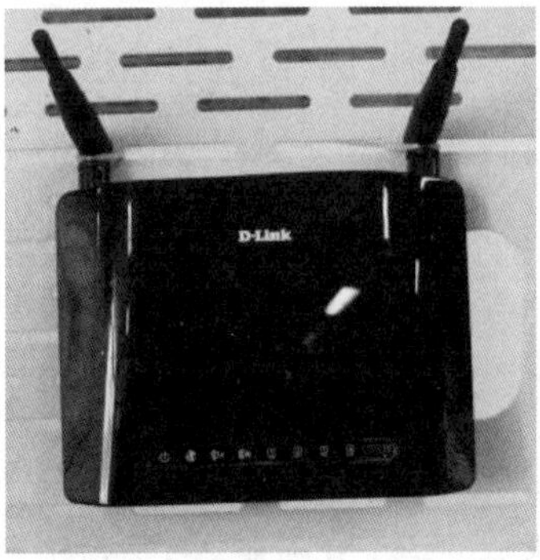

图6-2-2 安装无线路由器

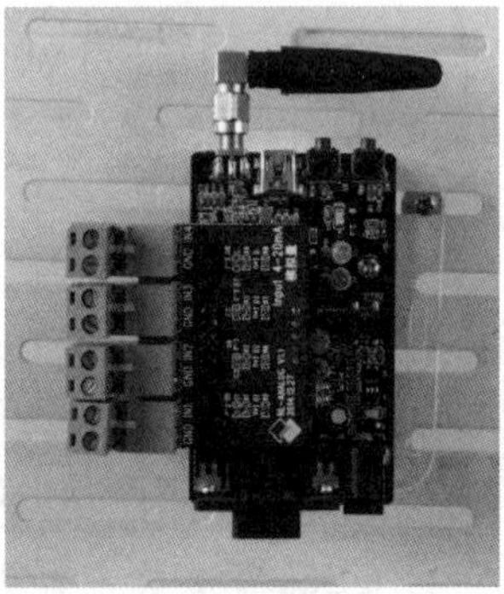

图6-2-3 安装ZigBee模拟量通信模块

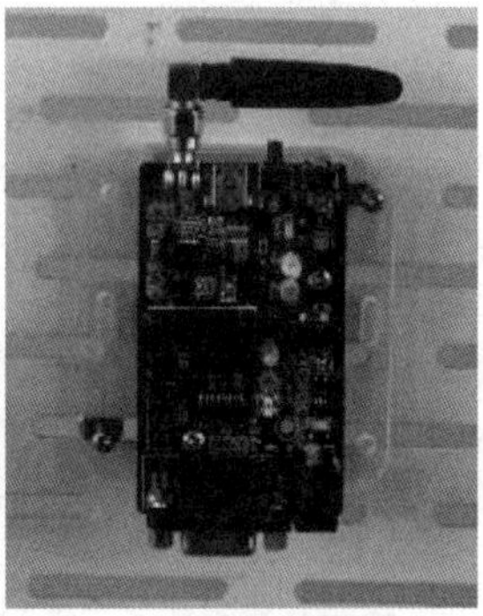

图6-2-4 安装ZigBee协调器

(2)将ZigBee模拟量通信模块和ZigBee协调器用螺丝固定在透明板上,再安装在网孔板上,如图6-2-3和图6-2-4所示。

(3)将水温传感器、液位变送器、土壤水分温湿度传感器放置在水箱内,如图6-2-5所示。

(4)将移动终端放置在工位台上的其他指定位置,系统布局图如图6-2-6所示。

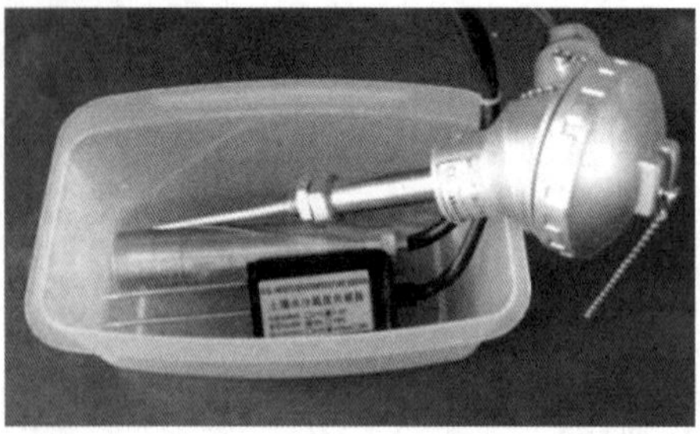

图6-2-5 将设备放置在水箱中

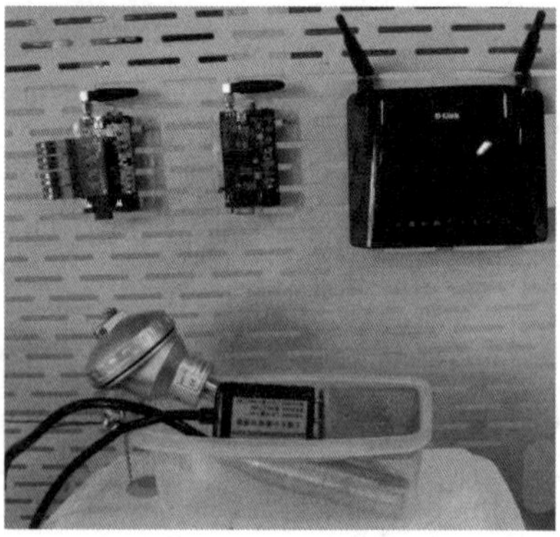

图6-2-6 系统布局图

(四)设备连线

1. 信号线连接

将土壤水分温湿度传感器的土壤温度信号(灰色引出线)用导线连接ZigBee模拟量通信模块端口IN1,土壤湿度信号(黑色引出线)用导线连接ZigBee模拟量通信模块端口IN2;将水温传感器水温输出信号(黑色引出线)用导线连接ZigBee模拟量通信模块端口IN3;将液位变送器液位输出信号(黑色引出线)用导线连接ZigBee模拟量通信模块端口IN4。

2. 电源线连接

将土壤水分温湿度传感器电源(褐色引出线)、水温传感器电源(红色引出线)、液位变送器电源(红色引出线)用导线并接,再连接+24V;将土壤水分温湿度传感器电源地(蓝色引出线)用导线连接ZigBee模拟量通信模块端口GND(与IN3配对),将ZigBee模拟量通信模块两端口GND(与IN1、IN2配对)用导线连接GND(24V)。

3. 其他类连接

将ZigBee协调器用DB9串口公母线连接计算机串口,计算机用网线连接无线路由器的LAN接口。5V适配器为ZigBee模拟量通信模块、ZigBee协调器、无线路由器供电,最终效果如图6-2-7所示。

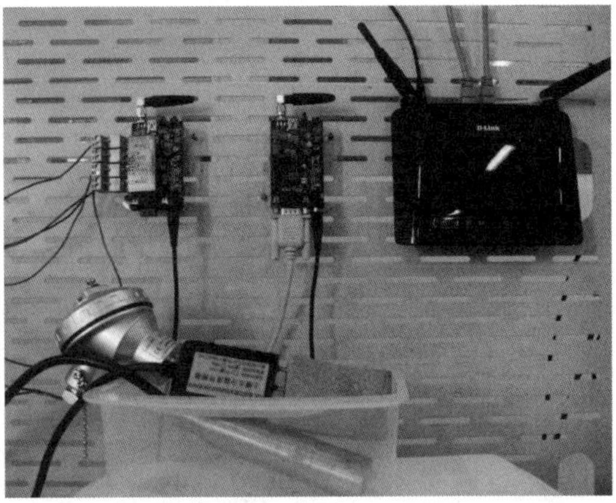

图6-2-7 系统连线效果图

(五)硬件系统检测

1. 线路再检查

(1)依据设计的安装布局图检查设备是否安装准确。

(2)依据线路连线图和实物,判断系统接线是否正确。

(3)检查设备安装是否牢固。

(4)检查导线走线是否规范。

(5)检查过程中,注意安全用电,不得打开电源,以免触电和损坏设备。

2. 连接线绑扎与整形

(1)对连接线进行绑扎,使其固定在网孔板上。

(2)对整个系统设备及连接线整形,使其规范、美观。最终效果如图6-2-8所示。

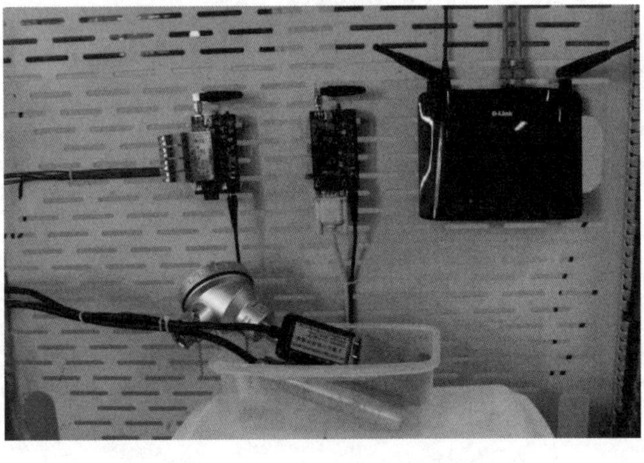

图6-2-8 系统整形效果图

知识链接

设备介绍

表 6-2-2　水文监测系统安装设备清单

序号	名称	图示	功能描述
1	水温传感器		用来测量水的温度，采用热敏电阻作为敏感元件，阻值在 275～8000 Ω 之间，温度越低，阻值越高
2	土壤水分温湿度传感器		常被称作土壤水分温度传感器，由不锈钢探针和防水探头组成，可长期埋在土壤中使用，对表层和深层土壤进行墒情定点监测和在线测量
3	液位变送器		根据不同比重的液体在不同深度产生的压力呈线性关系的原理，实现对水、油及糊状物的液位的准确测量和传送
4	ZigBee模拟量通信模块		用于采集模拟量信号，与 ZigBee 协调器配合，完成数据的无线传输
5	其他：网孔板、ZigBee 协调器、无线路由器、服务器、移动终端、DB9 串口公母线、导线、螺丝、绝缘胶带、尼龙扎带等		

学习评价

水文监控系统的安装，主要是熟悉系统、设备，完成硬件系统安装的过程，学习评价如表 6-2-3 所示。

表6-2-3 学习评价表

评价内容	评价标准	分值	学生自评	小组互评	老师评估
素质评价（20%）	(1)增强珍爱生命意识	5			
	(2)养成规范操作习惯	5			
	(3)提升团结互助精神	5			
	(4)提升信息素养	5			
知识评价（40%）	(1)能描述导线的走线规范	10			
	(2)能描述各种传感器的功能	10			
	(3)能描述ZigBee模拟量通信模块的作用	10			
	(4)能描述水文监控系统结构	10			
能力评价（40%）	(1)正确使用工具规范地安装系统	10			
	(2)正确进行设备布局、设备挂装及用各色导线进行设备连线	10			
	(3)正确使用尼龙扎带进行绑扎和规范地整形	10			
	(4)正确对照线路连接图与实物检查系统接线	10			
合计		100			
学习体会：					

想一想

对照项目三，思考ZigBee在模拟量和数字量数据采集和控制中的差异，设计一个系统，完成水温信号的采集，并根据水温高低控制风扇开关。

任务三　水文监测系统的调试

学习情境

系统安装完成后，它是不是能够正常地实现我们期望的功能呢？如果功能无法正常实现，我们应该怎样判断和解决这些问题呢？本任务将教给我们调试水文监测系统的方法，使它能够正常地实现各项功能。我们将在这个任务中学会利用工具来判断系统能否正常工作，分析常见的故障现象和解决办法，通过一系列步骤圆满地完成水温监测系统的调试。

学习导航

本任务学习流程如图6-3-1所示。

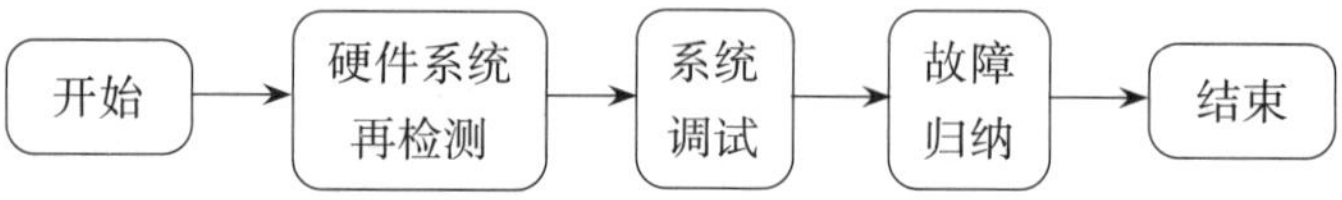

图6-3-1　学习流程图

学习探究

一、学习准备

完成水文监测系统的安装需要准备相应的资源，具体情况如表6-3-1所示。

表6-3-1　学习准备

序号	类型	资源
1	硬件	水温传感器、液位变送器、土壤水分温湿度传感器、ZigBee模拟量通信模块、ZigBee协调器、计算机、无线路由器、移动终端等
2	软件	指令测试工具、智慧社区物业端展示软件、豌豆荚软件，详见项目6资源包

二、操作步骤

（一）硬件系统再检测

1. 检查硬件系统连接是否正确。

2. 检查硬件系统安装是否规范。

3. 检查硬件系统接口连接是否牢固。

4. 在检测无误后，方可打开电源。

（二）系统调试（基于计算机）

在进行系统调试之前，我们需要按照项目四之任务三中的步骤，给计算机设置本地IP地址、设置无线路由器参数、添加数据库、发布IIS。在此基础上，我们需要设置物业端。

（1）打开“智慧社区”软件，在首页中设置服务器IP和端口号，如图6-3-2所示。

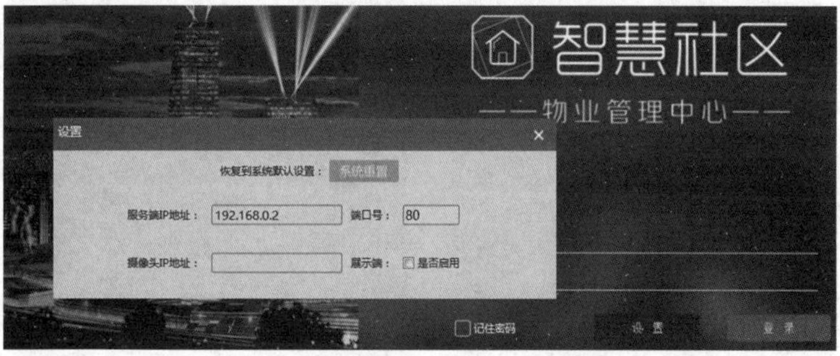

图6-3-2 设置服务器IP和端口号

（2）输入用户名和密码，点击【登录】后进入主界界。在主界面中点击【环境监测】按钮，如图6-3-3和图6-3-4所示。

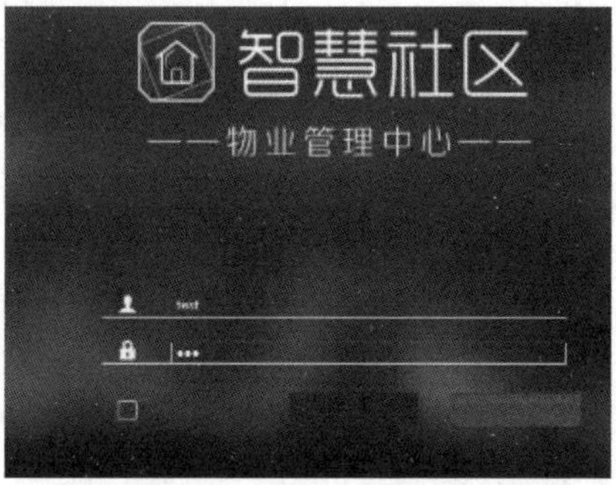

图6-3-3 输入用户名和密码

图 6-3-4　主界面

(3)通过环境监测窗口查看数据,如图 6-3-5 和图 6-3-6 所示。

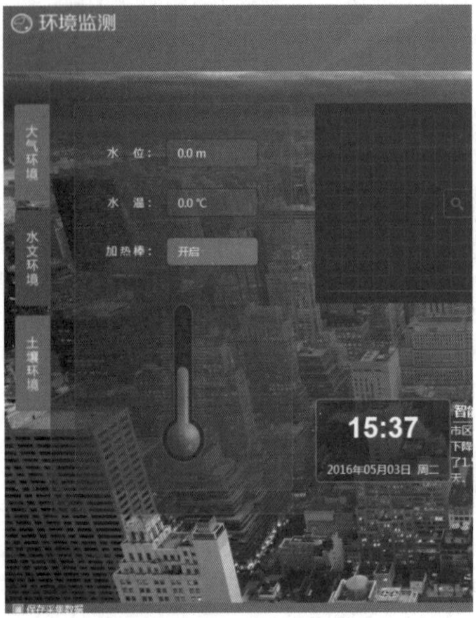

图 6-3-5　水位和水温界面

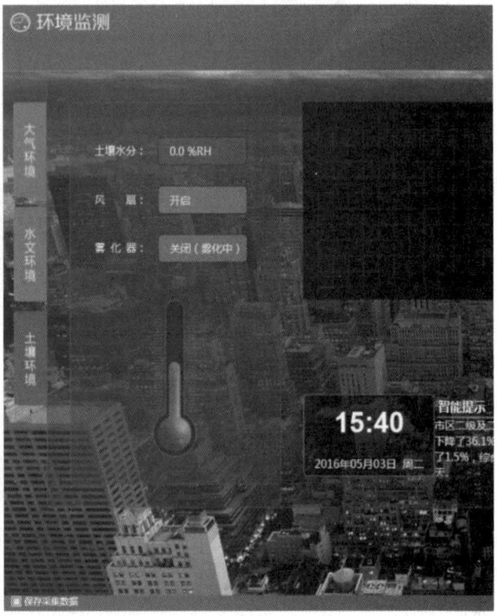

图 6-3-6　土壤水分界面

(三)系统调试(基于移动终端)

以下 3 步调试步骤与项目五之任务三相同,具体步骤详见项目五之任务三或查阅其他相关资料。

(1)在计算机上安装豌豆荚软件。

(2)线路连接。

(3)在移动终端上安装豌豆荚软件。

接下来,我们可以在软件中查看数据。

(1)在移动终端显示屏上点击▦按钮,如图 6-3-7 所示。

图 6-3-7　移动终端桌面

（2）在打开的列表中点击“Ethernet”选项，如图 6-3-8 所示。

（3）在打开的列表中选择“Ethernet configuration”选项，如图 6-3-9 所示。

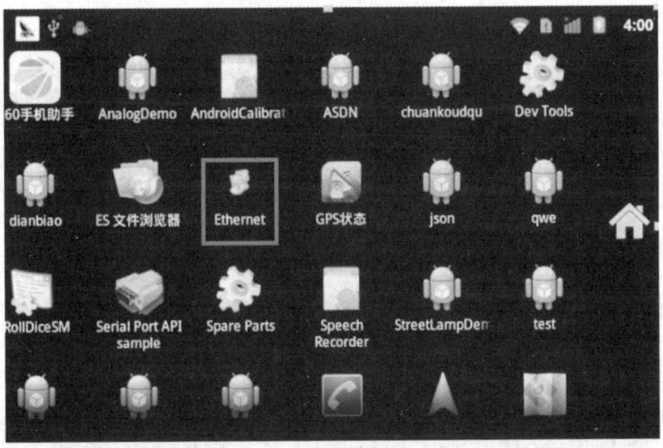

图 6-3-8　“Ethernet”选项

图 6-3-9　“Ethernet configuration”选项

（4）在打开的界面中设置移动终端的 IP 地址、子网掩码、网关地址等参数，使其与无线路由器连接起来，移动终端的名称与它的 IP 地址相同，设置完成后点击【Save】按钮，如图 6-3-10 和图 6-3-11 所示。

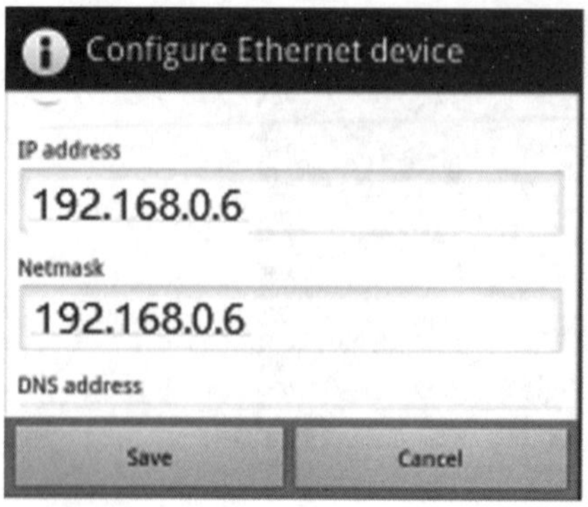

图 6-3-10　设置 IP 和名称

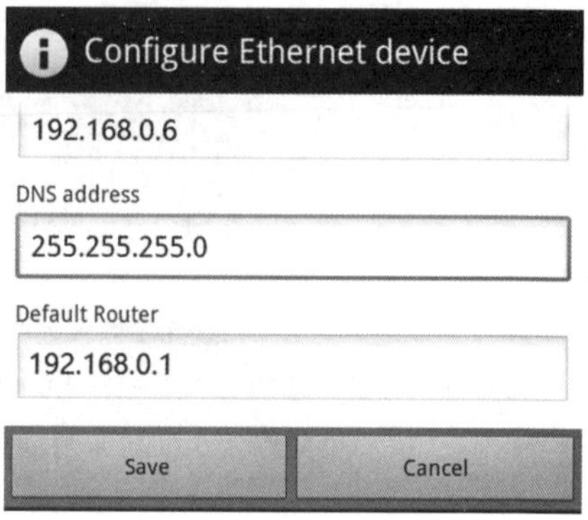

图 6-3-11　设置子网掩码和网关

（5）按下移动终端上的【BACK】按钮回到上层界面，如图 6-3-12 所示。

图 6-3-12　【BACK】按钮

（6）回到程序列表后，单击“智慧社区”图标，打开数据查看软件，如图 6-3-13 所示。

（7）进入“智慧社区”软件主界面后，单击【系统设置】按钮，如图 6-3-14 所示。

图 6-3-13　双击图标打开软件

图 6-3-14　“智慧社区”主界面

（8）设置服务器 IP 地址和端口，设置完成后，按下【BACK】键回到主界面，如图 6-3-15 所示。

图6-3-15 设置服务器IP地址和端口

(9)在主界面上选择“环境气象／土壤环境”，查看土壤水分温度传感器数据，如图6-3-16所示。

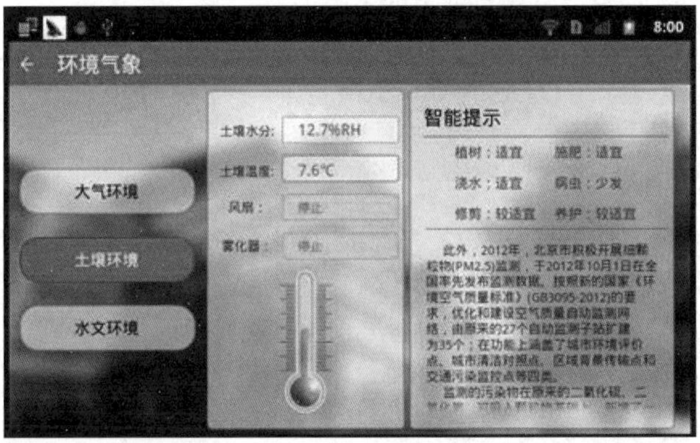

图6-3-16 土壤水分温度传感器数据

(10)点击“水文环境”选项卡，查看水温传感器和液位传感器数据，如图6-3-17所示。

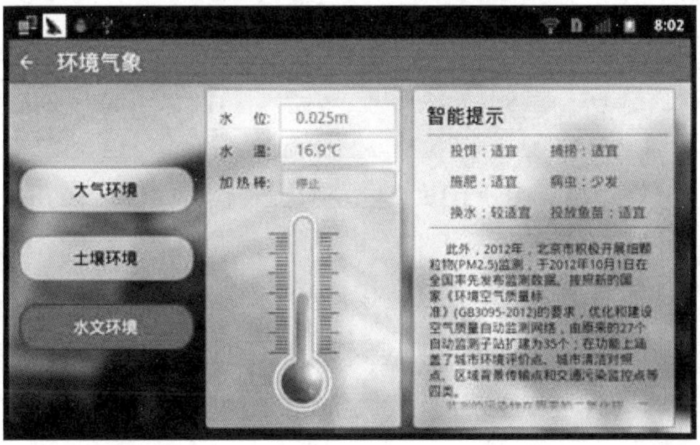

图6-3-17 水温传感器和液位传感器数据

(四)系统调试(使用串口调试工具)

1. 串口调试工具配置

打开串口调试工具 STC_ISP_V483.exe ,根据串口实际连接情况设置串口号,波特率设置为38400bps、校验位设置为None,数据位设置为8,停止位设置为1,如图6-3-18所示。

图6-3-18　串口设置

2. 串口调试

打开串口,进行调试。如果设备正常工作,接收窗口中将显示接收到的数据,如图6-3-19所示。否则,请检查组网是否成功。

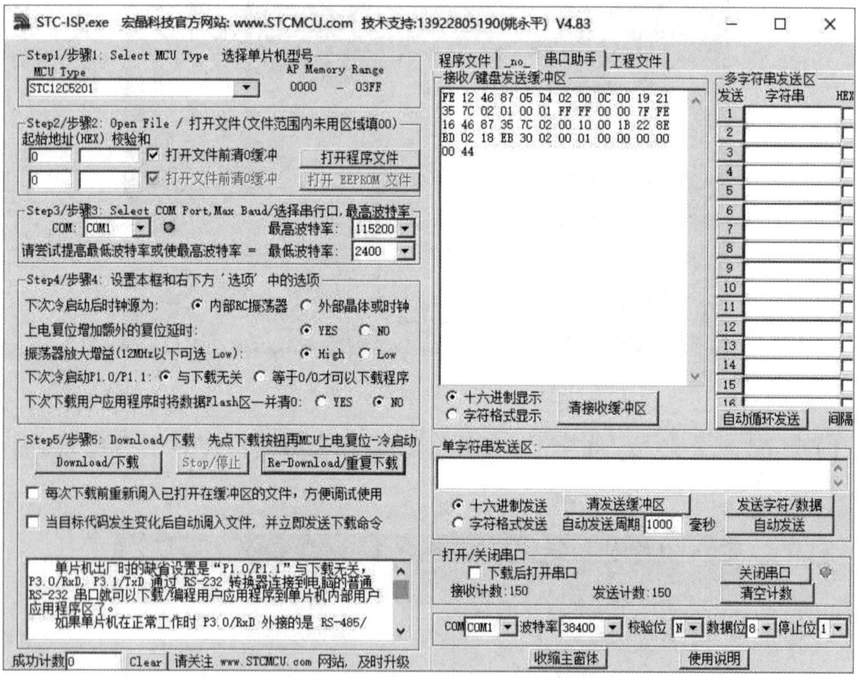

图6-3-19　串口调试后的数据

3. ZigBee组网状态检查

如果串口工具无接收数据,请检查接口和连线,并观察ZigBee模块状态。如果ZigBee模拟量通信模块的LED一直快速闪烁,则表明组网失败,请检查并确认ZigBee参数设置是否正确。注意,该系统中的ZigBee组网成功时,LED闪烁的时间间隔为1秒。

知识链接

数字万用表的使用(以UT58E为例)

1. 概述

UT58E是一种功能齐全、性能稳定、结构新颖、安全可靠、高精度的手持式41/2位手动切换量程数字万用表。数字万用表具有28个测量档位,整机电路设计以大规模集成电路,双积分A/D转换器为核心,可用于测量交、直流电压和电流、电阻、电容、频率、温度、三极管的放大倍数HFE、二极管正向压降及电路通断,具有数据保持功能。

2. 安全操作准则

请注意警告标识⚠及警告字句。警告表示对使用者构成危险、对仪表或被测设备可能造成损坏。仪表严格遵循GB 4793.11电子测量仪器安全要求以及IEC 61010安全标准进行设计和生产,符合双重绝缘、过电压标准(CAT Ⅱ 1000V、CAT Ⅲ 600V)和污染等级2的要求。

(1)使用前应检查仪表及表笔,谨防任何损坏或不正常现象。如发现任何异常情况,如表笔裸露、机壳破裂,或者您认为仪表已无法正常工作,请勿再使用仪表。

(2)表笔破损必须更换,并换上同样型号或相同电气规格的表笔。在使用表笔时,您的手指必须放在表笔手指保护环之后。

(3)不要在仪表终端及接地之间施加1000V以上的电压,以防被电击和损坏仪表。

(4)当仪表在60V直流电压或30V交流有效值电压下工作时,应多加小心,此时会有电击的危险。

(5)后盖没有盖好前严禁使用仪表,否则有被电击的危险。

(6)更换保险丝或电池时,在打开后盖前应将表笔与被测量电路断开,并关闭仪表电源。仪表长期不用时,应取出电池。

(7)必须使用同类标称规格的快速反应保险丝来更换已损坏的保险丝。

(8)应将仪表置于正确的档位进行测量,严禁在测量进行中转换档位,以防损坏仪表。

(9)不允许使用电流测试端子或在电流档位下测试电压。

(10)被测信号不允许超过规定的极限值,以防被电击和损坏仪表。

(11)请勿随意改变仪表内部接线,以免损坏仪表和危及安全。

（12）不要在高温、高湿和强电磁场环境中使用仪表，尤其不要在潮湿环境中存放仪表，受潮后仪表性能可能降低。

（13）请使用湿布和温和的清洁剂清洁仪表外壳，不要使用研磨剂。

3. 按键功能及自动关机

（1）电源开关按键中的黄色【POWER】键被按下时，仪表电源即被接通；黄色【POWER】键处于弹起状态时，仪表电源即被关闭。

（2）自动关机。仪表工作约15分钟左右，电源将自动切断，仪表进入休眠状态，此时仪表约消耗10μA的电流。当仪表自动关机后，若要重新开启电源，则需按动电源开关两次。

（3）数据保持显示。按下蓝色【HOLD】键，仪表LCD上保持显示 当前测量值，再次按一下该键则退出数据保持显示功能。

4. 显示符号

数字万用表显示符号及含义，如图6-3-20所示。

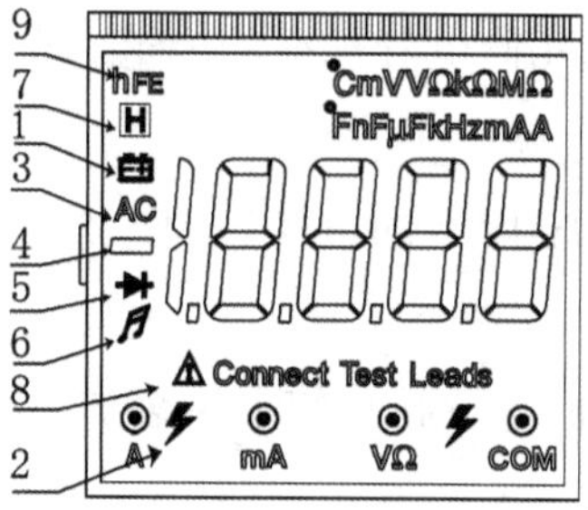

序号	符号	说明
1	🔋	电池电量不足
2	⚡	警告提示符号
3	AC	测量交流时显示，直流关闭
4	▭	显示负的极性
5	▶|	二极管测量提示符
6	♪	电路通断测量提示符
7	H	数据保持提示符
8	⚠	Connect Terminal输入端口连接提示
9	hFE	三极管放大倍数提示符
10	mV V	电压单位：毫伏、伏
	Ω kΩ MΩ	电阻单位：欧姆、千欧姆、兆欧姆
	mA A	电流单位：毫安、安培
	℃ ℉	摄氏温度、华氏温度
	kHz	频率单位：千赫兹
	nF μF	电容单位：纳法、微法

图6-3-20　数字万用表显示符号及含义

5. 测量操作说明

仪表设置有电源开关，同时具备自动关机功能，当仪表持续工作约15分钟后会自动进入睡眠状态，因此，当仪表的LCD上无显示时，首先应确认仪表是否已自动关机。开启仪表电源后，观察LCD显示屏，如出现“🔋”符号，则表明电池电力不足，为了确保测量精度，须更换电池。测量前须注意测试笔插口旁边的“⚠”符号，这是提醒您要留意测试电压和电流，不要超出指示值。

（1）直流电压测量。在测量之前，需将红表笔插入VΩ插孔，黑表笔插入COM插孔，将功能开关置于V⎓量程档，将测试表笔并联到待测电源或负载上，然后才能从显示器上读取测量结果。注意：不知被测电压范围时，请将功能开关置于最大量程，根据读数需要逐步调低测量量程档。当LCD只在最高位显示“1”时，说明已超量程，须调高量程。测量高电压时，要格外注意避免触电。每个量程档的输入阻抗均为10MΩ。在完成所有测量操作后，要断开表笔与被测电路的连接，并从表笔输入端拿掉表笔。

(2)交流电压测量。操作说明及注意事项与直流电压测量相同。

(3)直流电流测量。在测量之前，需将红表笔插入mA或20A插孔(当测量200mA以下电流时，插入mA插孔；当测量200mA及以上的电流时，插入20A插孔)，黑表笔插入COM插孔。将功能开关置A量程，并将测试表笔串联到待测负载回路中，然后才能从显示器上读取测量结果。注意：在测量前一定要切断被测电源，认真检查输入端子及量程开关位置是否正确，确认无误后，才可通电测量。不知被测电流值的范围时，应将量程开关置于高量程档，根据读数需要逐步调低量程。测量大电流时，每次测量时间应小于10秒，测量的间隔时间应大于15分钟。

(4)交流电流测量。操作说明及注意事项与直流电流测量相同。

(5)电阻测量。在测量之前，需将红表笔插入VΩ插孔，黑表笔插入COM插孔，将功能开关置于Ω量程，将测试表笔并联到待测电阻上，然后才能从显示器上读取测量结果。注意：测在线电阻时，为了避免仪表受损，须确认被测电路已关闭电源，电容放完电后，方能进行测量。当无输入时，例如开路，仪表显示为“1”。当被测电阻值大于1MΩ时，仪表在数秒后读数方能稳定。

(6)二极管和蜂鸣通断测量。在测量之前，需将红表笔插入VΩ插孔，黑色表笔插入COM插孔，将功能开关置于二极管和蜂鸣通断测量档位。如将红表笔连接到待测二极管的正极，黑表笔连接到待测二极管的负极，则LCD上的读数为二极管正向压降的近似值。如将表笔连接到待测线路的两端，若被测线路两端之间的电阻值在70Ω以下时，仪表内置蜂鸣器发声，同时LCD显示被测线路两端的电阻值。注意：如果被测二极管开路或极性接反(即黑表笔连接的电极为“+”，红表笔连接的电极为“−”)，LCD将显示“1”。用二极管档可以测量二极管及其他半导体器件PN结的电压降。为了避免仪表损坏，在线测试二极管前，应先确认电路电源已被切断，电容已放完电。

(7)晶体管参数测量。将功能/量程开关置于hFE。将多用转接插头按正确方向插入mA端子和VΩ端子，并应接触可靠。根据待测晶体管的不同型号(PNP或NPN)，正确地将基极B、发射极E、集电极C对应插入。最后，显示器上即显示出被测晶体管的hFE近似值。

6. 保养的维护

仪表只能使用湿布和少量洗涤剂清洁，切忌用化学溶剂擦拭仪表外壳。如发现仪表有任何异常，应立即停止使用，并送去维修。当需要对仪表进行校验或维修时，请将仪表交给专业维修人员或指定的维修部门维修。警告：在打开仪表后盖前，应确认仪表电源已关闭和表笔已离开被测电路（详见UT58E型数学万用表的使用数明书）。

学习评价

水文监测系统的调试，主要是熟悉系统、实现功能的过程，学习评价如表6-3-2所示。

表6-3-2　学习评价表

评价内容	评价标准	分值	学生自评	小组互评	老师评估
素质评价（20%）	(1)树立6S标准意识	5			
	(2)养成自主探究习惯	5			
	(3)提升团队互助能力	5			
	(4)提升信息素养	5			
知识评价（40%）	(1) 能描述系统安装成功与否的判断标准	10			
	(2) 能描述使用指令测试工具的调试过程	10			
	(3) 能描述配套软件的使用步骤	10			
	(4) 能正确描述调试故障的基本步骤	10			
能力评价（40%）	(1)正确对照线路连接图与实物检查系统接线	10			
	(2)正确使用指令测试工具调试系统	10			
	(3)正确使用配套软件调试系统	10			
	(4)及时解决系统调试过程中遇到的问题	10			
合计		100			
学习体会：					

理一理

常见故障现象及排查方法

现象一:ZigBee组网不成功。

原因分析:程序未正确烧录,或配置不正确。

排查方法:

(1)将ZigBee模拟量通信模块和协调器程序重新正确烧录。

(2)设置相同的网络ID和信道号。

现象二:移动终端接收不到数据。

原因分析:网络连接不正确,或配置不正确。

排查方法:

(1)检查连线是否正确,接口是否松动。

(2)检查网络配置是否正确。

(3)检查服务器服务是否开启和软件设置是否正确。

(4)检查移动终端软件设置是否正确。

(5)检查防火墙设置是否过高。

【学习总结】

通过水文监测系统的安装与调试,我们对物联网的应用有了进一步的体会,理解了相关设备的性能参数,了解了系统安装和调试过程中的相关知识,学会了安装的基本流程和操作规范,学会了调试的基本步骤,对无线数据采集有了进一步的认识,为后期学习更为复杂的系统做了铺垫。

【学习拓展】

《水文监测环境和设施保护办法》

(中华人民共和国水利部令第47号)

第一条　为了加强水文监测环境和设施保护,保障水文监测工作正常进行,根据《中华人民共和国水法》和《中华人民共和国水文条例》,制定本办法。

第二条　本办法适用于国家基本水文测站(以下简称水文测站)水文监测环境和设施的保护。

本办法所称水文监测环境，是指为确保准确监测水文信息所必需的区域构成的立体空间。

本办法所称水文监测设施，是指水文站房、水文缆道、测船、测船码头、监测场地、监测井(台)、水尺(桩)、监测标志、专用道路、仪器设备、水文通信设施以及附属设施等。

第三条　国务院水行政主管部门负责全国水文监测环境和设施保护的监督管理工作，其直属的水文机构具体负责组织实施。

国务院水行政主管部门在国家确定的重要江河、湖泊设立的流域管理机构(以下简称流域管理机构)，在所管辖范围内按照法律、行政法规和本办法规定的权限，组织实施有关水文监测环境和设施保护的监督管理工作。

省、自治区、直辖市人民政府水行政主管部门负责本行政区域内的水文监测环境和设施保护的监督管理工作，其直属的水文机构接受上级业务主管部门的指导，并在当地人民政府的领导下具体负责组织实施。

第四条　水文监测环境保护范围应当因地制宜，符合有关技术标准，一般按照以下标准划定：

(一)水文监测河段周围环境保护范围：沿河纵向以水文基本监测断面上下游各一定距离为边界，不小于五百米，不大于一千米；沿河横向以水文监测过河索道两岸固定建筑物外二十米为边界，或者根据河道管理范围确定。

(二)水文监测设施周围环境保护范围：以监测场地周围三十米、其他监测设施周围二十米为边界。

第五条　有关流域管理机构或者水行政主管部门应当根据管理权限并按照本办法第四条规定的标准拟定水文监测环境保护范围，报水文监测环境保护范围所在地县级人民政府划定，并在划定的保护范围边界设立地面标志。

第六条　禁止在水文监测环境保护范围内从事下列活动：

(一)种植树木、高秆作物，堆放物料，修建建筑物，停靠船只；

(二)取土、挖砂、采石、淘金、爆破、倾倒废弃物；

(三)在监测断面取水、排污，在过河设备、气象观测场、监测断面的上空架设线路；

(四)埋设管线，设置障碍物，设置渔具、锚锭、锚链，在水尺(桩)上拴系牲畜；

(五)网箱养殖，水生植物种植，烧荒、烧窑、熏肥；

(六)其他危害水文监测设施安全、干扰水文监测设施运行、影响水文监测结果的活动。

第七条 国家依法保护水文监测设施。任何单位和个人不得侵占、毁坏、擅自移动或者擅自使用水文监测设施,不得使用水文通信设施进行与水文监测无关的活动。

第八条 未经批准,任何单位和个人不得迁移水文测站。因重大工程建设确需迁移的,建设单位应当在建设项目立项前,报请对该水文测站有管理权限的流域管理机构或者水行政主管部门批准,所需费用由建设单位承担。

第九条 在水文测站上下游各二十公里(平原河网区上下游各十公里)河道管理范围内,新建、改建、扩建下列工程影响水文监测的,建设单位应当采取相应措施,在征得对该水文测站有管理权限的流域管理机构或者水行政主管部门同意后方可建设:

(一)水工程;

(二)桥梁、码头和其他拦河、跨河、临河建筑物、构筑物,或者铺设跨河管道、电缆;

(三)取水、排污等其他可能影响水文监测的工程。

因工程建设致使水文测站改建的,所需费用由建设单位承担,水文测站改建后应不低于原标准。

第十条 建设本办法第九条规定的工程,建设单位应当向有关流域管理机构或者水行政主管部门提出申请,并提交下列材料:

(一)在水文测站上下游建设影响水文监测工程申请书;

(二)自行或者委托有关单位编制的建设工程对水文监测影响程度的分析评价报告;

(三)补救措施和费用估算;

(四)工程施工计划;

(五)审批机关要求的其他材料。

第十一条 有关流域管理机构或者水行政主管部门对受理的在水文测站上下游建设影响水文监测工程的申请,应当依据有关法律、法规以及技术标准进行审查,自受理申请之日起二十日内作出行政许可决定。对符合下列条件的,作出同意的决定,向建设单位颁发审查同意文件:

(一)对水文监测影响程度的分析评价真实、准确;

(二)建设单位采取的措施切实可行;

(三)工程对水文监测的影响较小或者可以通过建设单位采取的措施补救。

第十二条　水文测站因不可抗力遭受破坏的,所在地人民政府和有关水行政主管部门、流域管理机构应当采取措施,组织力量修复,确保其正常运行。

第十三条　在通航河道中或者桥上进行水文监测作业时,应当依法设置警示标志,过往船只、排筏、车辆应当减速、避让。航行的船只,不得损坏水文测船、浮艇、潮位计、水位监测井(台)、水尺、过河缆道、水下电缆等水文监测设施和设备。

水文监测专用车辆、船只应当设置统一的标志。

第十四条　水文机构依法取得的无线电频率使用权和通信线路使用权受国家保护。任何单位和个人不得挤占、干扰水文机构使用的无线电频率,不得破坏水文机构使用的通信线路。

第十五条　水文监测环境和设施遭受人为破坏影响水文监测的,水文机构应当及时告知有关地方人民政府水行政主管部门。被告知的水行政主管部门应当采取措施确保水文监测正常进行;必要时,应当向本级人民政府汇报,提出处置建议。该水行政主管部门应当及时将处置情况书面告知水文机构。

第十六条　新建、改建、扩建水文测站所需用地,由对该水文测站有管理权限的流域管理机构或者水行政主管部门报请水文测站所在地县级以上人民政府土地行政主管部门,依据水文测站用地标准合理确定,依法办理用地审批手续。已有水文测站用地应当按照有关法律、法规的规定进行确权划界,办理土地使用证书。

第十七条　国家工作人员违反本办法规定,在水文监测环境和设施保护工作中玩忽职守、滥用职权的,按照法律、法规的有关规定予以处理。

第十八条　违反本办法第六条、第七条、第九条规定的,分别依照《中华人民共和国水文条例》第四十三条、第四十二条和第三十七条的规定给予处罚。

第十九条　专用水文测站的水文监测环境和设施保护可以参照本办法执行。

第二十条　本办法自2011年4月1日起施行。

项目七　简易大棚控制系统的安装与调试

小吴去年回乡村老家过年,看到爸爸妈妈建了好几个蔬菜大棚,老人家一天为大棚忙个不停,定时为蔬菜浇水,开关排风扇调节棚内温度,还要及时施肥。如果水浇多了,温度没控制好,施肥没到位,就会导致病虫害,蔬菜产量不高。因常常浇水、施肥等,老人的身体渐渐吃不消,腰背痛的毛病常犯。一系列问题时刻困扰着他们。"要是能帮爸爸妈妈解决好这些困惑就好了!"小吴想。

通过查阅资料,小吴了解到智能大棚控制技术比较成熟,已广泛应用。于是决定安装一个简易大棚控制系统,这样既能解决爸爸妈妈的蔬菜种植问题,还能带动乡亲们发家致富,为城里人提供绿色蔬菜,真是一举多得啊!本项目将完成简易大棚控制系统的安装与调试,通过模拟大棚环境系统的控制,为小吴安装大棚控制系统提供模型参考。

目标类型	目标要求
素质目标（含思政）	(1)增强用电安全和规范操作意识 (2)增强团队合作意识和团队协作能力 (3)提升信息收集、整理、分析能力 (4)树立遵循行业标准理念，服务乡村振兴
知识目标	(1)掌握简易大棚控制系统的工作原理 (2)知道采集器的工作原理 (3)理解简易大棚控制系统拓扑图、安装布局图、系统连线图 (4)掌握简易大棚控制系统安装、调试基本方法和步骤
能力目标	(1)能熟练绘制系统拓扑图 (2)能正确安装和配置串口服务器、采集器 (3)能正确安装和调试简易大棚控制系统 (4)能及时排除简易大棚控制系统典型故障

任务一 简易大棚控制系统安装前的准备

学习情境

简易大棚控制系统是由各种设备连接起来的有机整体。安装完成简易大棚控制系统，首先需要正确识读系统连线图和系统布局图，了解系统所需要的设备和材料，认识和熟悉雾化器、加热片、智能插座、光照传感器、二氧化碳变送器、485数字量采集器、485模拟量采集器、RS485/RS232转换器、无线路由器、串口服务器、计算机、移动终端等设备的功能，明确它们在系统中的用途和安装位置。

为此，我们通过绘制简易大棚控制系统拓扑图，增强对系统的认识和理解，做好系统安装前的准备。

学习导航

本任务学习流程如图7-1-1所示。

图7-1-1 学习流程图

学习探究

一、学习准备

完成模拟量采集器的安装和设置需要准备相应的资源，具体情况如表7-1-1所示。

表 7-1-1　学习准备

序号	类型	资源
1	图纸	系统连线图
2	软件	Visio 软件

二、操作步骤

(一)识读简易大棚控制系统拓扑图

简易大棚控制系统拓扑图,如图 7-1-2 所示。

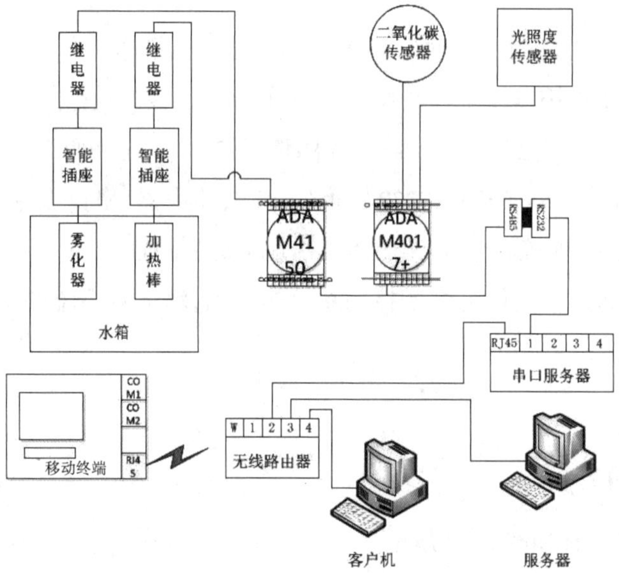

图 7-1-2　简易大棚控制系统拓扑图

(二)用 Visio 软件绘制系统拓扑图

请根据“...\资源包\项目 7 资源包\项目 7 Visio”文件夹中的模具和图 7-1-2 简易大棚控制系统拓扑图,完成表 7-1-2,同时完成系统拓扑图的绘制。

表 7-1-2　简易大棚控制系统拓扑图绘制流程

步骤	主要任务	相关操作

知识链接

1. 拓扑图

拓扑图,也就是拓扑结构图,它指由网络节点设备和通信介质构成的网络结构图,定义了各种计算机、打印机、网络设备和其他设备的连接方式,描述了线缆和网络设备的布局以及数据传输时所采用的路径。网络拓扑包括物理拓扑和逻辑拓扑。物理拓扑是指物理结构上各种设备和传输介质的布局。物理拓扑通常有总线型、星型、环型、树型、网状型五种。

2. 连线(接线)图

连线(接线)图是展示设备或装置的电路连接关系的简图。

3. 功能结构图

功能结构图就是按照功能的从属关系画成的图表,图中的每一个框都称为一个功能模块。功能模块可以根据具体情况分解大一点或小一点。最小的功能模块可以是一个程序中的每个处理过程,而较大的功能模块则可能是完成某一个任务的一组程序。

功能结构图是对硬件、软件、解决方案等进行解剖的结构图,能通过从大到小、从粗到细、从上到下的方式详细描述功能列表的结构、构成。从概念上讲,上层功能包括(或控制)下层功能,愈上层功能愈笼统,愈下层功能愈具体。功能分解的过程就是一个由抽象到具体、由复杂到简单的过程。

4. 信号流程图

信号流程图是对控制系统中信号的传递和变换关系的一种图解描述,是描述系统变量间关系的数学方程的图形表示。

5. 工位布局图

在工业应用中,尤其是一线作业流水线上,各工位对设备、工具和人员的安排有严格的规定和规范,常以工位布局的形式反映内在联系。在一般项目中,我们常用工位布局图来确定系统设备的相对位置。

学习评价

简易大棚控制系统安装前的准备,主要是熟悉系统图、了解设备安装与配置的过程,学习评价如表 7-1-2 所示。

表 7-1-2　学习评价表

评价内容	评价标准	分值	学生自评	小组互评	老师评估
素质评价（20%）	(1)树立6S规范意识	5			
	(2)具备团队协作精神	5			
	(3)提升信息素养	5			
	(4)增强创新发展能力	5			
知识评价（40%）	(1)指导串口服务器的功能	10			
	(2)能描述智能插座的功能	10			
	(3)能描述各类图纸的功能及差异	10			
	(4)能描述图纸绘制流程	10			
能力评价（40%）	(1)正确识读简易大棚控制系统拓扑图	10			
	(2)正确设计简易大棚控制系统拓扑图绘制步骤	10			
	(3)正确调用或绘制相关设备的形状	10			
	(4)正确布局设备和选择连接线，绘制系统连线图	10			
合计		100			
学习体会：					

练一练

利用互联网搜索相关资料，使用Visio软件绘制上述各类图纸。

任务二 简易大棚控制系统的安装

学习情境

完成系统安装前的准备工作后，下一步就开始系统的安装了。这是最重要的阶段，我们需要将智能插座、二氧化碳变送器、光照传感器、串口服务器等设备按照系统连线图的要求安装到网孔操作面板上，并设计设备布局和按照相关工艺要求利用导线将它们科学规范地连接起来，做好线路检查、绑扎和整形，最终完成简易大棚控制系统的安装。

期待我们的优异表现！开始吧。

学习导航

本任务学习流程如图 7-2-1 所示。

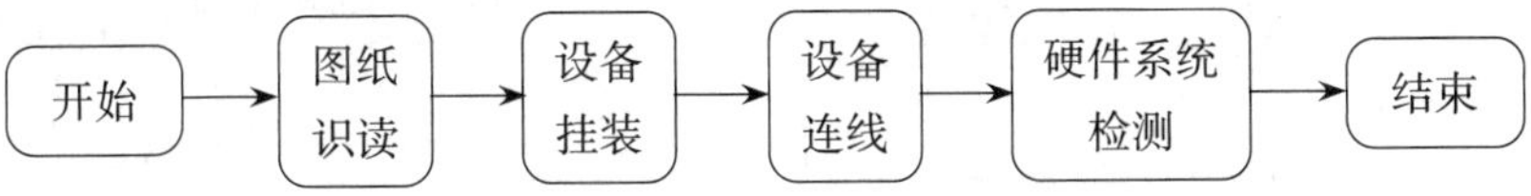

图 7-2-1 学习流程图

学习探究

一、学习准备

完成简易大棚控制系统的安装需要准备相应的资源，具体情况如表 7-2-1 所示。

表7-2-1　学习准备

序号	类型	资源
1	图纸	系统布局图、系统拓扑图、系统连线图
2	工具	螺丝刀、剥线钳等
3	器材	网孔板、雾化器、加热片、智能插座(2个)、光照传感器、二氧化碳变送器、485数字量采集器、485模拟量采集器、RS485/RS232转换器、无线路由器、串口服务器、计算机、移动终端、DB9串口公母线、导线、螺丝、绝缘胶带、尼龙扎带等

二、操作步骤

(一)图纸识读

在进行安装之前,先识读系统布局图、系统拓扑图和系统连线图,熟悉系统的硬件组成和布局布线情况,如图7-1-2、图7-2-2和图7-2-3所示。

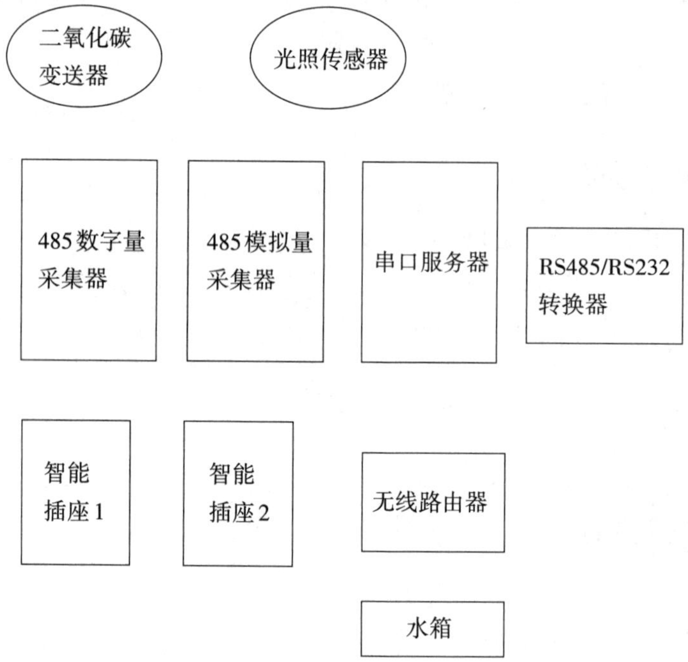

图7-2-2　简易大棚控制系统布局图

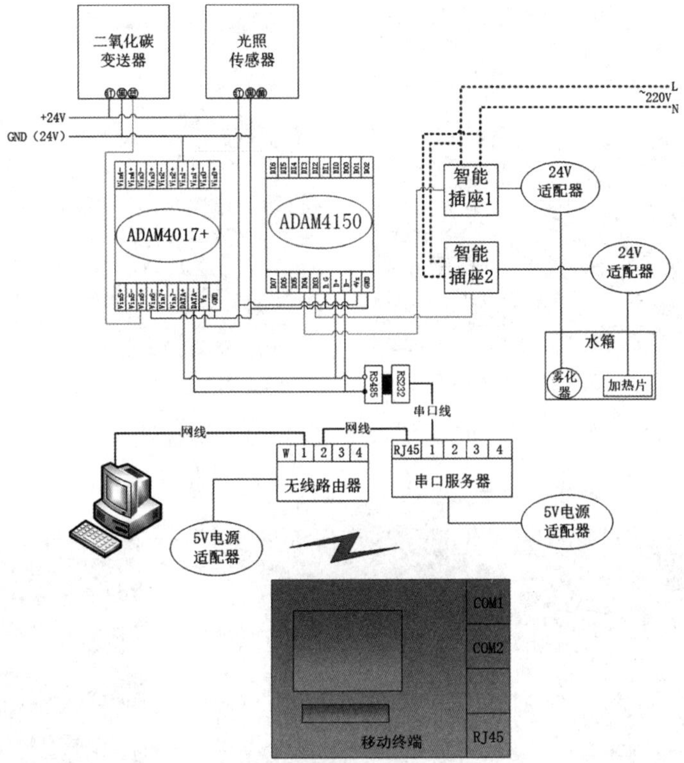

图 7-2-3　简易大棚控制系统连线图

(二)设备挂装

1. 设备布局

整体要求：

(1)设备布局紧凑。

(2)设备安装位置与信号走向基本一致。

(3)设备安装牢固。

2. 设备安装

(1)将二氧化碳变送器、光照传感器用螺丝固定在网孔板上，如图 7-2-4 和图 7-2-5 所示。

图 7-2-4　安装二氧化碳变送器

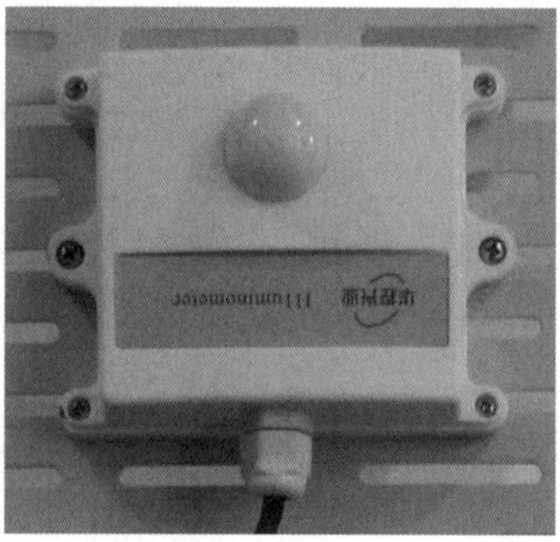

图 7-2-5　安装光照传感器

(2)将485数字量采集器、485模拟量采集器、串口服务器用螺丝固定在网孔板上，如图7-2-6～图7-2-8所示。

图 7-2-6　安装485数字量采集器

图 7-2-7　安装485模拟量采集器

图 7-2-8　安装串口服务器

(3)将两个智能插座用螺丝固定在网孔板上，如图7-2-9所示。

(4)将无线路由器用尼龙扎带固定在网孔板上，如图7-2-10所示。

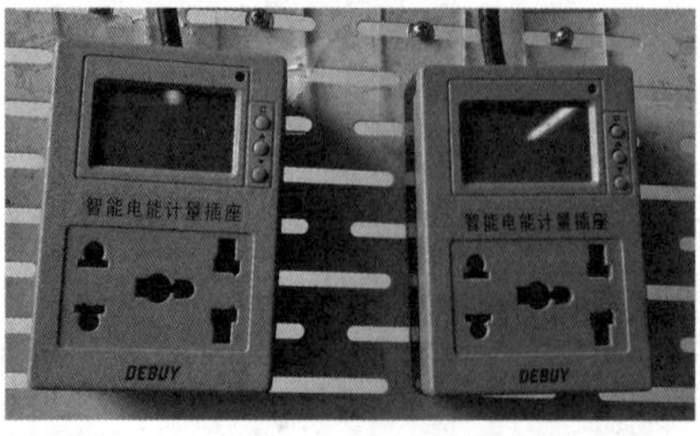

图 7-2-9 安装智能插座

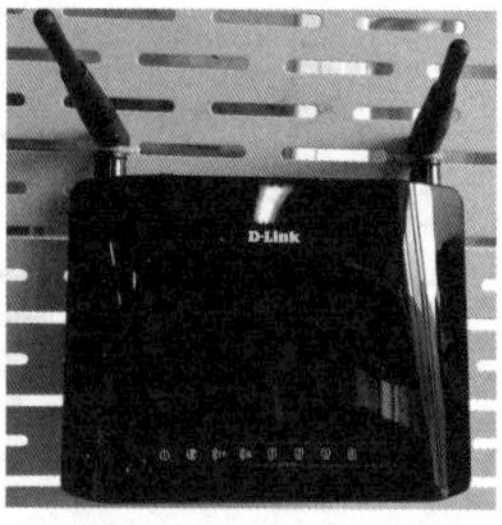

图 7-2-10 安装无线路由器

(5)将雾化器、加热片放置到盛有1/3自来水的水箱中,放置于工位台上;将雾化器和加热片的电源插头分别插入某一个智能插座中,如图7-2-11和图7-2-12所示。

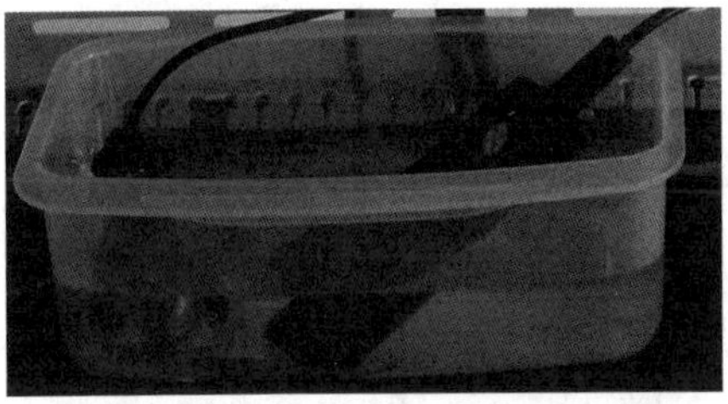

图7-2-11 在水箱中放置雾化器、加热片

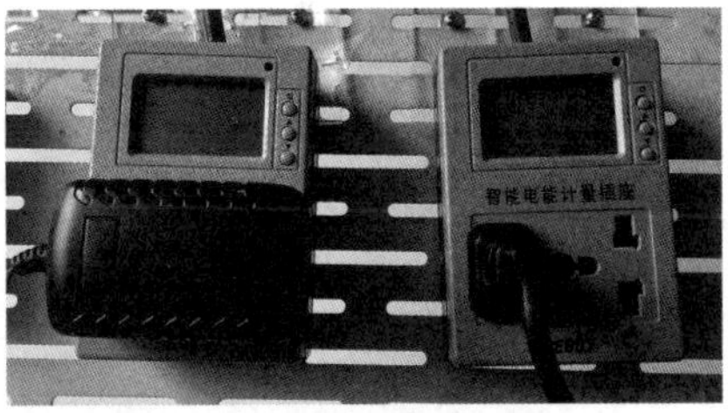

图7-2-12 连接电源与智能插座

(6)将移动终端放置在工位台上的其他指定位置,系统布局效果如图7-2-13所示。

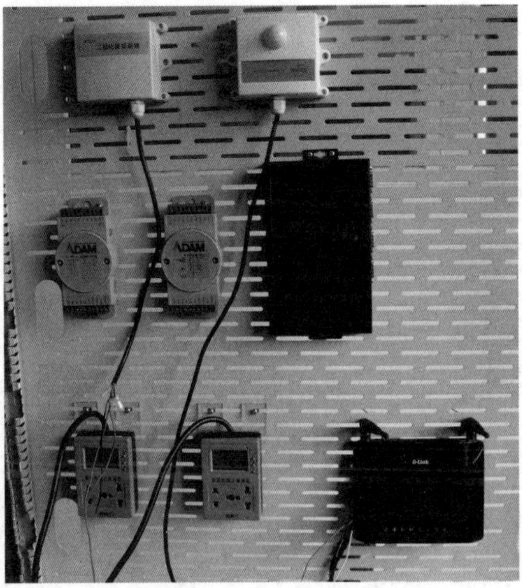

图7-2-13 系统布局效果图

(三)设备连线

1. 信号线连接

将二氧化碳变送器信号输出端(蓝色引出线)用导线连接485模拟量采集器端口Vin6+,光照传感器信号输出端(黄色引出线)用导线连接485模拟量采集器端口Vin1+;将智能插座1控制信号用导线连接485数字量采集器端口DO4,智能插座2控制信号用导线连接485数字量采集器端口DO3。

2. 电源线连接

将二氧化碳变送器电源线(红色引出线)、光照传感器电源线(红色引出线)、485模拟量采集器端口Vs、485数字量采集器端口+Vs分别用导线连接+24V;将二氧化碳变送器电源地(黑色引出线)、光照传感器电源地(黑色引出线)、485模拟量采集器端口GND、Vin1－及Vin6－,485数字量采集器端口GND和D.GND分别用导线连接GND(24V)。

智能插座直接安装在工位台上,从背后用螺丝旋入固定住。接线:正负极接入工位台背面的供电箱的继电器上,正极接端口4,负极接端口3,从继电器端口7上引出一条线,作为智能插座的信号线,具体操作参考相关资料。

3. 其他类连接

485数字量采集器端口DATA＋与485模拟量采集器端口DATA＋并联,用导线连接RS485/RS232转换器端口R＋;485数字量采集器DATA－与485模拟量采集器DATA－并联,用导线连接RS485/RS232转换器端口R－;RS485/RS232转换器插入串口服务器COM1接口或使用串口线连接;串口服务器端口RJ45用网线与无线路由器端口2连接;无线路由器端口1用网线与计算机连接,最终效果如图7-2-14所示。

图7-2-14　系统连线效果图

(四)硬件系统检测

1. 线路再检查

(1)依据安装布局图检查设备是否安装准确。

(2)依据线路连线图和实物,判断系统接线是否正确。

(3)检查设备安装是否牢固。

(4)检查导线走线是否规范。

(5)检查过程中,注意安全用电,不得打开电源,以免触电和损坏设备。

2. 连接线绑扎与整形

(1)对连接线进行绑扎,使其固定在网孔板上。

(2)对整个系统设备及连接线整形,使其规范、美观。最终效果如图7-2-15所示。

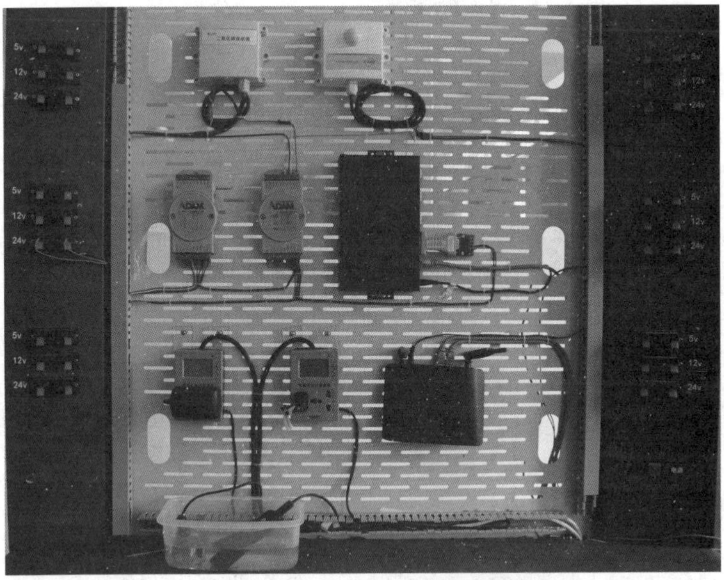

图7-2-15 系统整形效果图

知识链接

设备介绍

表7-2-2 简易大棚控制系统安装设备清单

序号	名称	图示	功能描述
1	雾化器		为空气加湿的设备,实现局部环境湿润、降温效果
2	加热片		常用水环境硬件设备,用于水箱内水的加热

续表

序号	名称	图示	功能描述
3	智能插座	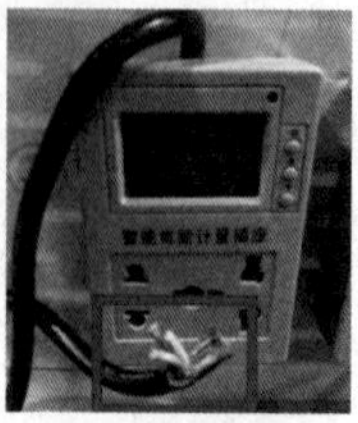	测量电器消耗的电量、功率、电流与功率因素、电网的电压与频率、插座的内部温度等参数。可根据本地情况设置当地电价、自动计算电费、自动记录插座累积通电时间等
4	光照传感器		采用高灵敏度的光敏元件作为传感器采集光照信号的敏感元件，具有测量范围宽、使用方便、传输距离远等特点
5	二氧化碳变送器		基于不同气体对特定波段的红外光具有不同的吸收能力，通过测量红外光被吸收的程度来测量被测气体的浓度，具有很好的选择性、无氧气依赖、寿命长，并且内置温度传感器，可以进行温度补偿
6	串口服务器		提供串口转网络功能，能将RS232／485／422串口转换成TCP／IP网络接口，实现数据双向透明传输，使串口设备具备连接网络数据通信的能力，扩展串口设备的通信距离
7	水箱		用于放置各种检测水文环境的传感器的器具，如加热片、雾化器等，也可放置土壤温湿度传感器，且不需要储存水及土壤
8	其他：网孔板、485数字量采集器、485模拟量采集器、RS485／RS232转换器、无线路由器、计算机、移动终端、DB9串口公母线、导线、螺丝、绝缘胶带、尼龙扎带等		

学习评价

简易大棚控制系统的安装，主要是熟悉系统、设备，完成硬件系统安装的过程，学习评价如表7-2-3所示。

表 7-2-3　学习评价表

评价内容	评价标准	分值	学生自评	小组互评	老师评估
素质评价（20%）	（1）树立 6S 规范意识	5			
	（2）提升团队协作能力	5			
	（3）养成规范操作习惯	5			
	（4）树立服务乡村振兴理念	5			
知识评价（40%）	（1）能描述光照传感器、二氧化碳变送器的功能	10			
	（2）能描述雾化器、加热片的功能	10			
	（3）能描述智能插座的功能	10			
	（4）能描述串口服务器的功能	10			
能力评价（40%）	（1）正确使用工具规范地安装系统	10			
	（2）正确布局设备和挂装设备	10			
	（3）正确连接和配置串口服务器等	10			
	（4）正确对照线路连接图与实物检查系统接线	10			
合计		100			
学习体会：					

想一想

利用互联网查阅资料，简述串口服务器的主要应用领域，并描述其实现过程。

任务三　简易大棚控制系统的调试

学习情境

熟悉系统结构和完成硬件安装与检测后，我们将使用计算机等设备对系统进行调试，以便实现其智能控制功能。本任务将带领大家利用各种工具来判断系统能否正常工作，分析常见的故障现象和解决办法，排除系统故障，确保整个系统正常运行。

学习导航

本任务学习流程如图 7-3-1 所示。

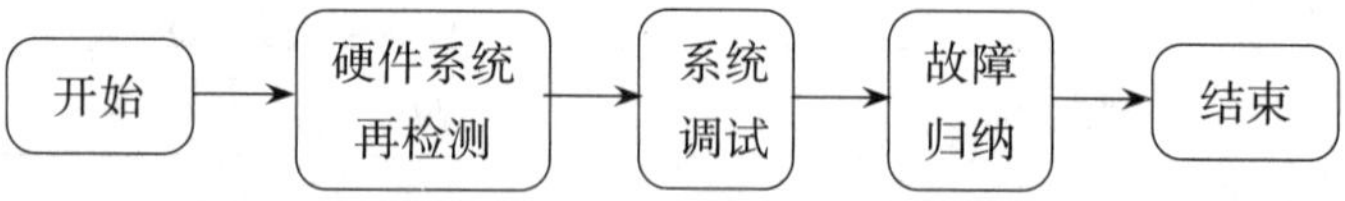

图 7-3-1　学习流程图

学习探究

一、学习准备

完成简易大棚控制系统的调试需要准备相应的资源，具体情况如表 7-3-1 所示。

表 7-3-1　学习准备

序号	类型	资源
1	硬件	简易大棚控制系统、计算机、移动终端
2	软件	SQL Server 2008、智慧社区物业端展示软件、豌豆荚软件，详见项目 7 资源包

二、操作步骤

(一)硬件系统再检测

(1)检查硬件系统连接是否正确。

(2)检查硬件系统安装是否规范。

(3)检查硬件系统接口连接是否牢固。

(4)检测无误后,方可打开电源。

(二)系统调试(基于计算机)

在进行系统调试之前,我们需要按照项目四任务三中的步骤给计算在设置本地IP地址、设置无线路由器参数、添加数据库、发布IIS。在此基础上,我们需要进行其他设置,具体步骤如下:

1. 关闭防火墙

(1)选择"开始/控制面板/系统和安全/Windows防火墙"路径,进入Windows防火墙界面,如图7-3-2所示。

图7-3-2 Windows防火墙界面

(2)点击"打开或关闭防火墙",选中"关闭Windows防火墙(不推荐)"(两处),再点击【确定】按钮,完成关闭Windows防火墙操作,如图7-3-3所示。

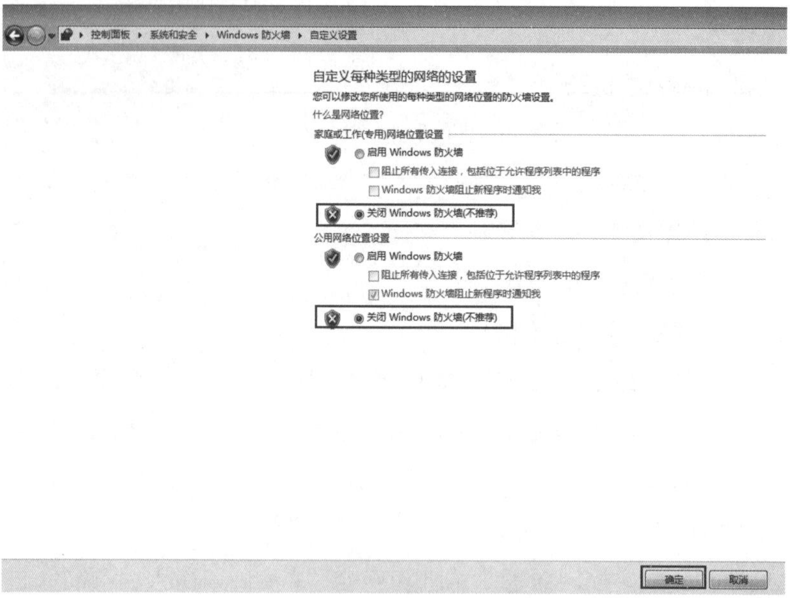

图 7-3-3　关闭 Windows 防火墙

2. 配置串口服务器

（1）检查硬件与配置。用网线连接串口服务器的 RJ45 到无线路由器端口 LAN 上，确保无线路由器和计算机在同一网段。

（2）打开“...\资源包\项目 7 资源包\项目 7 串口服务器\中金 TS 产品驱动”文件夹下的 vser 图标，安装驱动，如图 7-3-4 和图 7-3-5 所示。

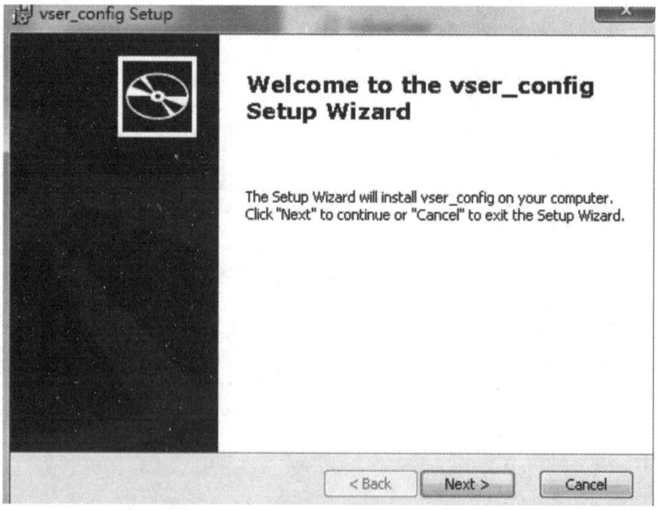

图 7-3-4　串口服务器驱动安装图 1

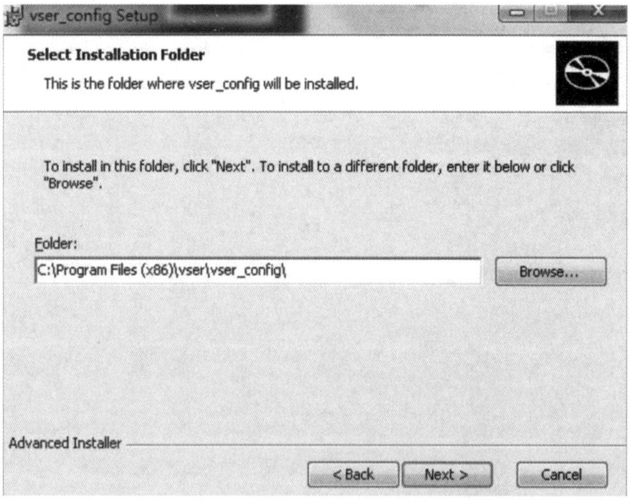

图7-3-5 串口服务器驱动安装图2

(3)依次点击【下一步】,最后点击【Finish】,安装完毕,在桌面上生成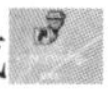图标。

(4)双击图标,开启串口服务器驱动,进行串口配置,如图7-3-6所示。

(5)点击【扫描】,可以获取局域网中的串口服务器的IP地址,如图7-3-7所示。

图7-3-6 开启串口服务器

图 7-3-7　获取串口服务器 IP 地址

(6)在浏览器上输入“192.168.0.4”进入串口服务器后台,可修改 IP 地址和网关等信息,如图 7-3-8 所示。

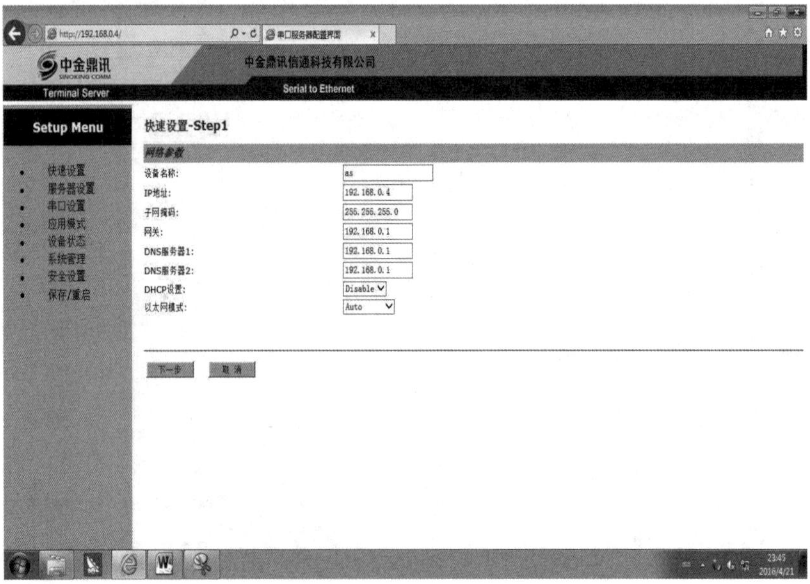

图 7-3-8　串口服务器配置初始界面

(7)点击“串口设置”,修改波特率为 9600bps,串口配置应与硬件连接相对应,图示配置的为 COM1,如图 7-3-9 所示。

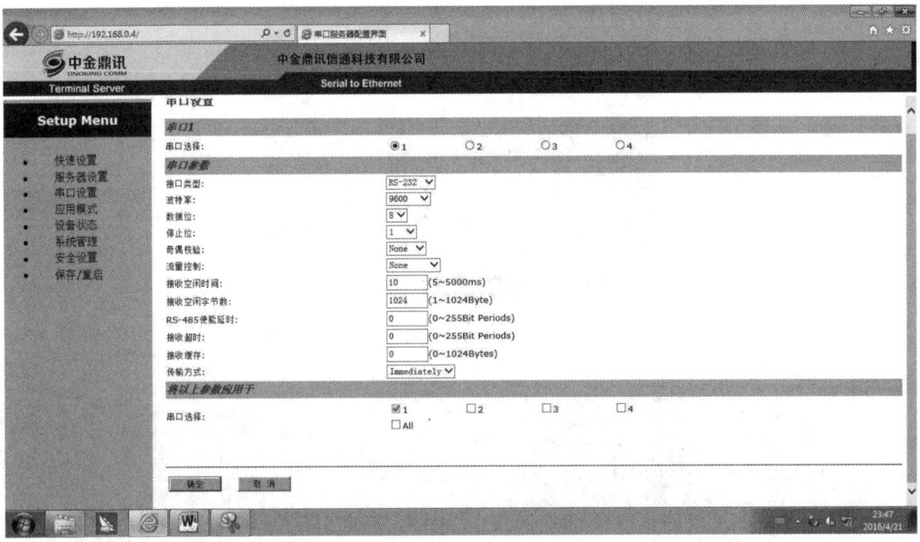

图 7-3-9　串口配置

(8)点击【确定】完成配置，串口服务器进行重启，如图 7-3-10 所示。

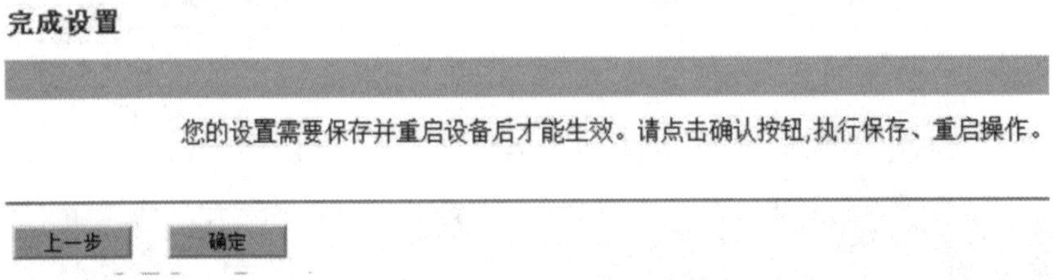

图 7-3-10　串口服务器配置后重启

3. 设置物业端

(1)打开智慧社区软件，在首页中设置服务器 IP 和端口号，如图 7-3-11 所示。

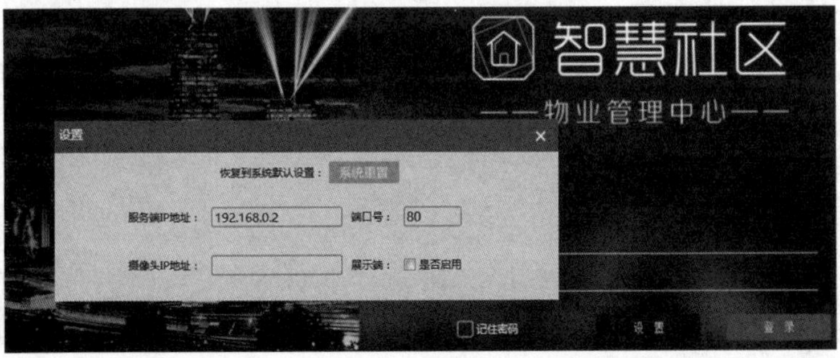

图 7-3-11　设置服务器 IP 和端口号

(2)输入用户名和密码，点击【环境监测】按钮，如图 7-3-12 和图 7-3-13 所示。

图 7-3-12　输入用户名和密码

图 7-3-13　“智慧社区”主界面

(3)通过环境监测窗口查看数据,如图 7-3-14 ~ 图 7-3-18 所示。

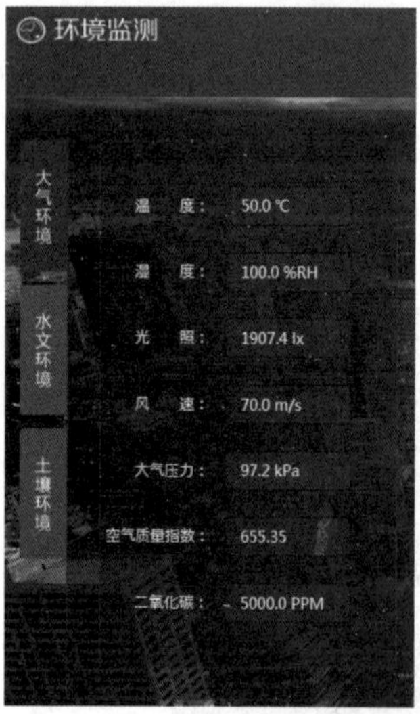

图 7-3-14　“空气质量指数”和“二氧化碳”界面

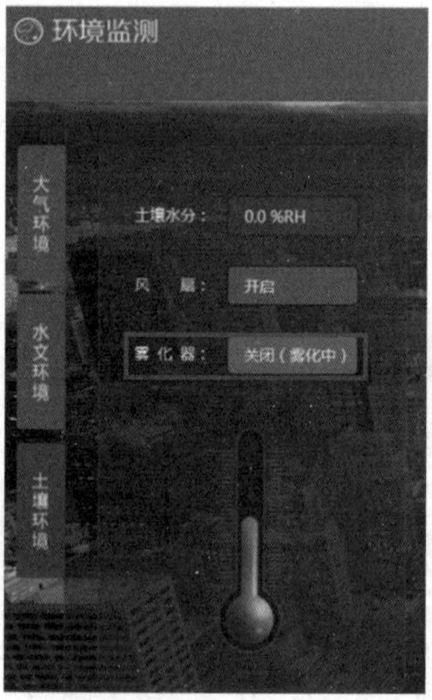

图 7-3-15　“雾化器”运行界面

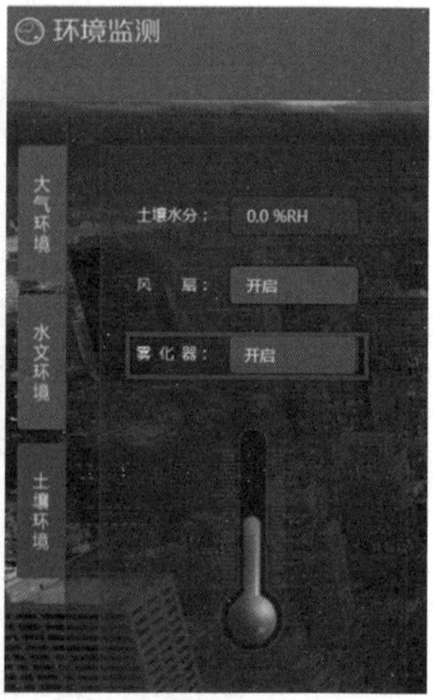

图 7-3-16　“雾化器”关闭界面

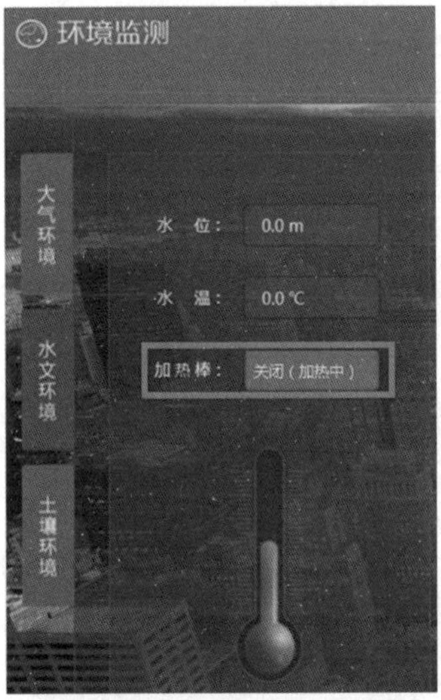

图 7-3-17 “加热棒”运行界面

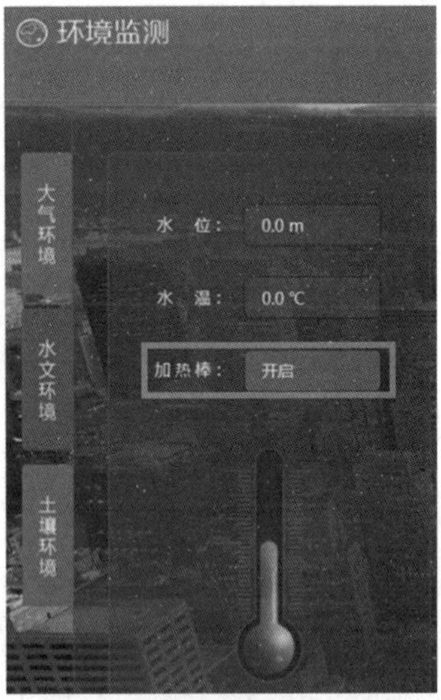

图 7-3-18 “加热棒”关闭界面

（三）系统调试（基于移动终端）

（1）在计算机上安装豌豆荚软件。

（2）线路连接。

（3）在移动终端上安装豌豆荚软件。

以上3步调试步骤与项目五任务三相同，具体步骤详见项目五任务三或查阅其他相关资料。

现在，我们就可以查看相关数据了。

（1）在移动终端显示屏上点击▦按钮，如图7-3-19所示。

图 7-3-19 移动终端桌面

（2）在打开的列表中点击“Ethernet”选项，如图7-3-20所示。

（3）在打开的列表中选择“Ethernet configuration”选项，如图7-3-21所示。

图 7-3-20 “Ethernet”选项

图 7-3-21 “Ethernet configuration”选项

(4)在打开的界面中设置移动终端的IP地址、子网掩码、网关地址等参数,使其与无线路由器连接起来,移动终端的名称与它的IP地址相同,设置完成后点击【Save】按钮完成设置,如图7-3-22和图7-3-23所示。

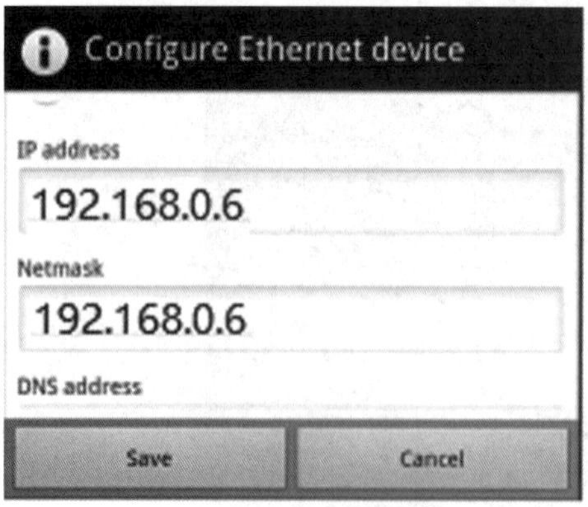

图 7-3-22 设置IP和名称

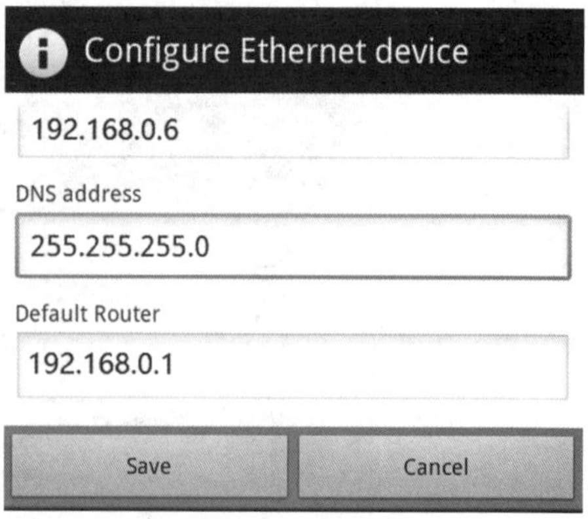

图 7-3-23 设置子网掩码和网关

(5)按下移动终端上的【BACK】按钮回到上层界面,如图7-3-24所示。

(6)回到程序列表后,单击“智慧社区”图标,打开数据查看软件,如图7-3-25所示。

图 7-3-24 【BACK】按钮

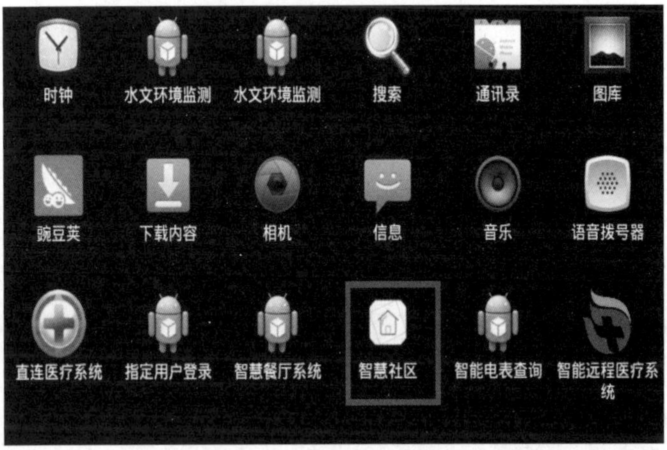

图 7-3-25 程序列表

(7)进入智慧社区主界面后,单击【系统设置】按钮,如图 7-3-26 所示。

(8)设置服务器 IP 和端口,设置完成后,按下【BACK】键回到主界面,如图 7-3-27 所示。

图 7-3-26 "智慧社区"主界面

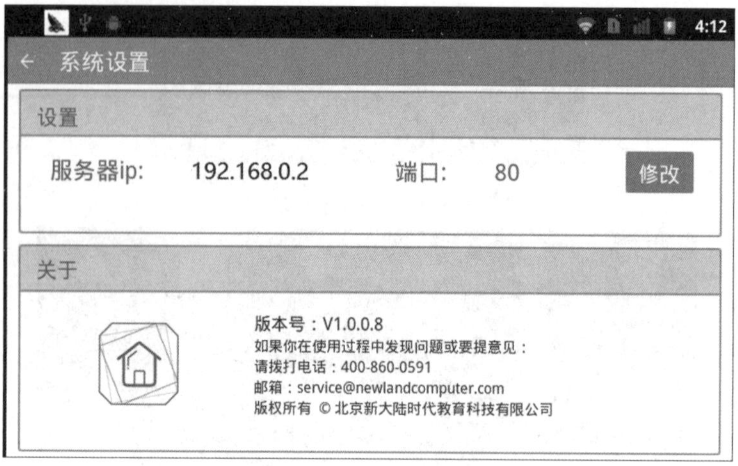

图 7-3-27　设置服务器 IP 和端口

(9)在主界面上选择“环境气象 / 大气环境”选项卡,查看空气质量传感器和二氧化碳变送器数据,如图 7-3-28 所示。

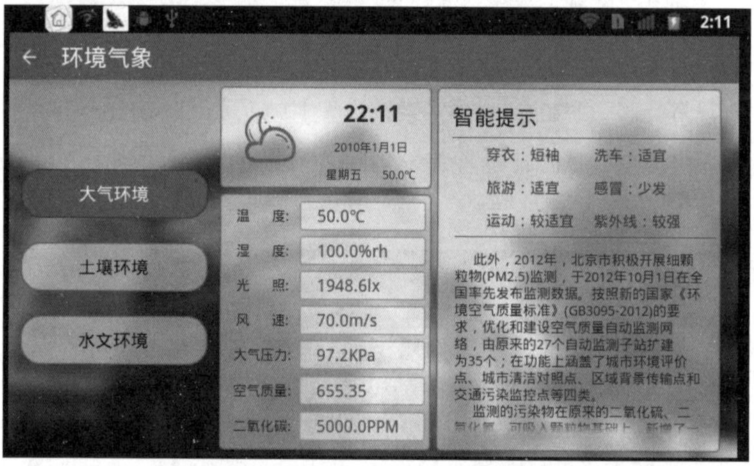

图 7-3-28　查看空气质量传感器和二氧化碳变送器数据

(10)点击“土壤环境”选项卡,可查看雾化器运行或停止状态,如图 7-3-29(雾化器正在运行)所示。

(11)点击“水文环境”选项卡,可查看加热棒运行或停止状态,如图 7-3-30(加热棒正在运行)所示。

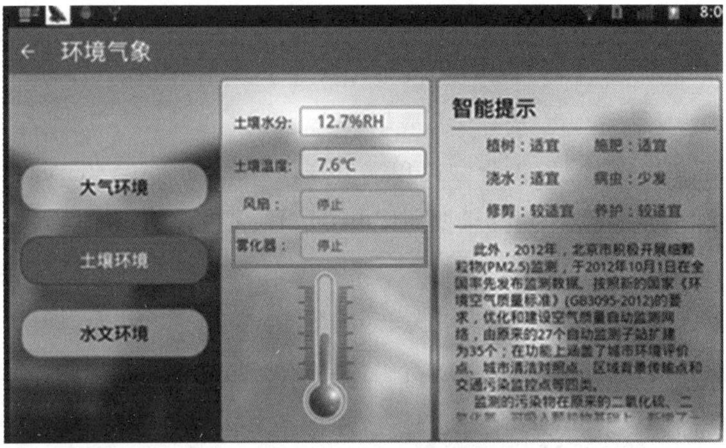

图 7-3-29　雾化器运行状态

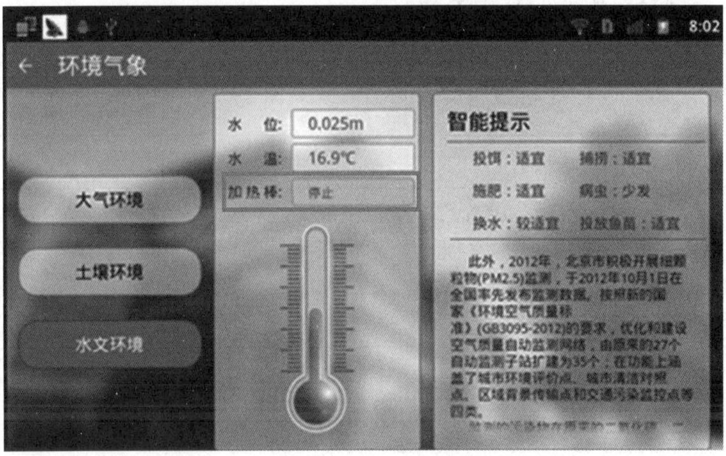

图 7-3-30　加热棒运行状态

知识链接

485模拟量采集器(ADAM－4017／4017＋)

1. 基本介绍

485模拟量采集器采用RS485通讯网路,将分散的现场数据点的模拟量经A／D变换传输到主机或由PC控制的远程主站点上,常用作各种测控终端的数据采集、控制和显示设备,适用于各类自动控制系统。

ADAM－4017／4017＋是16位A／D 8通道的模拟量输入模块,可以采集电压、电流等模拟量输入信号。它为所有通道都提供了可编程的输入范围,这些模块在工业测量和监控的应用中提供了很好的性价比。而且它的模拟量输入通道和模块之间还提供了3000V的电压隔离,这样就有效地防止了模块在受到高压冲击时而损坏的情况发生。

ADAM－4017支持6路差分,2路单端信号,输入范围为+/-150mV、+/-500mV、+/-1V、+/-5V、+/-10V、+/-20mA。如果要测试电流信号,需在该通道的输入端口并联一个125Ω的精密电阻。

ADAM－4017＋支持8路差分信号,还支持Modbus协议,各通道可独立设置其输入范围,同时在模块右侧使用了一个拨码开关来设置INT＊和正常工作状态的切换,4017＋还增加了4～20mA的输入范围。测量电流时,不需要外接电阻,只需打开盒盖,设置跳线到△即可。

2.485模拟量采集器的基本参数

表7-3-2　ADAM4017＋基本参数

通道数	8
输入类型	mV, V, mA
输入范围	+/−150mV,+/−500mV,+/−1mV,+/−5mV,+/−10mV,+/−20mV,4~20mA
隔离电压	$3000V_{DC}$
最高额定电压	+/−35V
采样速率	10个采样点/秒(总的)
输入阻抗	20mΩ
精确度	≤+/−0.1%
功率	1.2W

3.4017＋的参数设置

跳线设置:

(1)JP9和JP10:,六通道差分,两通道单端(默认);,六通道差分。

(2)JP1－JP8: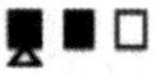,20mA输入范围;,电压输入范围。

(3)JP13:,系统处于正常模式,,系统处于初始模式。

4.ADAM－4017/4017＋硬件连线

通讯接线、控制接线及差分通道输入接线,如图7-3-31～图7-3-33所示。

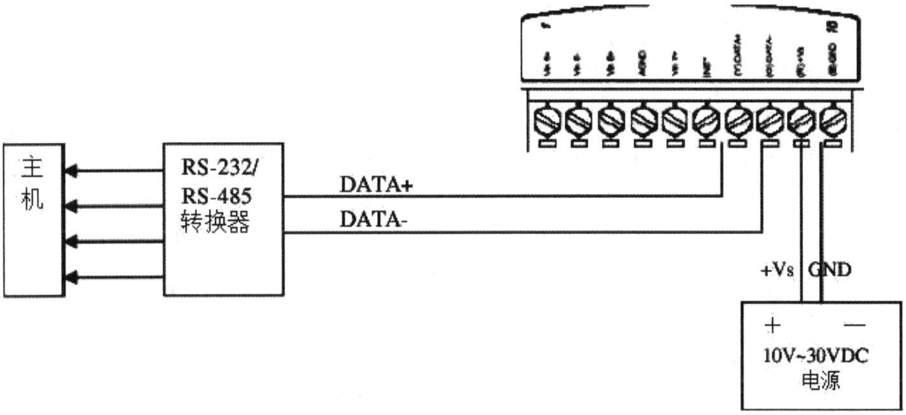

图 7-3-31　通讯接线图

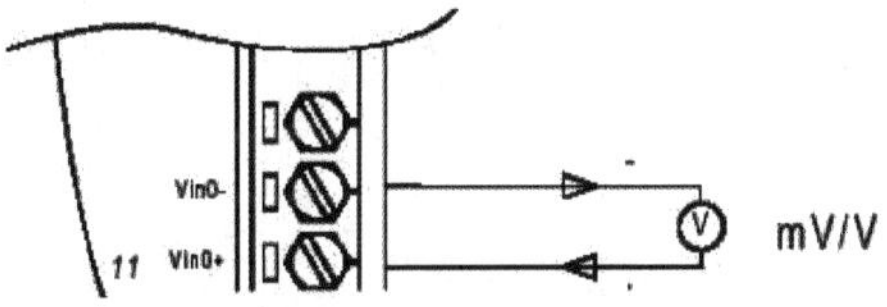

图 7-3-32　简单控制接线图

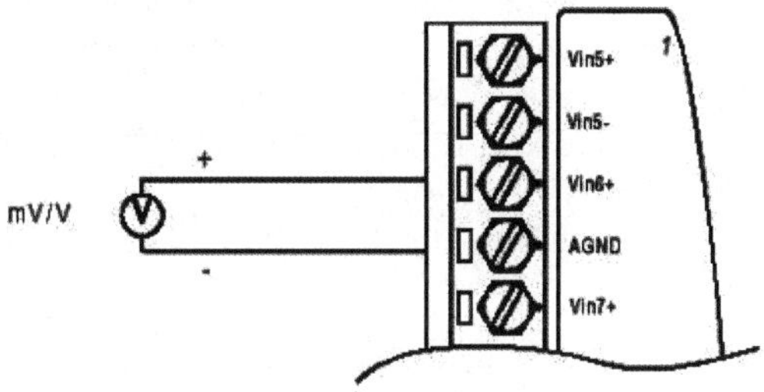

图 7-3-33　差分通道输入接线图

学习评价

简易大棚控制系统的调试，主要是熟悉系统、实现系统功能的过程，学习评价如表 7-3-3 所示。

表 7-3-3　学习评价表

评价内容	评价标准	分值	学生自评	小组互评	老师评估
素质评价（20%）	（1）养成规范操作习惯	5			
	（2）养成自主探究习惯	5			
	（3）增强团队协作能力	5			
	（4）提升信息素养	5			
知识评价（40%）	（1）能描述系统安装成功与否的判断标准	10			
	（2）能描述使用计算机调试过程	10			

续表

评价内容	评价标准	分值	学生自评	小组互评	老师评估
	(3)能描述使用移动终端调试过程	10			
	(4)能描述调试过程中解决遇到的问题的思路和方法	10			
能力评价(40%)	(1)能正确依据系统连接图与实物对照判断系统接线是否正确	10			
	(2)正确使用计算机调试系统	10			
	(3)正确使用移动终端调试系统	10			
	(4)及时解决系统调试过程中遇到的问题	10			
合计		100			
学习体会:					

理一理

常见故障现象及排查方法

现象:串口服务器已经正确连接和设置,但仍接收不到数据。

原因分析:为串口服务器分配的串口号被系统其他串口占用

排查方法:查看电脑中的设备管理器,检查串口号是否被占用。如果被占用,可修改该串口号,或为串口服务器另外分配其他未被占用的串口号。

【学习总结】

通过简易大棚控制系统安装与调试,我们对物联网技术在智能农业的应用方面有了初步的认识,了解了相关设备的基本性能和作用,掌握了相关设备的安装规范和调试流程,做到了6S管理,并进一步理解了物联网技术。

【学习拓展】

1. 智能农业

智能农业是指在相对可控的环境条件下，使用先进的农业设施，采用工业化生产，高度技术规范和高效益集约化规模经营，实现可持续发展的现代超前农业生产方式。作为我国农业新技术革命的跨世纪工程，智能农业集科研、生产、加工、销售于一体，实现周年性、全天候、反季节的企业化规模生产，集成现代生物技术、农业工程、农用新材料等学科，以现代化农业设施为依托，具有科技含量高，产品附加值高，土地产出率高和劳动生产率高的特点。

2. 智能农业工作原理

浇水灌溉、施肥、打药等农业生产活动在传统农业中全凭农民经验和感觉完成。基于物联网技术的智能农业用于大中型农业种植基地、设施园艺、畜禽水产养殖和农产品物流，布设的空气温度、空气湿度、土壤温度、土壤湿度、光照强度、二氧化碳浓度等无线传感节点，通过无线通信技术实现无线传输数据，将所有数据汇集到中心节点，利用无线网关与互联网或移动网络相连，实现农业信息的多尺度(个域、视域、区域、地域)传输。用户通过终端实时掌握农作物现场的环境信息，系统根据环境参数诊断农作物生长状况和病虫害状况。在环境参数超标的情况下，系统可远程对灌溉设备等农业装备进行控制，做到农业生产的产前、产中、产后的过程监控，实现农业生产集约、高产、优质、高效、生态、安全等可持续发展的目标。

3. 现代农业应用

2002年，英特尔公司率先在俄勒冈建立了世界上第一个无线葡萄园。传感器节点被分布在葡萄园的每个角落，每隔1分钟检测一次土壤温度、湿度或该区域有害物的数量，以确保葡萄可以健康生长。通过长年的数据记录及分析，系统可精确掌握葡萄酒的质地与葡萄生长过程中的日照、温度、湿度的确切关系，实现精准农业、智能耕种。

2008年，美国克尔斯博科技公司开发的基于无线传感网络的农作物监测系统，使用太阳能供电，监测土壤温湿度与空气温度，通过浏览器为客户提供农作物健康、生长情况的实时数据。美国加州的Camalie葡萄园建立的智能农业管理系统，提高了葡萄产量，改善了葡萄酒品质，节省了灌溉用水，葡萄园的经济效益显著提高。

日本富士通公司开发的富士通农场管理系统以全生命周期农产品质量安全控制为重点，带动设施农业生产、智能畜禽和智能水产养殖，实现设施农业管理、养殖场远程监控与维护、水产养殖生产全过程的智能化。

中国无锡阳山镇开发的桃园种植技术的物联网监测系统，以16666.7平方米的桃林作为物联网种植园的示范基地，由22个传感器和3个微型气象站组成，实现了高科技种桃技术。

中科院遥感应用研究所开发的基于无线传感网络和移动通信平台的农业生态环境监测系统，解决了大棚内监测温度、湿度的困难。在环境参数超过用户设置的范围时，系统可以通过短信方式进行报警。我们可利用手机短信获取大棚内实时的温度、湿度数据或者登录网页查看，也可实时控制大棚内的浇灌系统、天棚等设备。

项目八 智能环境监控系统的安装与调试

小吴家所在的小区准备建设一套先进的环境监控系统，用以显示小区空气环境质量及安保情况，提醒小区居民环境变化和进行安全警示，能够方便居民出行，保障小区安全。

本项目将通过智能环境监控系统连线图的识读和绘制、系统的安装和调试等步骤，构建智能环境监控系统，帮助我们理解物联网技术在智能环境控制系统中的应用。

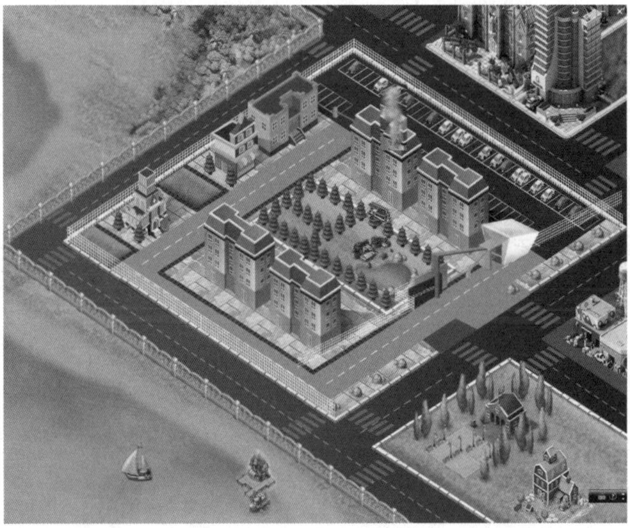

目标类型	目标要求
素质目标 (含思政)	(1)增强爱护环境意识 (2)养成规范操作习惯 (3)增强团队互助能力 (4)提升信息素养
知识目标	(1)理解智能环境监控系统的工作原理 (2)掌握智能环境监控系统设备的性能参数 (3)掌握智能环境监控系统安装、调试基本方法和步骤
能力目标	(1)能正确选择智能环境监控系统的设备及导线 (2)能正确识读智能环境监控系统各类图纸 (3)能正确安装智能环境监控系统 (4)能正确调试智能环境监控系统 (5)能排除智能环境监控系统典型故障

任务一　智能环境监控系统的安装

学习情境

本任务将摄像头、红外对射、警示灯、二氧化碳传感器、大气压力、温湿度变送器、空气质量传感器、电压/电流转换器、485模拟量采集器、485数字量采集器、继电器、人体红外开关、火焰探测器、烟雾探测器、照明灯、无线路由器、串口服务器、计算机、移动终端、RS485/RS232转换器等设备按照系统拓扑图的要求安装到网孔板上，并设计设备布局和按照相关工艺要求，利用导线将它们科学规范地连接起来，做好线路检查、绑扎和整形，完成智能环境监控系统的安装。

学习导航

本任务学习流程如图8-1-1所示。

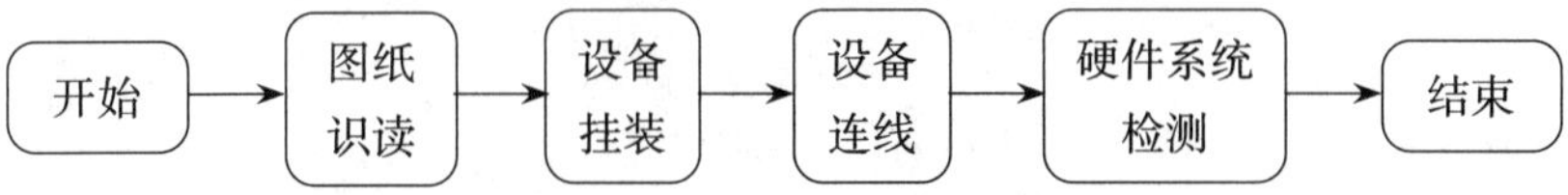

图8-1-1　学习流程图

学习探究

一、学习准备

要完成智能环境监控系统的安装，我们需要准备相应的资源，具体情况如表8-1-1所示。

表 8-1-1　学习准备

序号	类型	资源
1	图纸	系统拓扑图
2	工具	螺丝刀、剥线钳等
3	器材	网孔板、摄像头、红外对射、警示灯、二氧化碳传感器、大气压力、温湿度变送器、空气质量传感器、电压/电流转换器、485模拟量采集器、485数字量采集器、继电器、人体红外开关、火焰探测器、烟雾探测器、照明灯、无线路由器、串口服务器、计算机、移动终端、RS485/RS232转换器、DB9串口公母线、导线、螺丝、绝缘胶带、尼龙扎带等

二、操作步骤

(一)智能环境监控系统拓扑图识读

识读智能环境监控系统拓扑图,如图 8-1-2 所示。

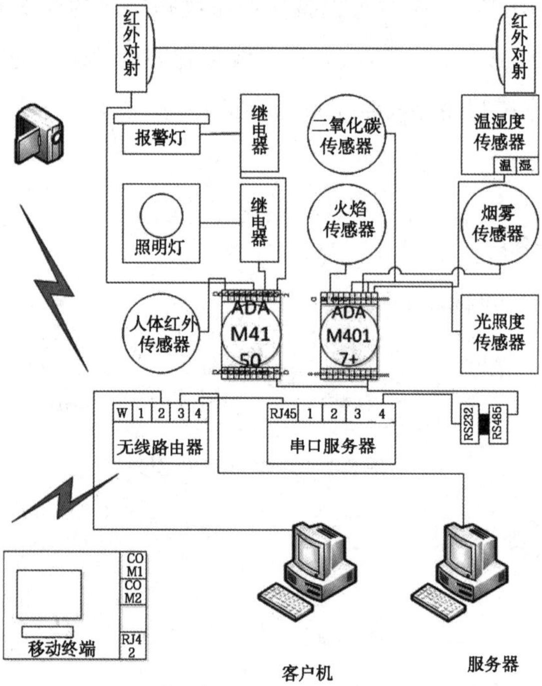

图 8-1-2　智能环境系统拓扑图

(二)设备挂装

1. 设备布局

整体要求:

(1)设备布局紧凑。

（2）设备安装位置与信号走向基本一致。

（3）设备安装牢固。

2. 设备安装

（1）摄像头安装。将摄像头固定在底座上，再安装在网孔板上，如图8-1-3所示。

（2）红外对射安装。将红外对射的底座安装在支架上，再安装在网孔板上，注意要面对面放置，相距一定的距离，如图8-1-4所示。

图8-1-3 安装摄像头

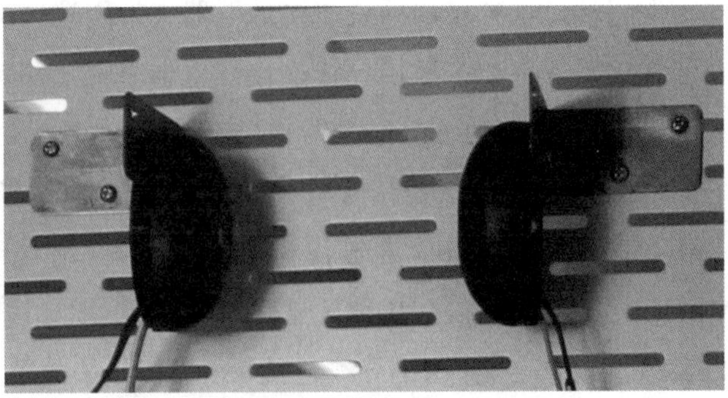

图8-1-4 安装红外对射

（3）其他设备安装。其他设备安装可参考前面项目的安装方法。

（4）移动终端放置在工位台上的其他指定位置，系统布局效果如图8-1-5所示。

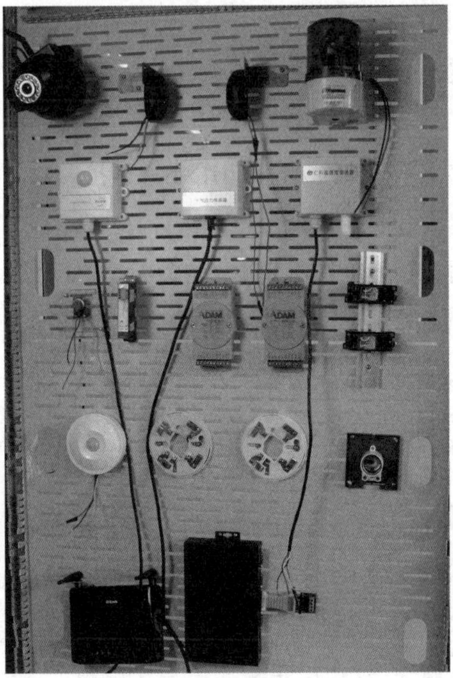

图8-1-5 系统布局效果图

（三）设备连线

1. 信号线连接

将红外对射输出信号（蓝色引出线）用导线连接485数字量采集器端口DI0；将烟雾探测器端口2（报警输出NO／NC）用导线与485数字量采集器端口DI1连接；将火焰探测器端口2（报警输出NO／NC）用导线与485数字量采集器端口DI2连接；将人体红外开关的导线与485数字量采集器端口DI3连接；照明灯座L极用导线连接继电器A常闭端口4，N极用导线连接继电器A常闭端口3；警示灯灯座L极用导线连接继电器B常闭端口4，N极用导线连接继电器B常闭端口3；继电器A端口7用导线连接数字量采集器端口DO1，继电器B端口7用导线连接数字量采集器端口DO0。

将二氧化碳变送器信号输出（蓝色引出线）用导线连接485模拟量采集器端口Vin6+，光照传感器信号输出（黄色引出线）用导线连接485模拟量采集器端口Vin1+；温湿度传感器HUMI（湿度信号）输出用导线连接485模拟量采集器Vin2+；TEMP（温度信号）输出用导线连接485模拟量采集器Vin0+；空气质量传感器信号输出（黄色引出线）用导线连接电压／电流变送器端口3；电压／电流变送器端口8用导线连接485模拟量采集器Vin7+。

将485数字量采集器DATA+与485模拟量采集器DATA+并联后用红线连接RS485／RS232转换器R+端口，485数字量采集器DATA−与485模拟量采集器DATA−并联后用导线连接RS485／RS232转换器R−端口。

2. 电源线连接

将空气质量传感器电源（红色引出线）用导线连接+5V；空气质量传感器电源地（黑色引出线）用导线连接GND（5V）。

将红外对射电源线（红色引出线）用红线连接+12V，红外对射电源地（黑色引出线）用黑线连接到GND（12V）。

将烟雾探测器、火焰探测器、人体红外开关的端口4（电源+）和485数字量采集器端口+Vs用导线串联起来，再连接到+24V；将烟雾探测器（端口1、3短接）、火焰探测器（端口1、3短接）、人体红外开关的端口3（电源−）和485数字量采集器端口GND与D.GND用导线串联起来，再连接到GND（24V）。继电器A端口5与继电器B端口5用导线连接，再连接到GND（12V）；继电器A端口6与继电器B端口6用导线连接，再连接到+12V。继电器A端口8与继电器B端口8用导线连接，再连接到+24V。

将温湿度传感器电源线（红色引出线）、电压／电流变送器端口C、二氧化碳变送器电源线(红色引出线)、光照传感器电源线(红色引出线)、485模拟量采集器端口Vs分别用红线连接+24V;温湿度传感器电源地、电压/电流变送器端口7和端口9、二氧化碳变送器电源地(黑色引出线)、光照传感器电源地、485模拟量采集器端口GND、Vin0-、Vin1-、Vin2-、Vin6-及Vin7-分别用导线连接GND(24V)。

3. 其他类连接

将照明灯、烟雾探测器、火焰探测器安装在接好线的底座上;485数字量采集器端口DATA+与485模拟量采集器端口DATA+并联,用导线连接RS485/RS232转换器端口R+,485数字量采集器DATA-与485模拟量采集器DATA-并联,用导线连接RS485/RS232转换器端口R-,RS485/RS232转换器插入串口服务器COM2接口或使用串口线连接;串口服务器端口RJ45用网线与无线路由器端口2连接;无线路由器端口1用网线与计算机连接,摄像头用网线连接无线路由器端口3(用于配置);串口服务器、无线路由器、摄像头的电源适配器与市电连接,最终效果如图8-1-6所示。

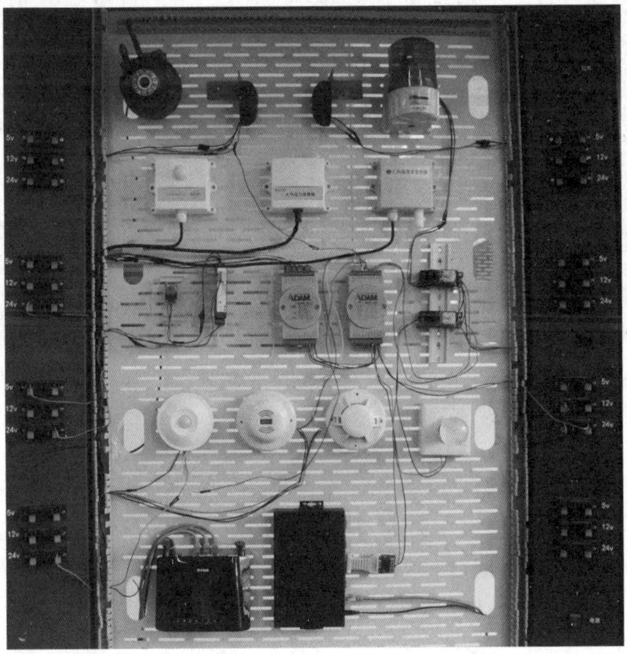

图8-1-6 系统连线效果图

(四)硬件系统检测

1. 线路再检查

(1)依据安装布局图检查设备是否安装准确。

(2)依据线路拓扑图和实物,判断系统接线是否正确。

(3)检查设备安装是否牢固。

(4)检查导线走线是否规范。

(5)检查过程中,注意安全用电,不得打开电源,以免触电和损坏设备。

2. 连接线绑扎与整形

(1)对连接线进行绑扎,使其固定在网孔板上。

(2)对整个系统设备及连接线整形,使其规范、美观。最终效果如图8-1-7所示。

图8-1-7　系统整形效果图

知识链接

设备介绍

表8-1-2　智能环境监控系统安装设备清单

序号	名称	图示	功能描述
1	红外对射	 	采用有线报警输出,兼容开关量报警主机等设备,对射防范警戒距离稳定、灵敏度高,室内室外全天候工作

续表

序号	名称	图示	功能描述
2	摄像头		传统摄像机与网络视频技术的结合体。远端用户可使用通信终端设备通过局域网、Internet或无线网络在网络浏览器上对其进行访问，实时监控目标现场情况，对图像资料实时编辑和存储，还可以通过控制摄像机的云台和镜头进行全方位地监控。网络摄像头还有IO联动功能
3	其他：网孔板、警示灯、二氧化碳传感器、大气压力、温湿度变送器、空气质量传感器、电压/电流转换器、485模拟量采集器、485数字量采集器、继电器、人体红外开关、火焰探测器、烟雾探测器、照明灯、无线路由器、串口服务器、计算机、移动终端、RS485 / RS232转换器、DB9串口公母线、导线、螺丝、绝缘胶带、尼龙扎带等		

学习评价

智能环境监控系统的安装，主要是熟悉系统、设备，完成硬件系统安装的过程，学习评价如表8-1-3所示。

表8-1-3 学习评价表

评价内容	评价标准	分值	学生自评	小组互评	老师评估
素质评价（20%）	（1）树立6S规范意识	6			
	（2）提升团队互助能力	7			
	（3）提升信息素养	7			
知识评价（40%）	（1）能描述导线的走线规范	10			
	（2）能描述红外对射的功能	10			
	（3）能描述网络摄像头的功能	10			
	（4）能描述智能环境监控系统的功能	10			
能力评价（40%）	（1）正确识读各类图纸	10			
	（2）正确挂装设备	10			
	（3）正确安装系统	10			

续表

评价内容	评价标准	分值	学生自评	小组互评	老师评估
	(4)正确使用尼龙扎带进行绑扎和规范地整形	10			
合计		100			
学习体会:					

想一想

小组讨论,如何进行系统布局,并使用Visio软件绘制各类图纸。

任务二 智能环境监控系统的调试

学习情境

在熟悉系统各类图纸和安装完成系统后，我们将使用计算机和移动终端对系统进行配置，实现其功能，并将利用工具来判断系统能否正常工作，分析常见的故障现象和解决办法，排除系统故障，确保整个系统正常运行。

学习导航

本任务学习流程如图8-2-1所示。

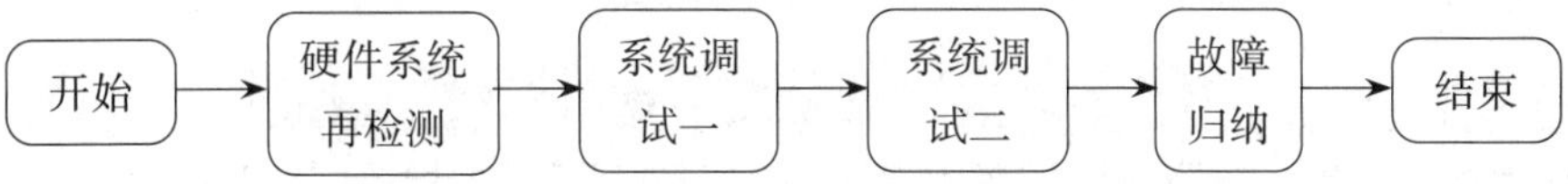

图8-2-1 学习流程图

学习探究

一、学习准备

完成智能环境监控系统的安装需要准备相应的资源，具体情况如表8-2-1所示。

表8-2-1 学习准备

序号	类型	资源
1	硬件	智能环境监控系统、计算机、移动终端
2	软件	网络摄像头驱动、豌豆荚软件、智慧社区物业端应用程序等，详见项目8资源包

二、操作步骤

(一)硬件系统再检测

(1)检查硬件系统连接是否正确。

(2)检查硬件系统安装是否规范。

(3)检查硬件系统接口连接是否牢固。

(4)检测无误后,方可打开电源。

(二)系统调试(基于计算机)

在进行系统调试之前,我们需要按照项目七任务三中的步骤,设置本地IP地址、设置无线路由器参数、添加数据库、发布IIS、关闭防火墙、配置串口服务器等。在此基础上,我们需要进行其他设置,具体步骤如下:

1. 安装网络摄像头驱动

打开"\资源包\项目8资源包\项目8网络摄像头\设备编码BVCAM00007010"文件夹下的

图标,安装摄像头驱动。安装完成后,桌面生成图标。

2. 设置网络摄像头IP

(1)双击图标,进入IP摄像机工具界面,如图8-2-2所示。

图8-2-2 IP摄像机工具界面

(2)双击图8-2-2中的文字,弹出"网络配置"对话框,修改IP、网关等信息,使网关与无线路由器一致,用户名和密码可根据实际情况修改,此处为默认设置,如图8-2-3所示。设置完成后,点击【确认】,回到IP摄像机工具界面,如图8-2-4所示。

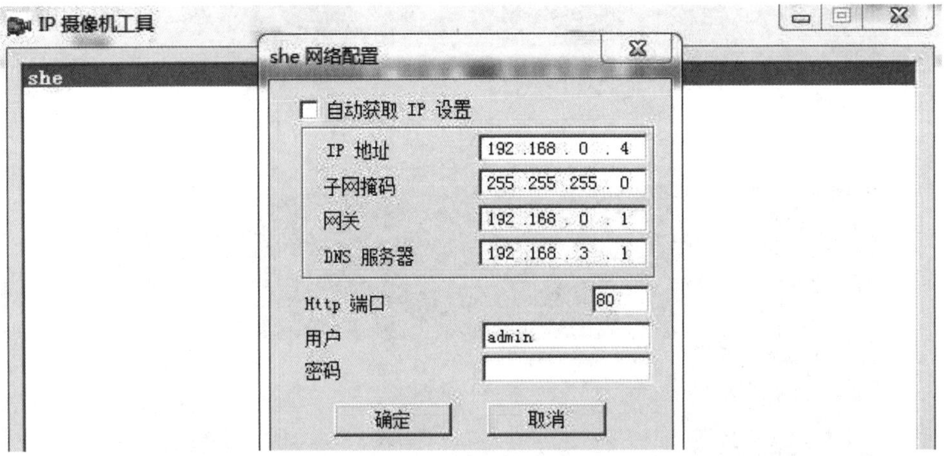

图 8-2-3　设置网络配置参数

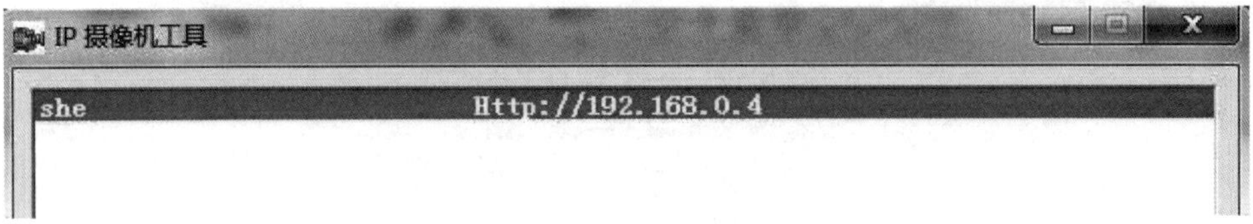

图 8-2-4　IP 摄像机工具界面

(3)双击 IP 地址,出现用户登录界面,如图 8-2-5 所示。输入用户名“admin”,密码为空,点击【登录】按钮进入主界面,如图 8-2-6 所示。

图 8-2-5　网络摄像机登录界面

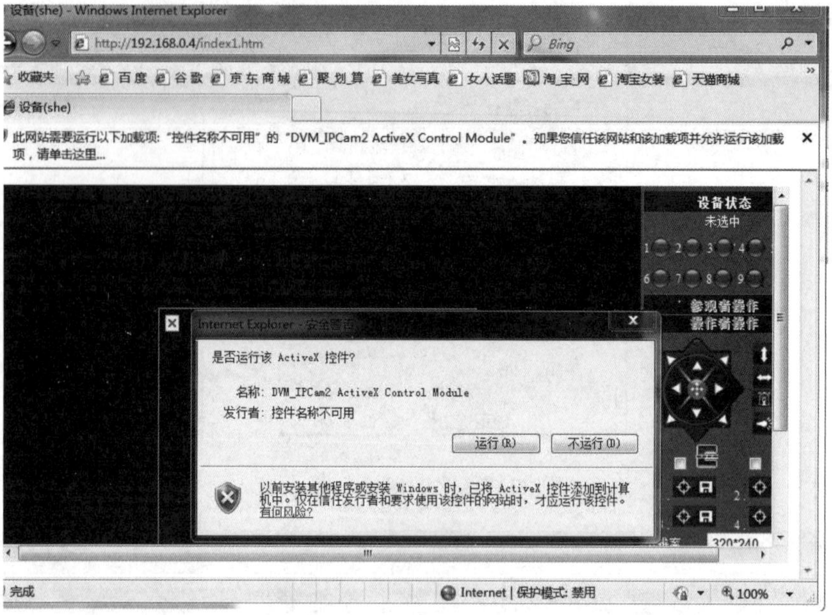

图 8-2-6　网络摄像机主界面

(4)点击【运行】,加载控件,进入网络摄像机使用界面,获取摄像头摄像信息,如图 8-2-7 所示。

图 8-2-7　摄像信息展示界面

3. 查看数据

(1)打开智慧社区软件,在首页中设置服务器 IP 和端口号,如图 8-2-8 所示。

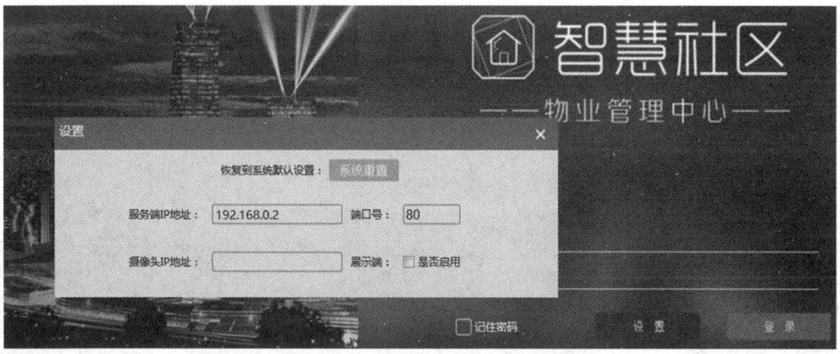

图 8-2-8 设置服务器 IP 和端口号

(2)输入用户名和密码,点击“环境监测”,如图 8-2-9 和图 8-2-10 所示。

图 8-2-9 输入用户名和密码

图 8-2-10 “环境监测”

(3)通过环境监测主窗口查看数据,如图 8-2-11 所示。

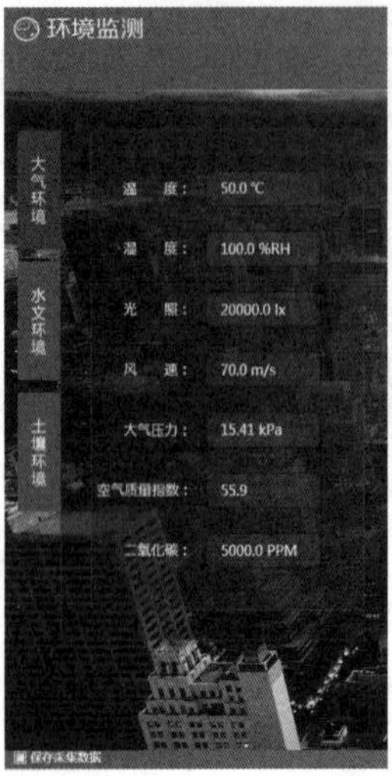

图 8-2-11 “大气环境”界面数据

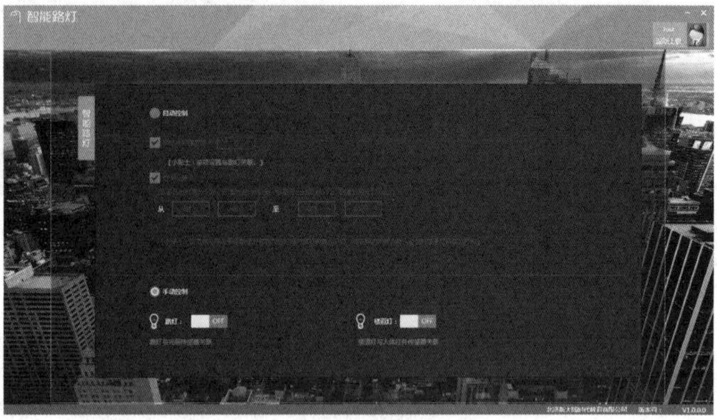

图 8-2-12 “智能路灯”界面数据

(4)点击“智能路灯”，通过智能路灯窗口查看数据，如图 8-2-12 所示。

(5)点击“社区安防”，通过社区安防窗口查看数据，如图 8-2-13 所示。

图 8-2-13 “社区安防”界面数据

(三)系统调试(基于移动终端)

(1)在计算机上安装豌豆荚软件。

(2)线路连接。

(3)在移动终端上安装豌豆荚软件。

以上 3 步调试步骤与项目五任务三相同，具体步骤详见项目五任务三或查阅其他相关资料。

接下来，我们在软件中查看数据。

(1)在移动终端显示屏上点击按钮,如图8-2-14所示。

图8-2-14 移动终端桌面

(2)在打开的列表中点击“Ethernet”选项,如图8-2-15所示。

(3)在打开的列表中选择“Ethernet configuration”选项,如图8-2-16所示。

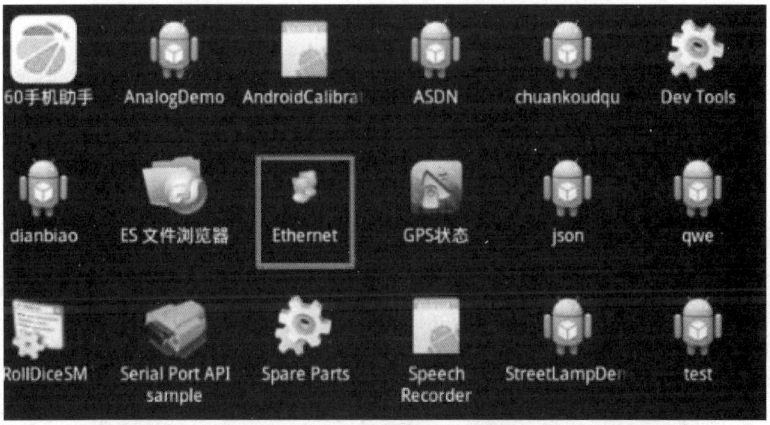

图8-2-15 “Ethernet”选项

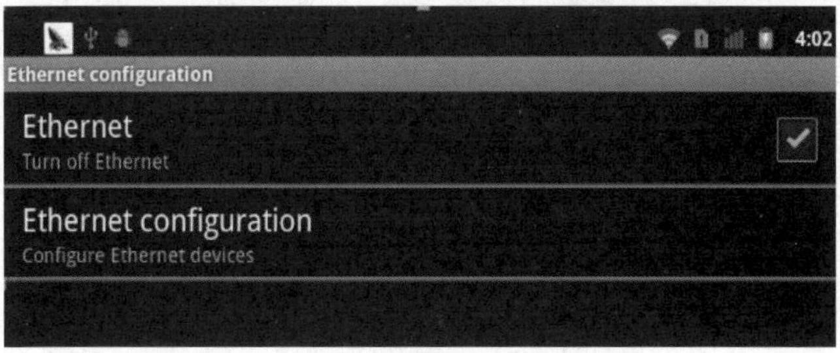

图8-2-16 “Ethernet configuration”选项

(4)在打开的界面中设置移动终端的IP地址、子网掩码、网关地址等参数,使其与无线路由器连接起来，移动终端的名称与它的IP地址相同，设置完成后点击【Save】按钮完成设置，如图8-2-17和图8-2-18所示。

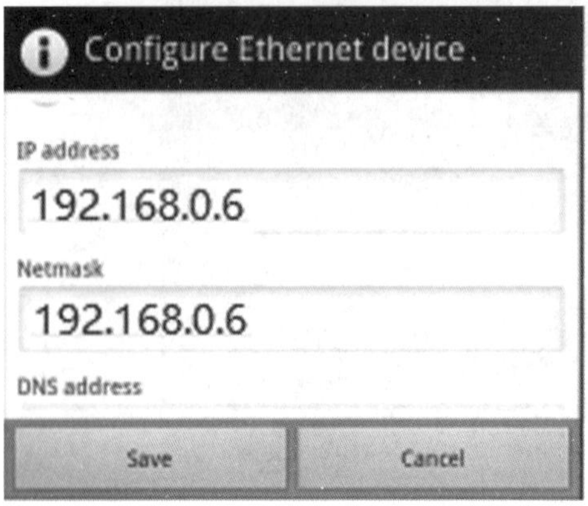

图8-2-17　设置IP和名称

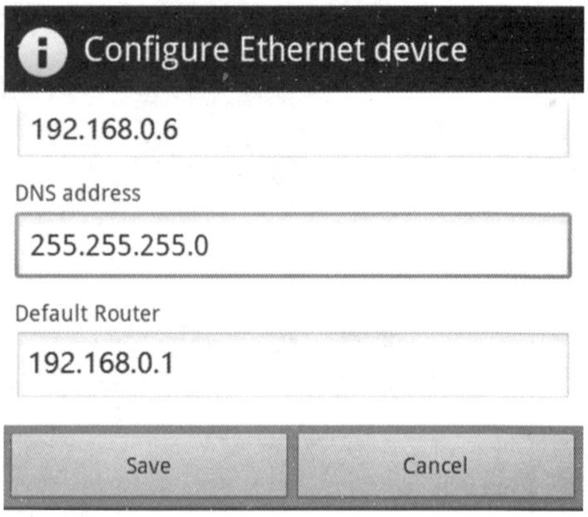

图8-2-18　设置子网掩码和网关

（5）按下移动终端上的【BACK】按钮回到上层界面，如图8-2-19所示。

（6）回到程序列表后，单击"智慧社区"图标，打开数据查看软件，如图8-2-20所示。

图8-2-19　点击【BACK】按钮

图8-2-20　程序列表

（7）进入智慧社区软件主界面后，单击"系统设置"命令，如图8-2-21所示。

（8）设置服务器IP和端口，设置完成后，按下【BACK】键回到主界面，如图8-2-22所示。

图 8-2-21　智慧社区主界面

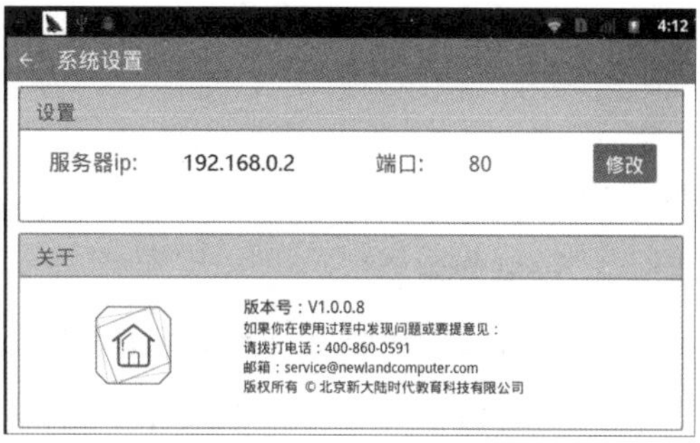

图 8-2-22　“系统设置”界面

(9)在主界面上点击“环境气象 / 大气环境”选项卡,查看各传感器数据,如图 8-2-23 所示。

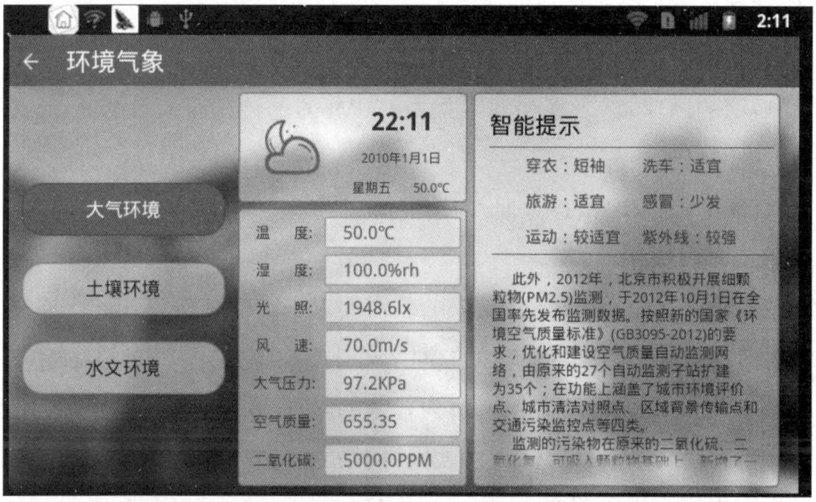

图 8-2-23　空气质量传感器和二氧化碳变送器数据

(10)在主界面上点击“预警信息”选项卡,并在烟雾传感器面前用打火机模拟着火环境,最终效果如图 8-2-24 所示。

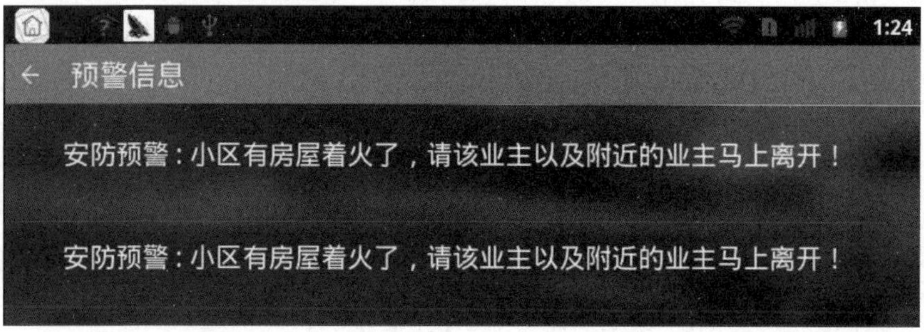

图 8-2-24　火灾预警信息

知识链接

局域网介绍

1. 局域网概念

局域网(Local Area Network,LAN)是指在某一区域内由多台计算机互联而成的计算机组。局域网可以实现文件管理、应用软件共享、打印机共享,工作组内的日程安排、电子邮件和传真通信服务等功能。局域网是封闭型的,可以由办公室内的两台计算机组成,也可以由一个公司内的上千台计算机组成。

2. 局域网特点

(1)局域网分布于较小的地理范围内,往往用于某一群体,如一个单位或部门等。

(2)局域网一般不对外提供服务,保密性较好,便于管理。

(3)局域网的网速较快,现在通常采用100Mbps的传输速率,1000Mbps的传输速率用于骨干的网络链接部分。

(4)局域网投资较少,组建方便,使用灵活。

3. 局域网拓扑结构

网络中的计算机等设备要实现互联,就需要以一定的结构方式进行连接,这种连接方式就叫作“拓扑结构”。目前常见的网络拓扑结构主要有以下四类:

(1)星型结构是局域网中应用得最为普遍的一种,在企业网络中几乎都是采用这一方式。星型网络几乎是Ethernet(以太网)网络专用,它由网络中的各工作站节点设备通过一个网络集中设备(如集线器或者交换机)连接在一起,各节点呈星状分布,具有实现容易、节点可扩展、移动方便、维护容易、采用广播信息传送方式、网络传输数据快等基本特点。

(2)环型结构主要应用于令牌网中,各设备直接通过电缆来串接,最后形成一个闭环,整个网络发送的信息就是在这个环中传递,通常称之为“令牌环网”。此结构仅适用于IEEE 802.5的令牌网,实现简单、投资最小、传输速度较快,但维护困难,扩展性能差。

(3)总线型结构。此结构中的所有设备都直接与总线相连,介质有同轴电缆和光缆,具有组网费用低、带宽随用户增加而下降、网络用户扩展较灵活、维护较容易等特点,但一次仅供一个端用户发送数据,其他端用户必须获得发送权。

(4)混合型拓扑结构。此结构将星型和总线型结构的网络结合在一起,能满足较大网络的拓展，克服了星型网络在传输距离上的局限，解决了总线型网络在连接用户数量上的限制，兼顾了星型和总线型网络的优点，一定程度上弥补了两者的缺点。

4. 无线局域网（Wireless LAN，WLAN）

无线局域网利用电磁波在空气中发送和接收数据，无需线缆介质，补充和扩展了有线联网方式，使网络终端具有可移动性，能快速、方便地解决以有线方式不易实现的网络联通问题，具有安装便捷、使用灵活、经济节约、易于扩展等优点，广泛应用于医院、商店、工厂和学校等场所。

5. 常见局域网类型

（1）以太网（Ethernet）。它是Xerox、Digital Equipment和Intel三家公司开发的局域网组网规范，已为IEEE的正式标准，编号为IEEE 802.3。

（2）光纤分布数据接口（FDDI网络）。它是目前成熟的LAN技术中传输速率最高的一种网络，传输速率高达100Mbps，依据标准是ANSIX3T9.5，具有定时令牌协议的特性，支持多种拓扑结构，传输媒体为光纤。

（3）ATM网络。它采用基于信元的异步传输模式和虚电路结构，根本上解决了多媒体的实时性及带宽问题。它的数据交换吞吐量大、带宽利用率高，具有灵活的组网拓扑结构和负载平衡能力，伸缩性、可靠性极高，现今唯一可同时应用于局域网、广域网两种网络的网络技术，实现了局域网与广域网技术的统一。

6. 局域网组成

局域网由网络硬件和网络软件两部分组成。网络硬件主要有服务器、工作站、传输介质和网络连接部件等。网络软件包括网络操作系统、控制信息传输的网络协议及相应的协议软件、大量的网络应用软件等。服务器可分为文件服务器、打印服务器、通信服务器、数据库服务器等。

学习评价

智能环境监控系统的调试，主要是熟悉系统、实现功能的过程，学习评价如表8-2-2所示。

表 8-2-2　学习评价表

评价内容	评价标准	分值	学生自评	小组互评	老师评估
素质评价（20%）	(1)增强爱护环境意识	5			
	(2)养成规范操作习惯	5			
	(3)提升团结互助能力	5			
	(4)提升信息素养	5			
知识评价（40%）	(1)能描述智能环境监控系统系统安装成功与否的判断标准	10			
	(2)能描述智能环境监控系统调试过程	20			
	(3)能正确描述调试故障的基本步骤	10			
能力评价（40%）	(1)能正确依据系统连接图与实物对照判断系统接线是否正确	10			
	(2)能正确运用各类图纸完成系统的调试	20			
	(3)能解决系统调试过程中遇到的问题	10			
合计		100			
学习体会：					

理一理

常见故障现象及排查方法

现象：硬件连接正常，无法登录到服务器。

原因分析：IIS设置错误或服务器设置错误。

排查方法：

(1)检查IIS设置和Web.config文件中的设置，尤其是字符串连接是否正确。

(2)检查数据库服务是否正常开启。

【学习总结】

通过智能环境监控系统的安装与调试，我们对物联网技术在智能环境监控的应用有了初步的认识，理解了相关设备的性能参数、质量判定，了解了系统安装过程中的相关知识，学会了安装施工的基本流程和操作规范。

【学习拓展】

1. 智能工业概述

智能工业将具有环境感知能力的各类终端、基于泛在技术的计算模式、移动通信等融入工业生产的各个环节，大幅度提高制造效率，改善产品质量，降低产品成本和资源消耗，将传统工业提升到智能化的新阶段。智能工业是物理设备、电脑网络、人脑智慧相互融合的三位一体的新型工业体系。《物联网的十三五规划(2016—2020年)》“重点领域应用示范工程”之“智能制造”提到：面向供给侧结构性改革和制造业转型升级发展需求，发展信息物理系统和工业互联网，推动生产制造与经营管理向智能化、精细化、网络化转变。通过RFID等技术对相关生产资料进行电子化标识，实现生产过程及供应链的智能化管理，利用传感器等技术加强生产状态信息的实时采集和数据分析，提升效率和质量，促进安全生产和节能减排。通过在产品中预置传感、定位、标识等能力，实现产品的远程维护，促进制造业服务化转型。

2. 发展背景

伴随着物联网技术的发展，智能化成为科技发展的趋势。当前一个制造企业光有先进制造能力是不够的，还必须能够从产品开发、生产计划等方面快速响应市场，实现制造业信息化。主要内容就是“5个数字化”，即设计数字化、制造装备数字化、生产过程数字化、管理数字化和企业数字化；9项主要关键技术，即数字、可视、网络、虚拟、协同、集成、智能、绿色、安全。

3. 物联网技术与工业技术相结合

物联网是信息通信技术发展的新一轮制高点，正在工业领域广泛渗透和应用，并与未来先进制造技术相结合，形成新的智能化制造体系。主要体现在8个大领域：泛在感知网络技术、泛在制造信息处理技术、虚拟现实技术、人机交互技术、空间协同技术、平行管理技术、电子商务技术、系统集成制造技术等。

4. 物联网改变着工业自动化

物联网的产业链即所谓的DCM(Device、Connect、Manage)，跟工业自动化的三层架构是互相呼应的,在物联网的环境中,每一层次的功能大幅进化。Device(设备)层达到所谓的“全面感知”,就是让原本的物提升为智能物件,可以识别或撷取各种数据。Connect(连接)层达到可靠传递的目标,由有线网络扩展到各种无线网络。Manage(管理)层将原有的管理功能进步到智能处理功能,对撷取到的各种数据做更具智能的处理与呈现。

5. 物联网技术在工业领域的应用

在制造业供应链管理方面,物联网应用于企业原材料采购、库存、销售等领域,通过完善和优化供应链管理体系,提高了供应链效率,降低了成本。在生产过程工艺优化方面,物联网技术的应用提高了生产线过程检测、实时参数采集、生产设备监控、材料消耗监测的能力和水平,生产过程的智能监控、智能控制、智能诊断、智能决策、智能维护水平不断提高。在产品设备监控管理方面,物联网使各种传感技术与制造技术相融合,实现了对产品设备操作使用记录、设备故障诊断的远程监控。在环保监测及能源管理方面,物联网与环保设备的融合实现了对工业生产过程中产生的各种污染源及污染治理各环节关键指标的实时监控,工业安全生产管理把感应器嵌入和装备到矿山设备、油气管道、矿工设备中,可以感知危险环境中工作人员、设备机器、周边环境等方面的安全状态信息,将现有分散、独立、单一的网络监管平台提升为系统、开放、多元的综合网络监管平台,实现实时感知、准确辨识、快捷响应、有效控制。

附 录

附录一 SQL Server 2008的安装

一、数据库概述

数据库，简单来说是本身可视为电子化的文件柜——存储电子文件的处所，用户可以对文件中的数据进行新增、截取、更新、删除等操作。

目前，商品化的数据库管理系统以关系型数据库为主导产品，技术比较成熟。面向对象的数据库管理系统虽然技术先进，数据库易于开发、维护，但尚未有成熟的产品。国际国内的主导关系型数据库管理系统有Oracle、Sybase、Informix和Ingres。这些产品都支持多平台，如Unix、VMS、Windows，但支持的程度不一样。

SQL Server是由微软公司开发的数据库管理系统，是Web上最流行的用于存储数据的数据库，广泛用于电子商务、银行、保险、电力等与数据库有关的行业。目前常用版本是SQL Server 2008，它只能在Windows上运行。

SQL Server提供了众多的Web和电子商务功能，如对XML和Internet标准的丰富支持，通过Web对数据进行轻松安全的访问，具有强大的、灵活的、基于Web的和安全的应用程序管理等。

二、SQL Server 2008的安装环境

1. 硬件要求

SQL Server 2008的硬件需求见附表1-2-1。

附表1-2-1　SQL Server 2008的硬件要求

硬件	最低要求
CPU	Pentium III 兼容处理器或速度更快的处理器，主频最低1.0GHz，建议2.0GHz
内存(RAM)	企业版、标准版、工作组版、开发版及网络版，最小512MB，建议2.048GB或更大的内存

续表

硬件	最低要求
硬盘空间	数据库引擎和数据文件、复制以及全文搜索 280MB Analysis Services和数据文件 90MB Reporting Services和报表管理器 20MB Integration Services 120MB 客户端组件 850MB SQL Server联机丛书和SQL Server Compact联机丛书 240MB
监视器	图形工具需要使用VGA或更高分辨率，分辨率至少为1024×768像素
CD—ROM驱动器	CD或DVD驱动器

2. 软件要求

SQL Server 2008常用于Windows XP、Windows Server 2003、Windows Vista、Windows Server 2008，各版本对操作系统的要求有所不同。

3. 其他需求

SQL Server 2008还需满足附表1-2-2中的四个条件。

附表1-2-2　SQL Server 2008其他需求

项目	最低要求
IE浏览器	Microsoft Internet Explorer 6 SP1及以上版本
框架	.NET Framework 3.5
Windows Installer	4.5及以上版本
Microsoft数据访问组件（Microsoft Data Access Components，MDAC）	Microsoft数据访问组件2.8 SP1及以上版本

三、SQL Server 2008安装步骤

（1）双击SQL Server 2008安装盘中的“Setup.exe”文件，如附图1-3-1所示。

附图1-3-1　SQL Server 2008安装程序图标

(2)在弹出的“SQL Server安装中心”窗口中点击【安装】,在安装页面的右侧选择“全新安装或向现有安装添加新功能”,如附图1-3-2所示。

附图1-3-2　开始安装SQL Server 2008界面

(3)弹出安装程序支持规则,检测安装是否能顺利进行,全部通过后点击【确定】,否则点击【重新运行】来检查,如附图1-3-3所示。

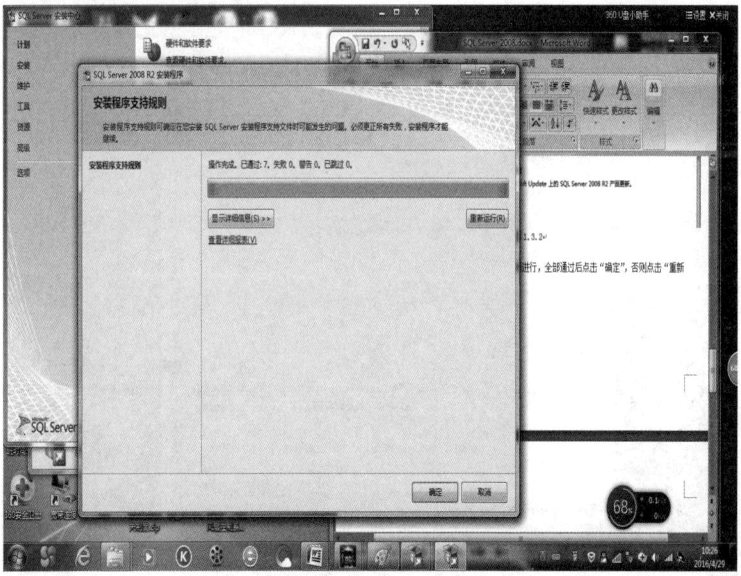

附图1-3-3　安装程序支持规则检查

(4)在弹出的“产品密钥”对话框中选择“输入产品密钥”选项,并输入SQL Server 2008 R2安装资料的产品密钥,点击【下一步】,如附图1-3-4所示。

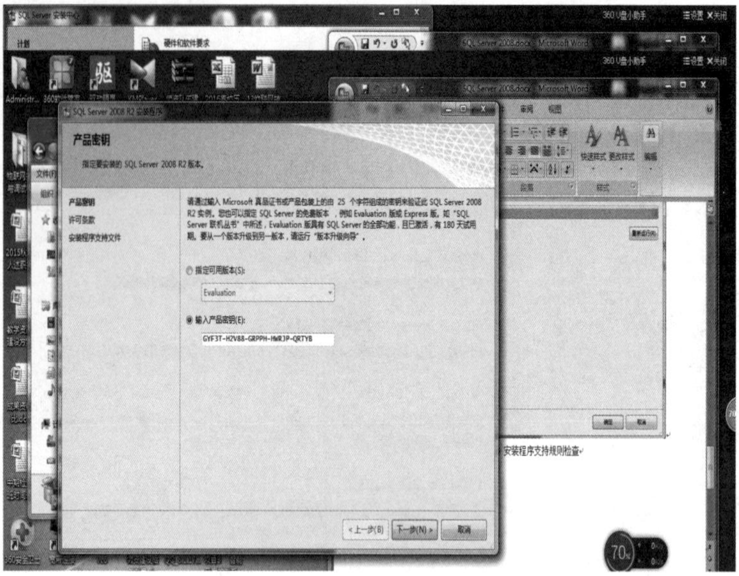

附图 1-3-4　“产品密钥”对话框

(5)在弹出的“许可条款”对话框中,勾选“我接受许可条款”,并点击【下一步】,如附图 1-3-5 所示。

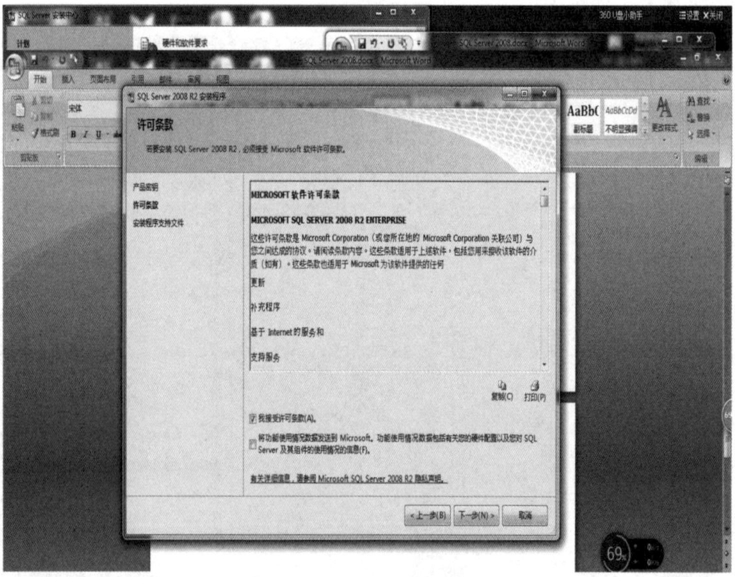

附图 1-3-5　“许可条款”对话框

(6)在弹出的“安装程序支持文件”对话框中,单击【安装】按钮,如附图 1-3-6 所示。

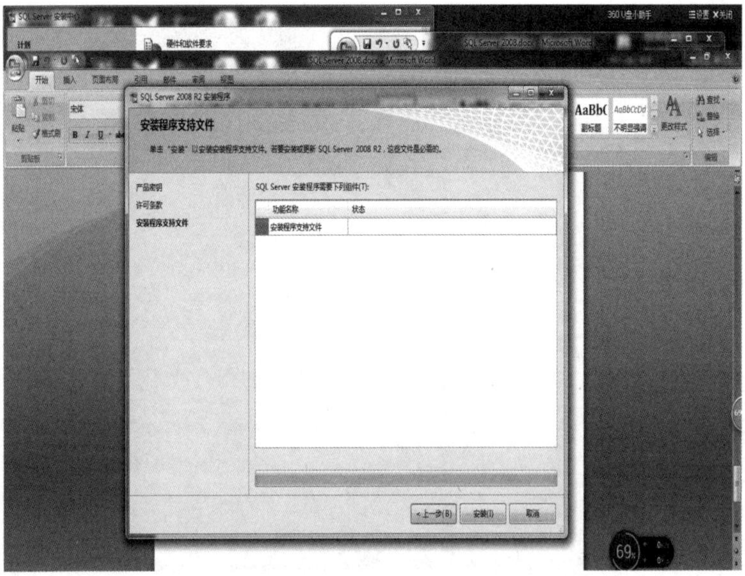

附图 1-3-6 “安装程序支持文件”对话框

（7）在弹出的“安装程序支持规则”对话框中，系统配置检查器将在安装继续之前检验计算机的系统状态。检查完成后，单击【下一步】，如附图 1-3-7 所示。

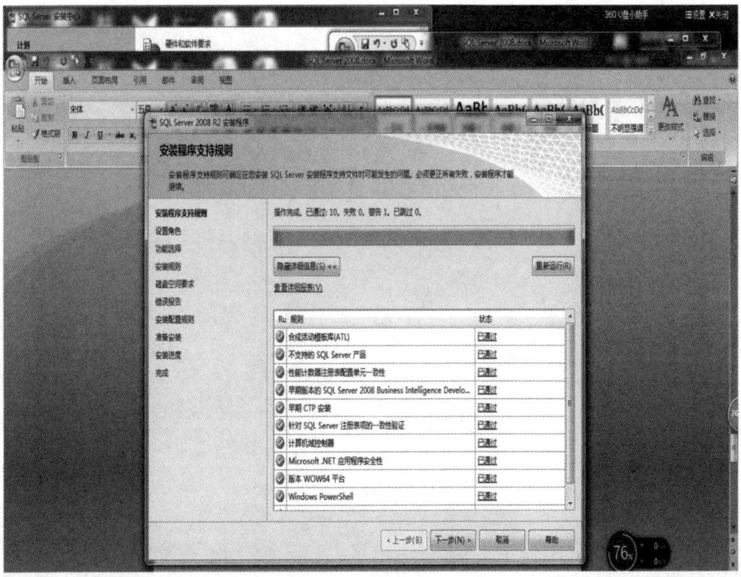

附图 1-3-7 “安装程序支持规则”对话框

（8）在弹出的“设置角色”对话框中，选择“SQL Server 功能安装”，并单击【下一步】，如附图 1-3-8 所示。

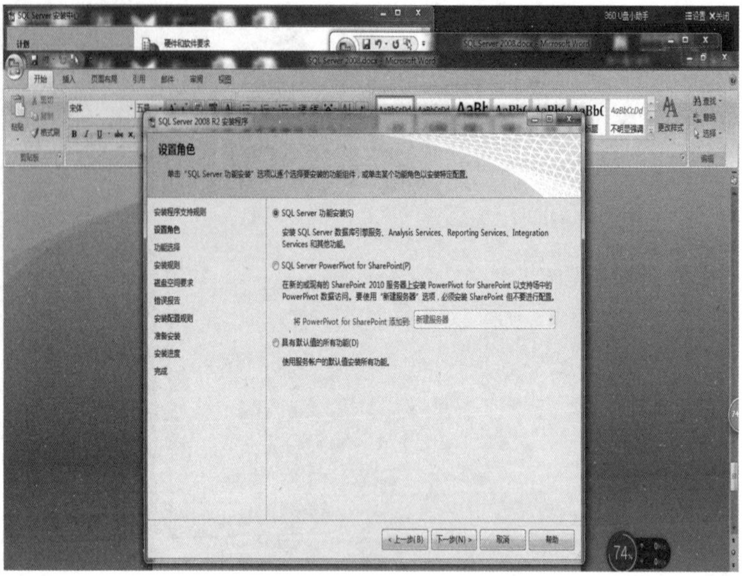

附图 1-3-8 “设置角色”对话框

(9)在弹出的“功能选择”对话框中，选择要安装的组件。如果不清楚应该选择哪些组合，就全部选中。我们还可以在对话框底部的文本框中为共享组件指定自定义目录，如附图 1-3-9 所示。

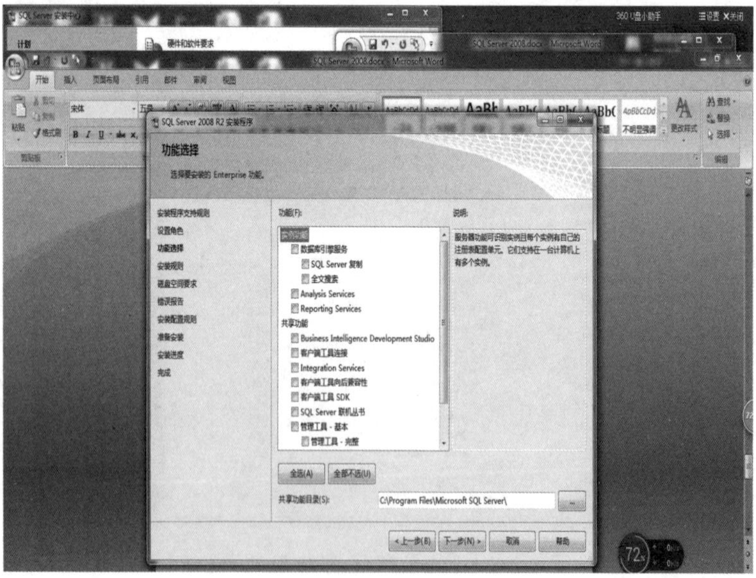

附图 1-3-9 “功能选择”对话框

(10)在弹出的“安装规则”对话框中，单击【下一步】，如附图 1-3-10 所示。

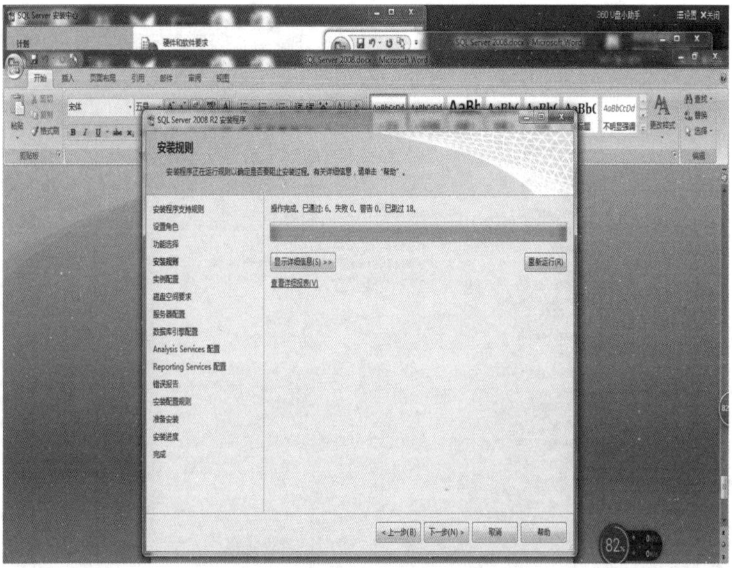

附图 1-3-10 “安装规则”对话框

（11）在弹出的“实例配置”对话框中，指定SQL Server实例的名称和实例ID。实例ID将成为安装路径的一部分。这里选择“默认实例”，并点击【下一步】，如附图1-3-11所示。

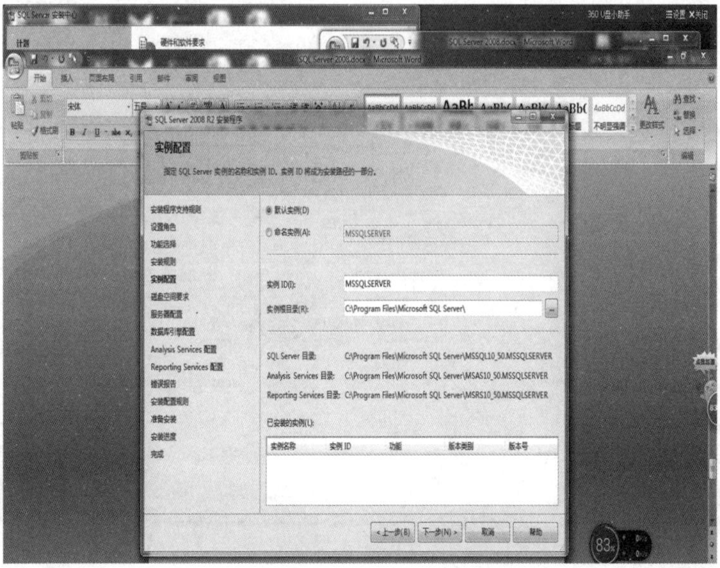

附图 1-3-11 “实例配置”对话框

（12）在弹出的“磁盘空间要求”对话框中，可以查看您选择的SQL Server功能所需的磁盘摘要，点击【下一步】可继续安装程序，如附图1-3-12所示。

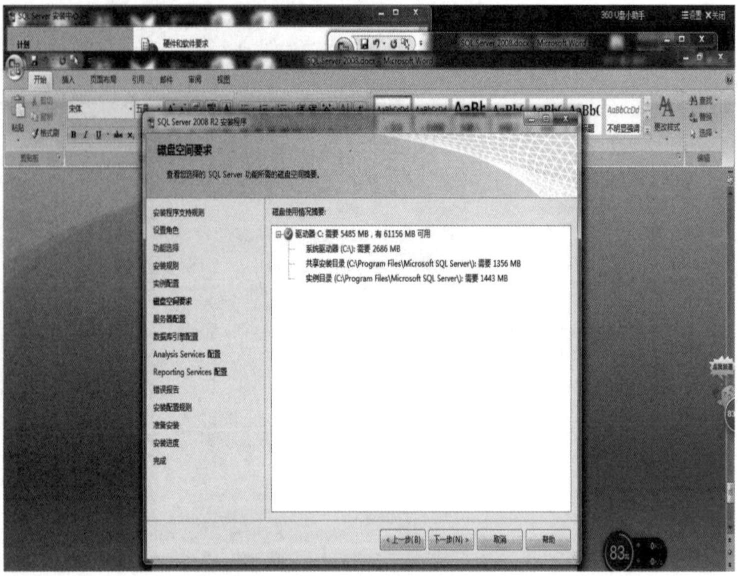

附图 1-3-12 “磁盘空间要求”对话框

（13）在弹出的“服务器配置”对话框中，点击“对所有 SQL Server 服务使用相同的账户（U）”，如附图 1-3-13 所示。

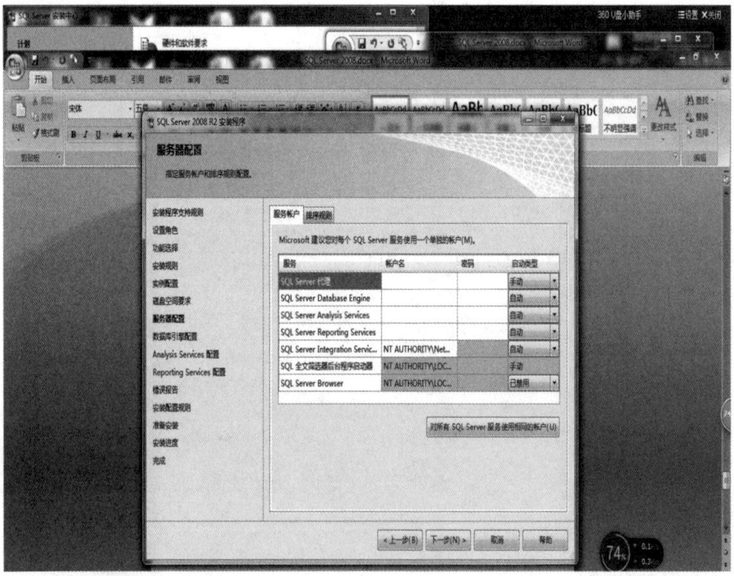

附图 1-3-13 “服务器配置”对话框

（14）在弹出的“对所有 SQL Server 2008 R2 服务使用相同账户”对话框中设置账户名和密码，单击【确定】回到“服务器配置”对话框，单击“服务器配置”对话框中的

【下一步】继续安装程序，如附图1-3-14所示。

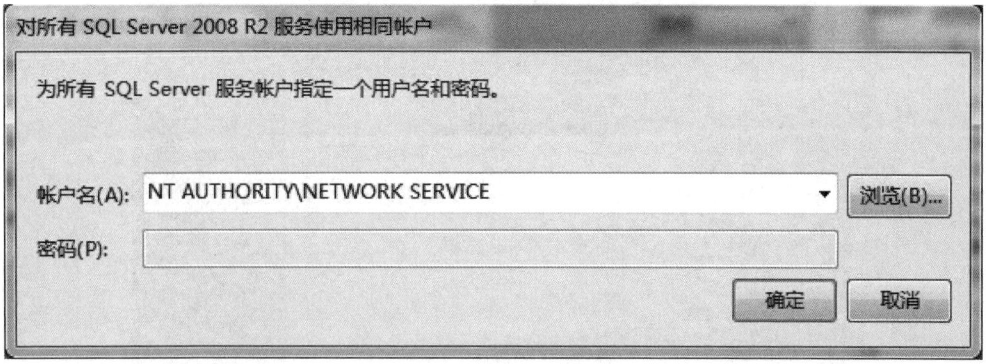

附图1-3-14 “对所有SQL Server 2008 R2服务使用相同账户”对话框

（15）在弹出的“数据库引擎配置”对话框中，选择“混合模式”，输入账户名和密码，接着点击【添加当前用户(C)】按钮，最后点击【下一步】，如附图1-3-15所示。

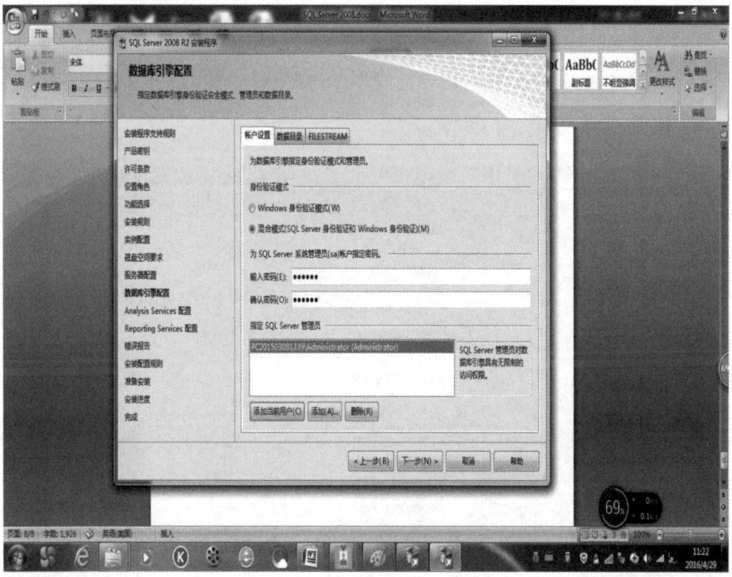

附图1-3-15 “数据库引擎配置”对话框

（16）在弹出的“Analysis Services配置”对话框中，单击“添加当前用户”，然后点击【下一步】，如附图1-3-16所示。

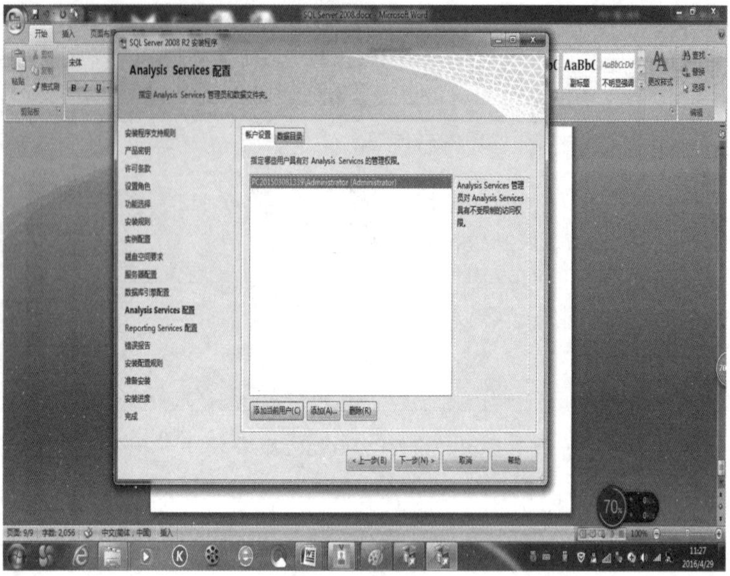

附图 1-3-16 “Analysis Services 配置”对话框

(17)在弹出的“Reporting Services 配置”对话框中,选择“安装本机模式默认配置(I)”,单击【下一步】,如附图 1-3-17 所示。

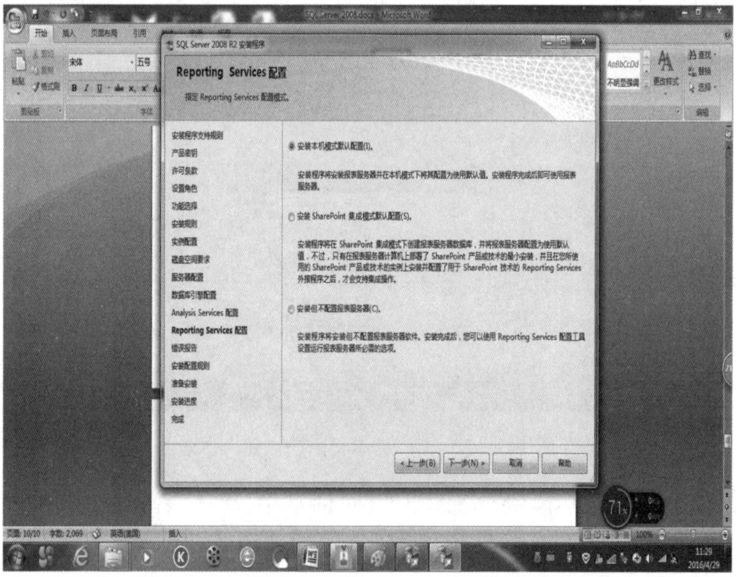

附图 1-3-17 “Reporting Services 配置”对话框

(18)在弹出的“错误报告”对话框中,选择【下一步】,如附图 1-3-18 所示。

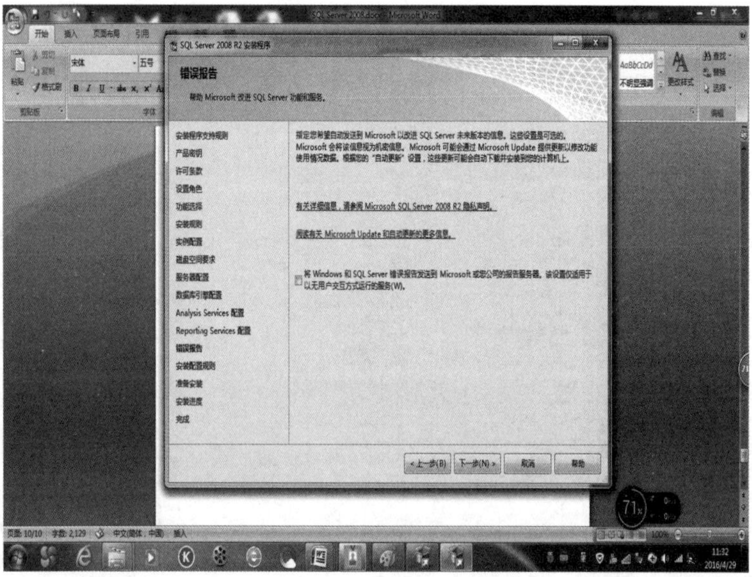

附图 1-3-18 “错误报告”对话框

（19）在弹出的“安装配置规则”对话框中，系统配置检查器将再运行一组规则来针对用户指定的SQL Server功能验证计算机配置。验证通过后，单击【下一步】，完成后效果如附图1-3-19所示。

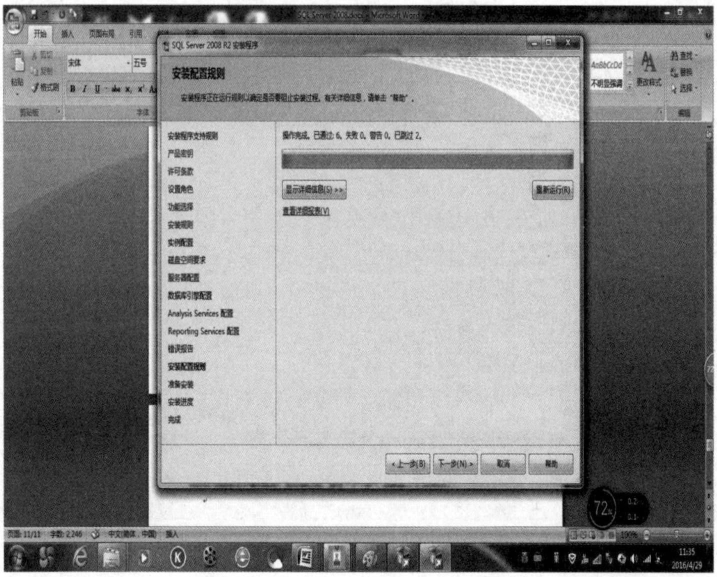

附图 1-3-19 “安装配置规则”对话框

（20）进入“准备安装”对话框，点击【安装】，开始安装程序，如附图1-3-20所示。

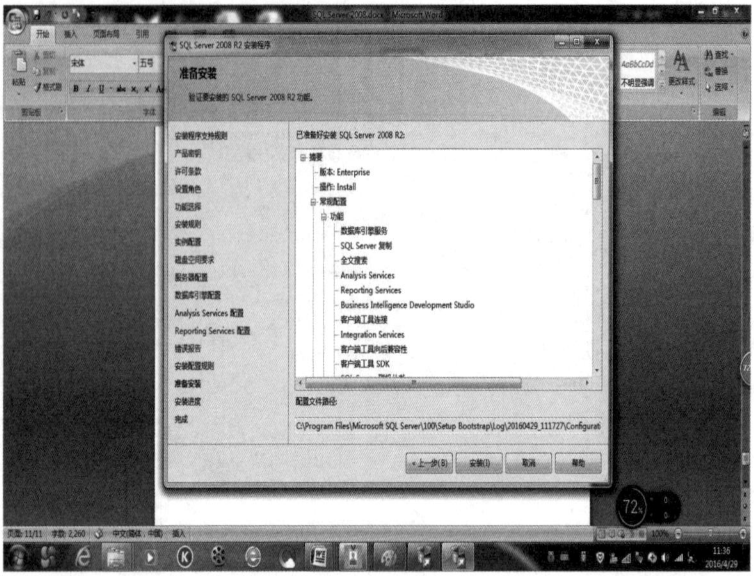

附图 1-3-20　“准备安装”对话框

(21)进入“安装进度”对话框,在安装过程中,“安装进度”窗口中会显示相应的状态,可以在安装过程中监视安装进度,如附图 1-3-21 所示。

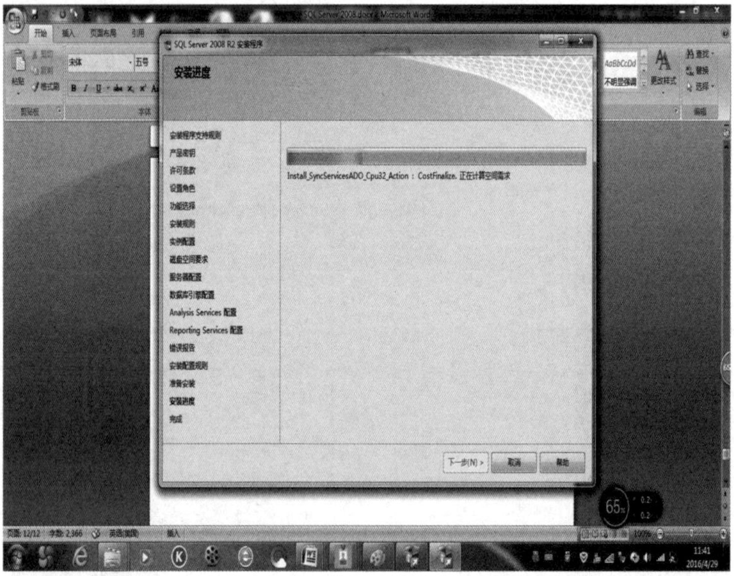

附图 1-3-21　“安装进度”对话框

(22)安装过程完成后,显示“完成”对话框,单击【关闭】,完成安装,如附图 1-3-22 所示。

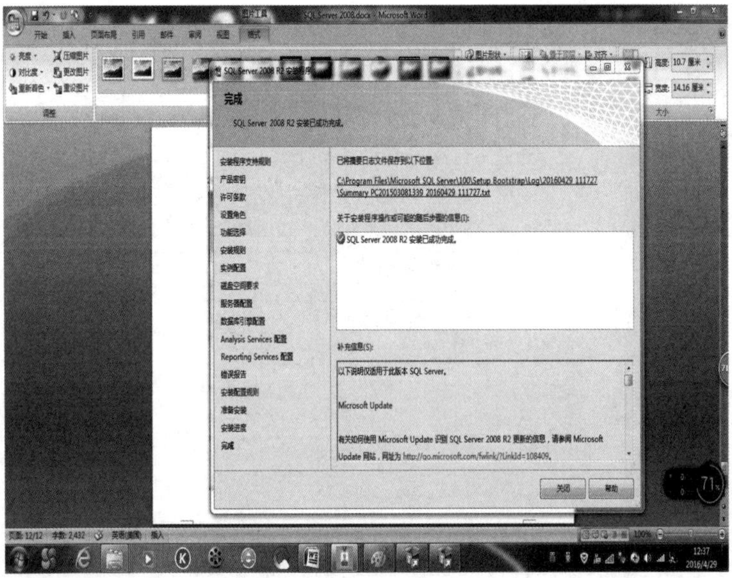

附图 1-3-22　“完成”对话框

(23)安装完成后,双击桌面快捷方式图标“SQL Server Management Studio”(附图 1-3-23)或点击“开始”程序中的“SQL Server Management Studio”(附图 1-3-24)打开程序。

附图 1-3-23　桌面快捷方式

附图 1-3-24　【开始程序】中的启动命令

(24)在弹出的“连接到服务器”窗口中,点击【连接】,如附图 1-3-25 所示。

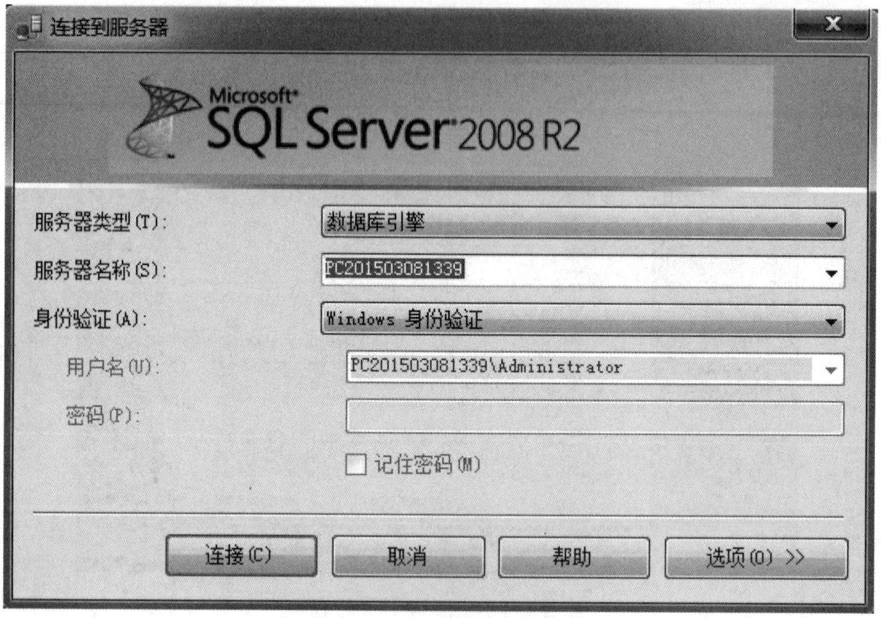

附图 1-3-25 “连接到服务器”窗口

(25)连接数据库成功后,出现SQL Server 2008软件主界面,如附图1-3-26所示。

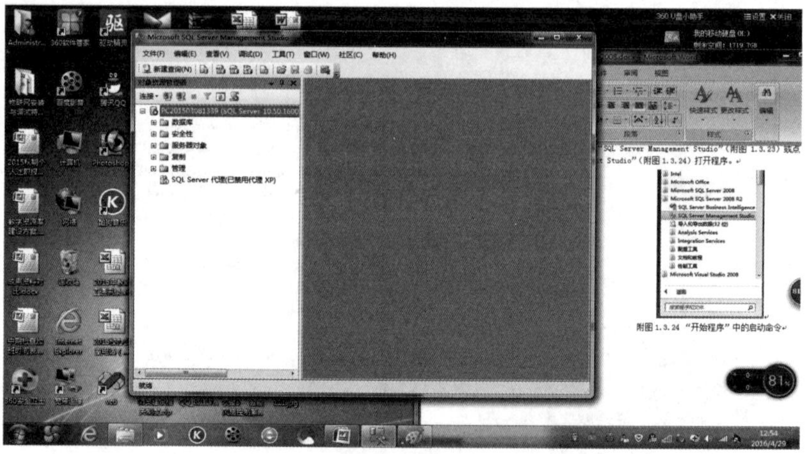

附图 1-3-26 连接数据库成功后的界面

附录二 IIS的安装

一、IIS概述

IIS是Internet Information Services的缩写，意为互联网信息服务，是由微软公司提供的基于运行Microsoft Windows的互联网基本服务。最初是Windows NT版本的可选包，随后内置在Windows 2000、Windows XP Professional和Windows Server 2003一起发行，但在Windows XP Home版本上并没有IIS。

二、IIS的功能作用

IIS能发布网页，并且利用ASP（Active Server Pages）、Java、VBscript计算机语言生成页面。IIS支持一些有趣的东西，像有编辑环境的界面。IIS是随Windows NT Server 4.0一起提供的文件和应用程序服务器，是在Windows NT Server上建立Internet服务器的基本组件。它与Windows NT Server完全集成，允许使用Windows NT Server内置的安全性以及NTFS文件系统建立强大灵活的Internet / Intranet站点。IIS是一种Web（网页）服务组件，其中包括Web服务器、FTP服务器、NNTP服务器和SMTP服务器，分别用于网页浏览、文件传输、新闻服务和邮件发送等方面，它使得在网络（包括互联网和局域网）上发布信息成了一件很容易的事。

三、IIS的安装步骤

（1）双击“开始程序”中的“控制面板”，如附图2-3-1所示。

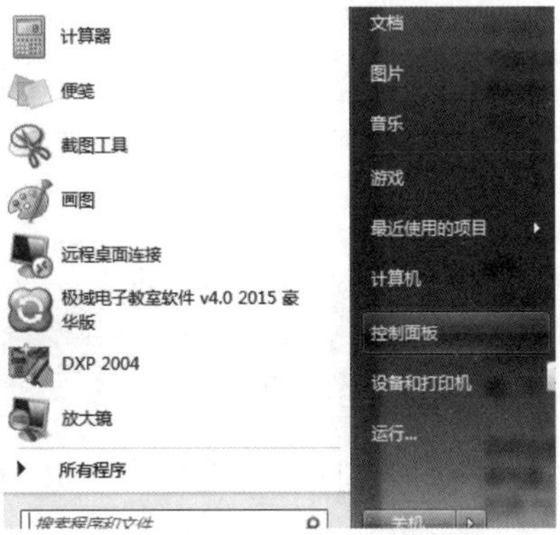

附图2-3-1 “开始”程序中的“控制面板”

(2)在弹出的“控制面板”窗口中选择“程序”选项,如附图2-3-2所示。

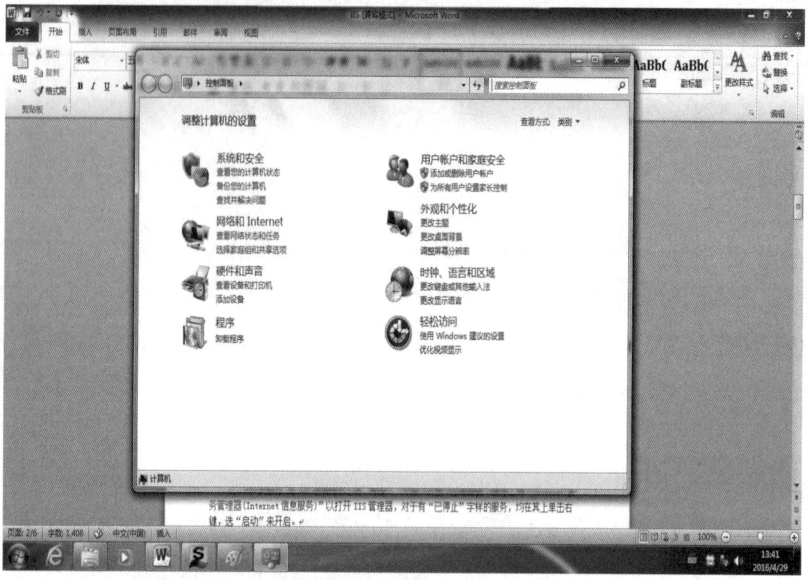

附图2-3-2 “控制面板”窗口

(3)在打开的“程序”窗口中,选择“打开或关闭 Windows 功能”,如附图2-3-3所示。

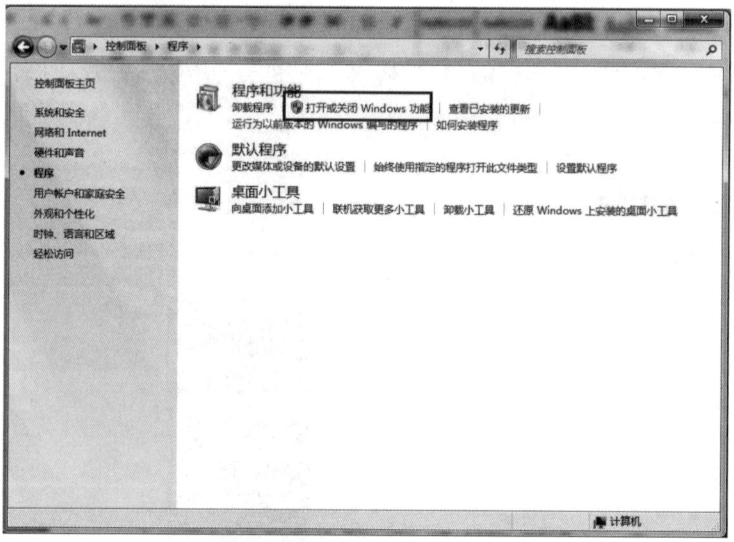

附图2-3-3 “程序”窗口

(4)在弹出的“Windows 功能”窗口中,勾选所有与IIS有关的选项,然后点击【确定】,如附图2-3-4所示。

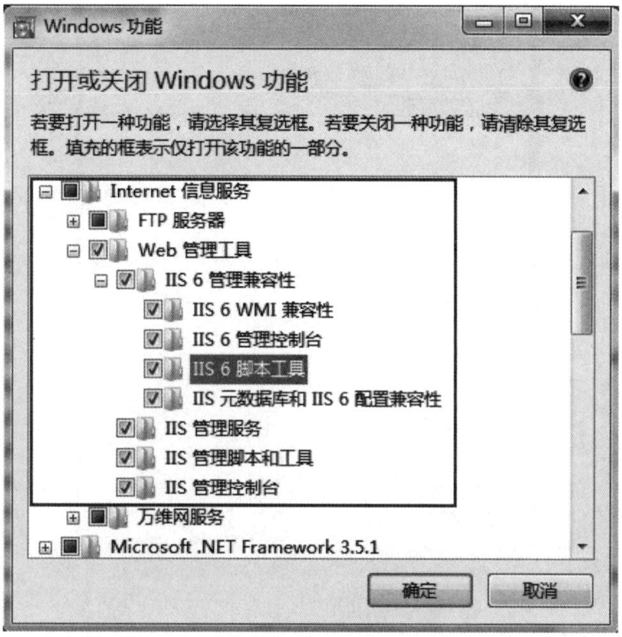

附图 2-3-4 【Windows功能】窗口

(5)关闭“控制面板”后，打开“开始”程序，在“搜索程序和文件”文本框中输入“IIS”，点击【搜索】，如附图2-3-5所示。

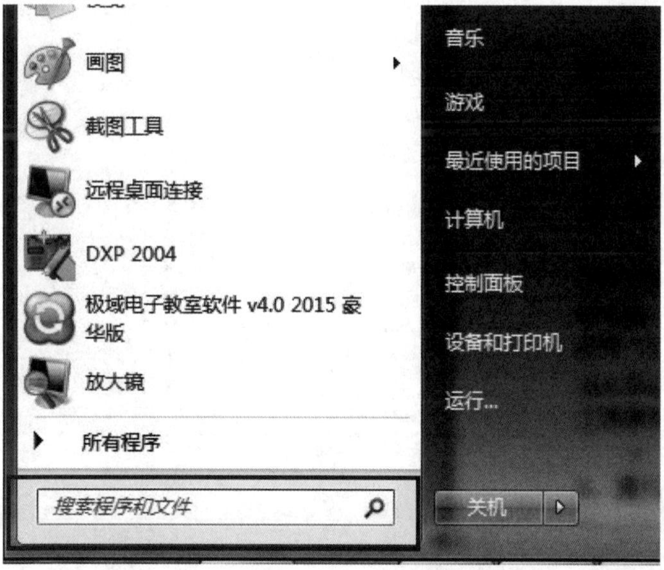

附图 2-3-5 “开始”程序菜单

(6)通过“搜索程序和文件”，找到“Internet信息服务(IIS)管理器”，如附图2-3-6所示。

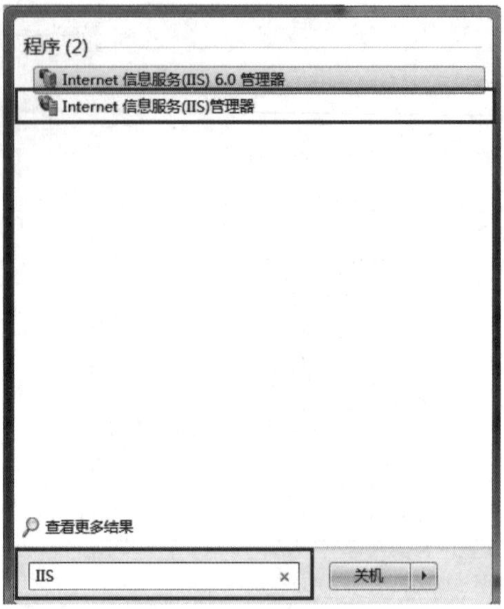

附图 2-3-6　查找到“Internet 信息服务(IIS)6.0 管理器”

(7)在 Internet 信息服务(IIS)管理器上单击右键，选择“发送到(N)/桌面快捷方式”，如附图 2-3-7 所示。

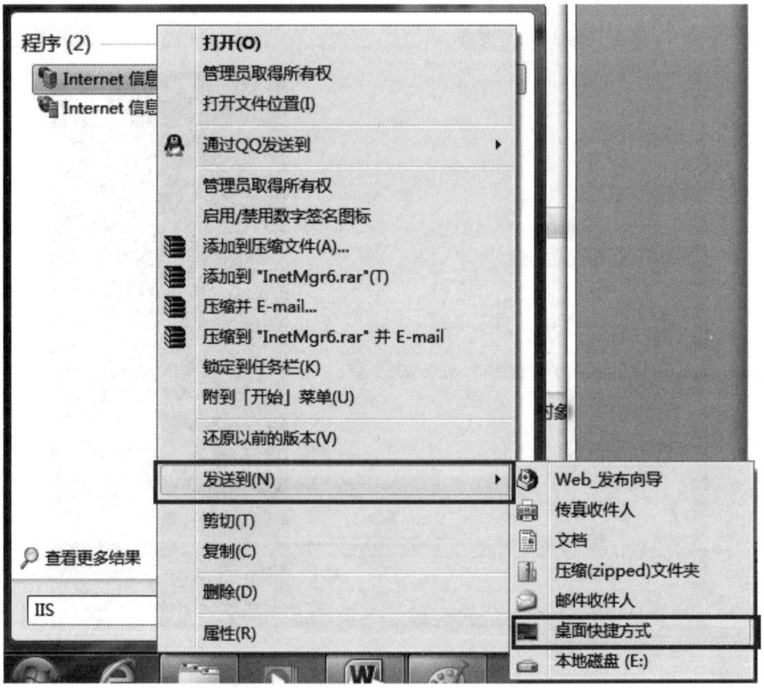

附图 2-3-7　创建桌面快捷方式

(8)在桌面上双击“Internet 信息服务(IIS)管理器”图标，如附图 2-3-8 所示。

附图 2-3-8 “Internet信息服务(IIS)管理器”图标

(9)双击图标后弹出Internet信息服务(IIS)管理器主界面,IIS安装完成,如附图2-3-9所示。

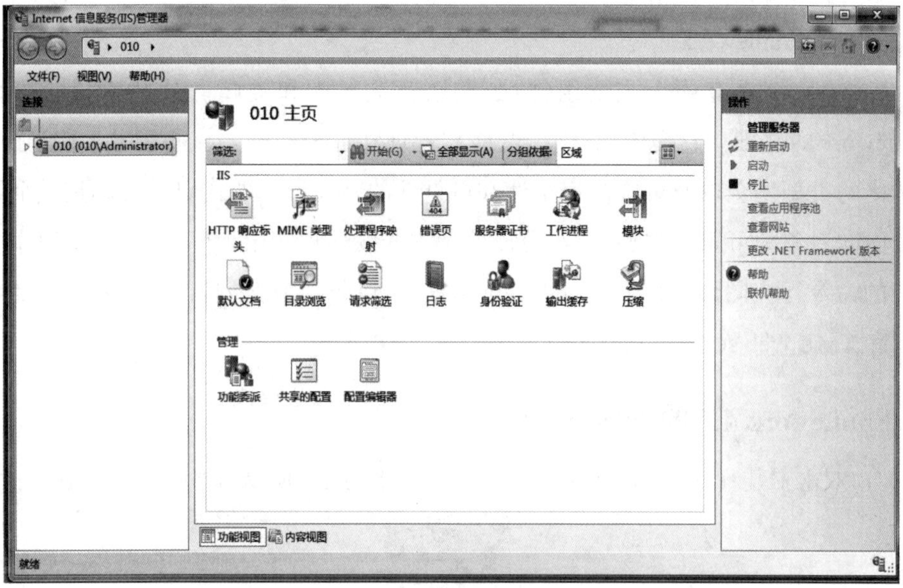

附图 2-3-9 Internet信息服务(IIS)管理器主界面

附录三 Framework的安装

一、Framework 简介

Framework是一个框架,包括CLR(公共语言运行时)和NET基本类库,是用NET语言编写的程序运行的基本平台,即要想在某台计算机上运行.NET编写的程序,必须事先要安装Framework。

Framework具有两个主要组件:公共语言运行库和类库。公共语言运行库是Framework的基础。它提供内存管理、线程管理和远程处理等核心服务,并且强制实施严格的类型安全以及可提高安全性和可靠性的其他形式的代码。类库是一个综合性的面向对象的可重用类型集合,可以使用它开发多种应用程序,这些应用程序包括传统的命令行或图形用户界面(GUI)应用程序,也包括最新创新的应用程序(如Web窗体和XML Web services)。

二、Framework 4.5 的安装步骤

(1)双击安装程序图标,打开安装程序,如附图3-2-1所示。

附图3-2-1　安装程序图标

(2)在弹出的"许可条款"对话框中,勾选"我已阅读并接受许可条款(A)",并单击【安装】按钮,开始安装程序,如附图3-2-2所示。

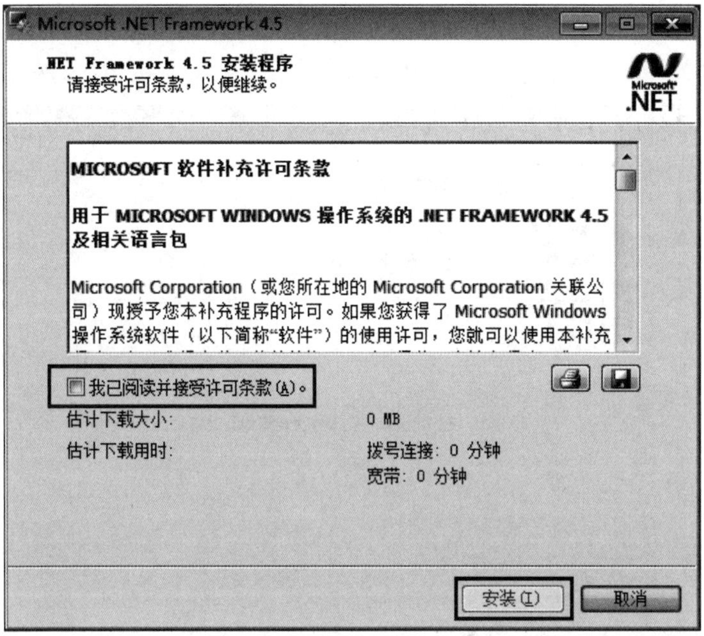

附图 3-2-2 "许可条款"对话框

(3)进入"安装进度"对话框，在安装过程中，"安装进度"窗口中会显示相应的状态，我们可以在安装过程中跟踪安装进度，如附图 3-2-3 所示。

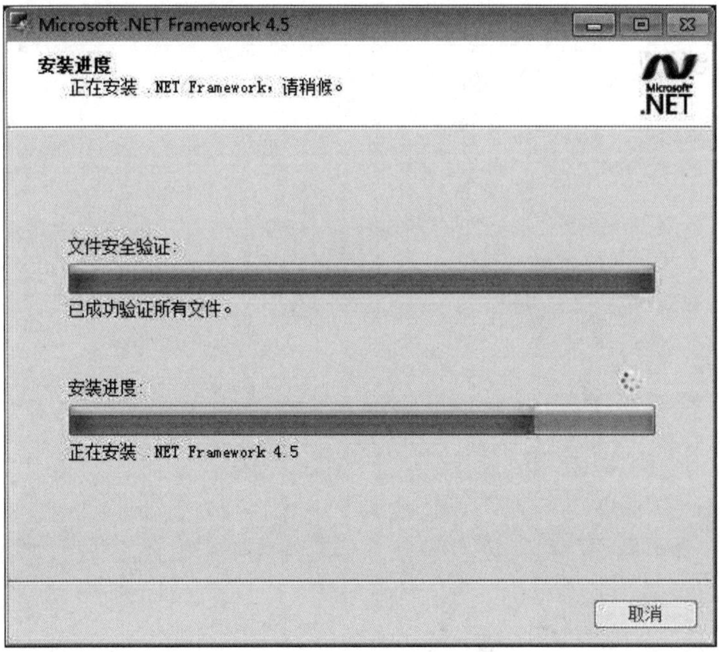

附图 3-2-3 "安装进度"对话框

(4)安装过程完成后,显示“安装完毕”对话框,单击【完成】,结束安装程序,如附图3-2-4所示。

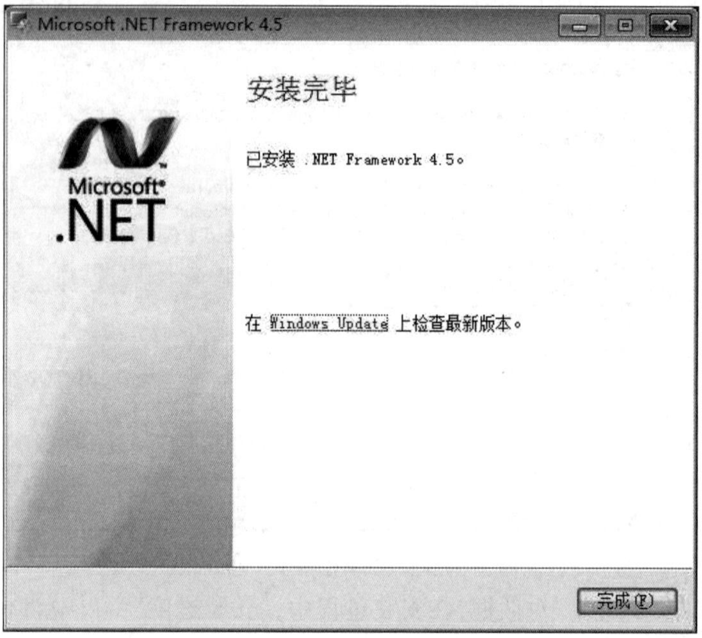

附图3-2-4 “安装完毕”对话框

参考文献

REFERENCE

[1] 奎晓燕,刘卫国. 数据库技术与应用实践教程—SQL Server 2008[M]. 北京:清华大学出版社,2014.

[2] 黄传河,涂航,伍春香等. 物联网工程设计与实施[M]. 北京:机械工业出版社,2015.

[3] 刘云浩. 物联网导论(第3版)[M]. 北京:科学出版社,2017.

[4][日]NTT DATA集团. 解物联网[M]. 丁灵,译. 北京:人民邮电出版社,2017.

[5] 桂劲松. 物联网系统设计(第2版)[M]. 北京:电子工业出版社,2017.

[6][日]三木良雄. 物联网应用路线图[M]. 朱悦玮,译. 广州:广东人民出版社,2018.

[7] 吴功宜,吴英. 物联网技术与应用(第2版)[M]. 北京:机械工业出版社,2018.

[8] 何腊梅. 通信技术与物联网研究[M]. 北京:中国纺织出版社,2018.

[9] 郎为民,马卫国,张寅等. 大话物联网(第2版)[M]. 北京:人民邮电出版社,2020.

[10] [日]八子知礼等. 揭秘IoT:原理、系统与机制[M]. 蔡晓智,译. 北京:中国青年出版社,2020.

[11] 廖建尚,杨尚森,潘必超. 物联网系统综合开发与应用[M]. 北京:电子工业出版社,2020.

[12] 丁飞,张登银,程春卯. 物联网概论[M]. 北京:人民邮电出版社,2021.